国家出版基金项目
NATIONAL PUBLICATION FOUNDATION

《尚書》學文獻集成·朝鮮卷

錢宗武 主編

23

鳳凰出版社

第二十三册目録

洪範羽翼

《尚書》學文獻集成·朝鮮卷　第二十三册

洪範羽翼

禹汝楙　著

孫永選
高尚舉　整理

卷之三十一

皇建其有極

蔡氏曰：『皇君，建立也，極，猶北極之極，至極之義，標准之名。中立而四方之取正焉者也。言人君當盡人倫之至。語父子則極其親，而天下之爲父子者，於此取則焉；語夫婦則極其別，而天下之爲夫婦者，於此取則焉；語兄弟則極其愛，而天下之爲兄弟者，於此取則焉。』

朱子曰：『皇極一章，乃九疇之本。皇指人君，極便是指其身，爲天下做個樣子。極有湊會之義，所謂「三十輻，共一轂」。』

明倫

《大學》：爲人君止於仁，爲人臣止於敬，爲人子止於孝，爲人父止於慈，與國人交止於信。

真德秀曰：『止云者，必止於是而不遷之謂也。克己復禮，仁之體也；愛人利物，仁之用也。爲人君者，内必有以去物欲之私，使視聽言動無一不合乎禮；外必有以廣民物之愛，使鰥寡孤獨無一不遂其生。故君道必主於仁，而爲仁必極其至。臣之敬，子之孝，父之慈，與國人交之信，皆以極至爲當止之地。』

晏子曰：『君令臣共，父慈子孝，兄愛弟敬，夫和妻柔，姑慈婦聽，禮也。君令而不違，臣共而不貳，父慈而教，子孝而箴，兄愛而友，弟敬而順，夫和而義，妻柔而正，姑慈而從，婦聽而婉，禮之善物事。也。』

真德秀曰：君臣而下，二德相濟。惟姑之於婦，一於慈而從；婦之於姑，一於聽而婉。

《書》：『帝曰：契，百姓不親，五品不遜，汝作司徒，敬敷五教在寬。』朱子曰：五品，父子、君臣、夫婦、長幼、朋友，五者之名位等級也。五教，父子有親，君臣有義，夫婦有别，長幼有序，朋友有信。以五者當然之理而爲教也。《舜典》。

皋陶曰：天叙有典，敕我五典五惇哉！

蔡沈曰：叙者，君臣父子兄弟夫婦朋友之倫叙也。敕正惇厚，庸常也。

《中庸》：孔子曰：天下之達道五，所以行之者三。曰父子也，君臣也，夫婦也，昆弟也，朋友之交也。五者，天下之達道也。知仁勇三者，天下之達德也。所以行之者一也。

朱子曰：達道者，天下古今所共由之路。即《書》所謂『五典』，《孟子》所謂『父子有親，君臣有義，夫婦有别，長幼有序，朋友有信』是也。知所以知此也，仁所以體此也，勇所以强此也。謂之達德者，天下古今所同得之理也。一則誠而已矣。

《孟子》：謹庠序之教，申之以孝弟之義，頒白者不負戴於道路矣。

又：壯者以暇日修其孝悌忠信，入以事其父兄，出以事其長上。

又：設爲庠序學校以教之。庠者，養也。校者，教也。序者，射也。夏曰校，殷曰序，周曰庠，學則三代共之。皆所以明人倫也。人倫明於上，小民親於下。

又：人之有道也，飽食暖衣逸居而無教，則近於禽獸。聖人有憂之。使契爲司徒，教以人倫。父子有親，君臣有義，夫婦有别，長幼有序，朋友有信。放勛曰：『勞之來之，匡之直之，輔之翼之，使自得之，又從以振德之。』

《左傳》：季文子曰：『舜臣堯，舉八元，使布五教於四方。父義，母慈，兄友，弟共，子孝，内平，内諸侯。天成。』

漢《白虎通義》：三綱者，何謂也？謂君臣、父子、夫婦也。六紀者，何謂也？謂諸父、兄弟、族人、師長、朋友也。綱者，張也。紀者，理也。大者爲綱，小者爲紀。所以張理上下、整齊人道也。

真德秀曰：三綱之名始見於此。非漢儒之言，古之遺言也。蓋天下之事衆矣，聖人之所以治之者，厥有要焉。惟先正其本而已。本者何？人倫是已。故三綱正，則六紀正。六紀正，則萬事皆正。爲人君者，必正身以統其臣；爲人父者，必正身以律其子；爲人夫者，必正身以率其妻。

父子之親

父，矩也，家長率教者。子，孳也。孳，恤下之稱。

父南面，故曰昭明也。子北面，故曰穆順也。《要録》。

《書》：若考作室，厥子乃弗肯堂，矧肯構？厥父灾，厥子乃弗肯播，矧肯穫？厥考翼，其肯曰：予有後弗育〔一〕基？《大誥》。

子弗祇服厥父事，大傷厥考心。於父不能子厥子，乃疾厥子。《康誥》。

〔一〕今按：「育」，《尚書·大誥》作「棄」。

趙襄，趙盾。

《左・文七》：豐舒問於賈季曰：『趙襄、趙盾孰賢？』對曰：『趙襄，冬日之日也；趙盾，夏日之日也。冬日可愛，夏日可畏。』

其父，其子。

《昭七》：子産曰：『古人有言曰，其父析薪，其子不克負荷。』

石奮，石建。

或曰：『死生盡禮。可謂能子乎？』曰：『石奮、石建，父子之美也。無是父無是子，無是子無是父。』或曰：『必也兩乎？』曰：『與堯無子，舜無父，不如堯父舜子也。』

劉向，劉歆。

劉向指陳主氏盡忠帝室，歆阿附賊莽，易名應讖。尹起莘。

班超，班勇。

班勇有父風。超小子。

橋玄，趙戫。

太尉橋玄幼子，游門次，爲人所劫，登樓求禍。玄呼曰：『姦人無狀，玄豈以一子之命而縱國賊乎？』促令攻之，子死。

趙攄敗死，其黨龐羲欲爲亂。巴郡太守遣吏程祈宣旨於其父漢昌令畿，不得。羲怒，使謂畿曰：『不從太守，禍將及家。』畿曰：『樂羊食子，非無父子之恩，大義然也。今雖羹以賜畿，畿啜之矣。』羲乃止。

魏文侯遣樂羊攻中山，時羊有子在中山。中山君烹其子，而遺之羹。羊啜之，攻拔中山。

邵續、邵乂，沈充、沈勁。

晋邵續附石勒，勒以其子乂爲督護。段匹磾以書遺續，同歸江東。續從之。其人曰：『其如乂何？』續泣曰：『我豈得顧子而爲叛臣乎？』勒聞之，殺乂。

晋沈充之子勁，以其父死於逆亂，志欲立功，以雪父耻。詔補長史令。燕陷洛陽，沈勁死之。司馬公曰：『變逆黨之族爲忠義之門，可謂能爲子矣。』晋哀時人。

李懷光之子璀，蔡廓之子興宗。

懷光子璀爲監察御史。及懷光屯咸陽不進，璀言於上曰：『臣父必負陛下，願早爲之備。臣聞，君父一也。但今日陛下未能誅臣父，而臣父足以危陛下。故不忍不言。』及懷光死，璀亦自殺。

宋武帝狎侮群臣，惟憚蔡興宗、方嚴，不敢侵媟。王耽之曰：『蔡豫章興宗父廓，爲豫章守。

昔在相府，方嚴不狎。武帝宴私，未嘗相召。蔡尚書今日可謂能負荷矣。』

子南之子，石奢之父。

《襄廿二》：楚觀起有寵於令尹子南。子南之子棄疾爲王卿士。王每見之，必泣曰：『令尹之不能，爾所知也。國將討焉。爾其居乎？』對曰：『父戮子居，君焉用之？』王遂殺子南。棄疾請尸，既葬，曰：『棄父事讎，吾不忍也。』遂縊而死。

楚昭王有士曰石奢公，正而好義，王使爲理。有殺人者，石奢追之，則其父也。曰：『以父成政，不孝。不行君法，不忠。』君曰：『追而不及，庸有罪乎？』石奢曰：『不私其父，非孝也。不行君法，非忠也。』刎頸而死。君子曰：『貞夫法哉！』孔子曰：『子爲父隱，父爲子隱，直在其中矣。』

宣祖，宋祖。

周顯德三世宗。命宋太祖將兵，襲唐滁州，遂克滁州。時宣祖爲馬軍指揮使，引兵夜至，傳呼開門。太祖曰：『父子雖至親，城門，王事也。不敢奉命。』明朝得入。

高宗，孝宗。

宋高宗作冷泉堂。孝宗古風曰：『聖心仁智情憂閑，壺中天地非人間。蓬萊方丈渺空闊，豈若坐對三神仙。』高宗跋之曰：『比就寬閑之地，疊石爲山，因湖爲泉，作小亭於其間，用爲優老之具。吾兒萬幾之暇，時來遊豫，父子杯酒相屬，挹山光而俯泉流，濯喧埃而發清興，恍若徜徉乎靈隱天竺之間，其樂可勝記耶？』

韋孟以《詩》《禮》傅楚，而郊廟之制，卒正於玄成；鄭玄以箋注師漢，而禪代之儀，卒集於小同。賈誼以經術起，而嘉最好學；盧植以儒學用，而諶爲祭酒。柳文。

父子爲相。蘇頲、頌。

父子播名。陸機。

父子列戟。蘇武。

叔侄爲師。疏廣、受。

父子繼相。唐戴胄、至德。

父子連拜。周公拜前，魯公拜後。

父子代作帝師。桓榮。

父子同爲省貳。南省副貳唐崔湜。

屏風隔坐，老蚌雙珠。

《吴紀》：亮尚書令，薦中書令，每朝，御屏風隔坐。

《後漢》：韋康元將，弟仲將。孔融與父書曰：『不意雙珠近出老蚌。』

柳津之有仲禮，梁主之有邵陵。

太清三年，己巳。柳仲禮反，降景。惟聚妓置酒作樂。諸將請戰，不許。仲禮父津對梁主曰：『陛下有邵陵，綸。臣有仲禮，不忠不孝，賊何由平？』

仁恭之子，褚淵之子。

天祐四，盧龍節度使劉仁恭爲其子守光所囚。有愛妾羅氏，守光通焉。書法：書仁恭爲子所囚，而不書守光囚其父者，仁恭貪暴，不臣之罪不可勝誅，守光因其危而乘之。初非其子能囚之也，仁恭自囚耳。若守光悖逆之罪，亦固在其中矣。

褚淵卒，世子賁耻其父失節，服除不仕，以爵讓其蓁，屏居墓下終身。

成其親之名，弛其親之過。

哀公問：『何謂成親？』孔子對曰：『君子也者，人之成名也。百姓歸之名，謂之君子之子，是使其親爲君子也。是謂成其親之名也已。』

《坊記》：子云：君子弛其親之過，而敬其美。

方氏曰：子爲父隱，所謂弛其過也。善則稱親，所謂敬其親也。

父子不同位，父子同浴。

子云：父子不同位，以厚敬也。

駱粤之人，父子同浴。

可於君，不可於父，孝子不爲也。可於父，不可於君，君子亦不爲也。故君不可奪，親亦不可奪也。《韓詩外傳》。

易牙蒸其首子而進之，易牙烹其子以嗛寡人。

《韓子》：易牙蒸其首子而進之。

《吕覽》：桓公：『易牙烹其子以嗛寡人。』

橋梓，楂梨。

商子曰：橋者，父道也。梓者，子道也。《書大傳》。

張敷小名楂，父邵小名梨。文帝戲之曰：『楂何如梨？』敷曰：『梨是百果之長，楂何敢比也？』《南史》。

膏粱，華腴。

二世有三公曰膏粱，有令僕曰華腴。

傳甌，襲紫。

杜詩《送李校書舟》：代北有豪鷹，生子毛盡赤。渥洼騏驥兒，尤異是龍脊。鷹貌皆比校書。

李舟名父子，清峻流輩伯。

騄驥皆良馬，麒麟帶好兒，車輪皆已斫，堂構惜仍虧。嘆其子之不能傳業。謾作潛夫論，虛傳幼婦碑。自嘆徒作絶妙之詩，而子不能傳之。

受君之禄，避君之難，非忠臣也。正君之法，以殺其父，非孝子也。

楚有士曰申鳴，治園以養父母，孝聞於楚，爲左司馬。遇白公之難，因以兵之衛。石乞謂申鳴曰：『子與我，則與子楚國。不與我，則殺乃父。』申鳴流涕而應之曰：『始則父之子，今則君之臣。』援枹鼓之，遂殺白公，其父死焉。王歸賞之，申鳴曰云云：『行不兩全，名不兩立。』自刎而死。《韓外》。

母子

母，《蒼頡篇》云，其中有兩點，象人乳形。

孟子之母，文伯之母。

孟子少時誦。其母方織，孟子輟然中止，乃復進曰：『有所失復得。』其母引刀裂其織，以此誡之。自是之後，孟子不復諠矣。

孟子少時，東家殺豚。母曰：『欲啖汝。』自悔而言曰：『吾懷妊是子，席不正不坐，割不正不食，胎教之也。今適有知而欺之，是教之不信也。』乃買東家豚肉以食之，明不欺也。《韓詩外傳》。

公父文伯仕於魯，病死。女子爲自殺於房中者二人。其母聞之，不肯哭也。其相室曰：『焉有子死而不哭者乎？』其母曰：『孔子，賢人也。逐於魯，而是人不隨也。今死，而婦人爲自殺者二人，若是者，必其於長者薄，而於婦人厚也。』《新序》。

邯鄲美姬，秦始皇帝。

不韋因納邯鄲美姬，有娠，而獻子楚，生政。實呂氏。政生十三歲矣，遂立爲王，母爲太后。太后復與不韋通。王既長，不韋自殺，太后廢，處别宫。茅焦諫，母子乃復如初。

鄭伯，姜氏。

《左・隱元》：鄭伯遂置姜氏於城潁，而誓之曰：『不及黄泉，無相見也。』既而悔之。潁考叔曰：『闕地及泉，隧而相見，其誰曰不然？』公從之。公入而賦：『大隧之中，其樂也融融。』姜出而賦：『大隧之外，其樂也泄泄。』遂爲母子如初。君子曰：『潁考叔，純孝也。愛其母，施及莊公。』

趙苞之母，徐庶之母。

遼西太守趙苞到官迎母，經柳城，值鮮卑劫質苞母。苞出戰，賊出母示苞。苞悲呼謂母曰：『昔爲母子，今爲王臣。義不得顧私恩毁忠節。』母曰：『人各有命，何得相救，以虧忠節？』苞進戰，母爲賊所害。苞歸葬訖，謂鄉人曰：『食禄避難，非忠也。殺母全義，非孝也。』嘔血死。

程子曰：『以城降賊，而求生其母，固不可矣。然亦當求所以生母之方。奈何不顧而遽戰乎？必不得已，身往降之可也。徐庶於此蓋得之矣。』

徐庶母爲曹操所獲。庶辭備，指其心曰：『本欲爲將軍共圖王霸之業者，以此方寸之地也。今已失老母，方寸亂矣。請從此别。』遂詣操。《蜀志》。

靳元之母，莊子之母。

漢獻時，兖州郡縣皆應吕布，唯鄄城、范、東阿不動。程昱過范，説其令靳元曰：『聞吕布執君母弟妻子，孝子誠不可爲心。曹使君智略不世出，殆天所授，君必固范。』徐衆曰：『元於曹公未成君臣。母，至親也。於義應去。』

衛公子開方仕齊，積年不返。管仲以爲，不懷其親，安能愛君？是以求忠臣必於孝子之門。元宜先收至親。

徐庶母爲曹公所得，劉備遣徐歸北。欲爲天下者，恕人子之情也。曹公亦宜遣元。

辨莊子好勇。養母，戰而三北。交遊非之，國君辱之。及母死三年，與魯戰。莊子請從。遂赴敵，獲一甲首，而獻之曰：『此塞一北。』獲一甲首，而獻之曰：『此塞再北。』獲一甲首，而獻之曰：『此塞三北。』莊子曰：『三北以養母也，是子道也。今士節小具，而塞責矣。吾聞之，節士不以辱生。』遂反敵，殺十人而死。君子曰：『三北又塞責，滅世斷家，於孝不終也。』

莊善之母，周虒之母。

白公之難，楚人有莊善者，辭其母，將往死之。其母曰：『棄其親而死其君，可謂義乎？』莊善曰：『事君者，内其禄而外其身。今以養母者，君之禄也。身安得無死乎？』遂辭而行。及公門，刎頸而死。君子曰：『好勇乎哉！』

温嶠之母，宇文之母。

温嶠詣建康，其母崔氏固止之，嶠絶裾而去。既至，求廢。不許，除散騎常侍。固讓不拜。聞母亡，阻亂不得聞喪。詔曰：可以私艱而不從王命耶？嶠不得已，受拜。

齊人歸宇文護之母於周。

發明：護身都將相手握大權，不幸有母淪陷異境，不能遣一介行李懇請於齊，乃遣間使求之。幸而齊人無謀，即遣歸國。護曾不思報齊之德，遽與突厥連兵擊之，此何義哉？

書法：護不遣使而韋孝寬移書求之。書曰：齊人歸宇文護之母。薄護之辭也。

田子之母，曾元之母。

田子爲相三年，得金百鎰。母曰：『子安得此金也？』對曰：『所受俸禄也。』母曰：『治官如此，非吾所欲也。子其去之。』田子愧慚走出，造朝還金，退請就獄。王賢其母，説其義，即舍田子罪，令復爲相，以金賜其母。《韓外》。

仇覽，字季智，爲縣陽遂亭長。好行教化。陳元不孝，其母詣覽言。覽呼元，責元以子道，與一卷《孝經》使誦讀之。元深改悔，到母床下謝罪曰：『元少孤，爲母所驕。乞自今改。』母子更相向泣。於是元遂修孝道，後成佳士。謝承書。

繼母，慈母。

《淮南子・齊俗訓》：親母爲其子治於禿，而血流至耳。見者以爲愛之至也，使在於繼母，則過者以爲嫉也。事之情一也，所從視者，異也。繼子得食，肌而不澤，情不相與往來也。適子懷於燕，慈母喻於荆。情相與往來也。

《曾子問》：子游問曰：喪慈母如母禮與？孔子曰：『非禮也。妾之無子者養妾子之無母者，謂之慈母。士之妾子，父在爲其母期，是與己母同也，何服之有？』昔者魯昭公少喪其母，有慈母良。及其死也，公不忍也，欲喪之。有司以聞，曰：『古之禮，慈母無服。今也，君爲之服，是逆古之禮而亂國法也。』公不忍也，遂練冠以喪慈母。

喪慈母，自魯昭始也。

祖孫

子之子爲孫。祖，始也，法也，本也，上也。祖，祚也。祚，先也。《釋名》。鼻祖，始祖也。獸之初生謂之鼻，人之初生謂之首。梁益謂鼻爲祖，或謂之鼻祖。《方言》。

《詩》：似續妣祖。先祖是皇。孝孫徂位。子子孫孫。曾孫田之。曾孫之穡。獻之皇孫。曾孫壽考。享於祖考。曾孫不怒。曾孫之稼。曾孫之庾。曾孫是若。曾孫來止。王之藎臣，無念爾祖。無念爾祖，聿修厥德。詒厥孫謨，以燕翼子。干禄百福，子孫千億。胡不相畏，先祖於摧。父母先祖，胡寧忍予。纘戎祖考，自召祖命。念茲皇祖，陟降庭止。皇孫后稷，周公皇祖。衎我烈祖，於赫湯孫。嗟嗟烈祖，在武丁孫子。湯孫之緒。文王孫子。商之孫子。既受帝祉。施於孫子。

螽斯羽詵詵兮，宜爾子孫。振振兮，螽斯羽薨薨兮，宜爾子孫繩繩兮。螽斯羽揖揖兮，宜爾子孫蟄蟄兮。

《爾雅》：父之考爲王父，父之妣爲王妣。

季直之祖，欒盈之孫。

陶季直早慧，其祖愍，宋廣州刺史，祖甚愛之。嘗以四函銀列置於前，令諸孫各取其一。季直時年四歲，獨不取。曰：『若有賜，當先父伯，不應度及諸孫，故不敢。』祖益奇之。《南史》。

秦景伯問士鞅曰：『大夫誰先亡？』對曰：『其欒氏乎？其在盈乎？盈之善，未能以及人。武子所施没矣，而黶之怨實彰。將於是乎在。』晉果滅欒氏。《襄十四》。

應劭曰：『欒書子黶，黶子盈。書賢而覆黶，黶惡而害盈。』

曹大家曰：『天命祐善灾惡，非有差也。然其道廣大，雖父子百葉，猶若一體也。』

王逸少之弱孫，郭子儀之諸孫。

王羲之，一味之甘，割而分之，抱弱孫以娱目前。

郭子儀，諸孫數十人，問安不盡辨，惟點頷而已。

元超見石，魏謨進笏。

薛元超，高宗時爲中書舍人。省中有一磐石，祖道衡爲内史侍郎，常據而草制。元超每見此石，未嘗不泫然流涕。《舊唐》。

魏謨，徵之裔孫。家有故笏，進之。宣宗曰：謨名臣孫，有祖風。贊曰：謨之議論，挺挺有祖風烈。

孔子之孫孔伋，張憑之祖張鎮。

夫子閑居，喟然而嘆。子思曰：『伋於進膳，亟聞夫子之教。其父析薪，其子不克負荷，是謂不肖。伋每思之，所以大恐而不懈也。』夫子笑曰：『然乎？吾無憂矣。世不廢業，其克昌乎？』《孔叢子》。

張鎮是張憑之祖，嘗語憑父曰：『我不如汝。』憑父未解所以。鎮曰：『汝有佳兒。』憑時年數歲，斂手曰：『阿翁詎宜以子戲父？』《世説》。

虞詡之祖，石奮之孫。

吴〔一〕詡，陳國人。祖爲郡縣獄吏，務在寬恕。常稱曰：『東海于公高其里門，定國卒至丞相。吾治獄六十年，雖不及于公，子孫何得不爲九卿？』故字詡曰昇卿。後遷僕射尚書令。《後漢》。

〔一〕今按：『吴』，通『虞』。

石奮歸老于家，子孫爲小吏，來謁，必朝服見之。子孫有過，對案不食。子孫勝，冠者在側，雖燕必冠，申申如也。《漢書》。

楊震遺孫，原穀收祖。

楊震性廉，子孫蔬食步行。或欲令開産葉，震曰：『使後世稱爲清白吏子孫，以此遺之，不亦厚乎？』靈帝謂震孫奇曰：『卿强項，真楊震子孫。』《後漢》。

原穀祖年老，父母厭患之，意欲棄之。穀年十五，涕泣苦諫，父母不從，乃作輿舁棄之。穀乃隨收輿歸。父曰：『爾焉用此凶具？』曰：『父老，不得更作得，是以收之耳。』父感悟愧惧，乃載祖歸侍養，克己自責，更成純孝。穀爲純孫。《孝子傳》。

陳群所善皆父黨，鄭莊知友皆祖行。

陳群，字長文。祖實，謂宗人曰：『此兒必興吾宗。』及長，有識度，所善皆父黨。《魏書》。

鄭當時字莊，年少官薄，然其知友皆大父行。《漢書》。

侯霸子孫稱其祖父曰家公，潘尼稱其祖曰家祖。班固書集亦云家孫。《顔氏家訓》。

衛瓘之孫衛玠，何嵩之祖何曾。

衛玠有虚令之秀，清勝之氣，在群伍之中，有異人之望。祖太保瓘見玠五歲，曰：『此兒神爽聰令，與衆大異。』《别傳》。

何曾侍武帝宴，退，告其子遵曰：『吾每侍宴，未聞經國遠圖，唯説平生常事，非貽厥孫謨之兆也。』指諸孫曰：『此輩必遇亂亡。』及遵之子綏死，兄嵩哭之曰：『吾祖其殆聖乎？』《晋書》。

符洪之孫長生，謝玄之孫靈運。

符生，字長生，健第三子，生而無一目。爲童兒，洪戲之曰：吾聞瞎兒一泪，信乎？生怒，引佩刀，自刺出血，曰：『此亦一泪。』《晋書》。

謝靈運祖玄，車騎將軍。父�，生而不慧，早亡。靈運幼便穎，玄異之曰：『我乃生晚，晚兒何不及我？』

到溉之孫，遷哲之孫。

到溉子鏡卒，孫藎，早聰慧，位尚書郎。嘗隨武帝幸京口，登北固樓，賦詩，受詔便就。上以示溉曰：『藎定是才子。翻恐卿從成文章假手於藎。』因賜絹二十匹。後溉每和御詩。上每手詔，戲溉曰：『得無貽厥之力乎？』

李遷哲除真州刺史。即本州也。妾媵百數，男女六十九人，嗚笳導從，往來其間，子孫參見，或忘其名，披簿以審之。《後周書》。

李遷哲之參見，或忘其名；郭子儀之問安，點領而已。見上。

張元之祖，敬宗之孫。

張元，字孝始。年十六，其祖喪明三年，元恒憂泣，晝夜讀佛經，以祈福祐。後讀藥師經，見盲者得視之言，遂請七僧，燃七燈七日七夜，轉藥師行道，每言：『天人師乎，元爲孫不孝，使祖喪明，今以燈光普施法界，願祖目見明，元求代闇。』如此七日。夜，夢一老翁以金篦療其祖目，遂即驚覺。三日，目果明。《北史》。

許敬宗孫彦伯，昂子也。敬宗晚年不復下筆，凡大典册，彦伯爲之。嘗戲昂曰：『吾兒不及若兒。』答曰：『渠父不及昂父。』《唐書》。

舜問乎烝曰：『道可得而有乎？』曰：『汝身非汝有也，汝何得有夫道？性命非汝有，是天地之委順也。孫子非汝有，是天地之委蛻也。』《列子》。

《易·小過》：過其祖，遇其妣。

晋武帝徵犍爲李密，不至。爲太子洗馬。以祖母老，固辭。『臣密今年四十有二，祖母劉今年九十有六。』

賀得孫

龍種、鳳種。兒。光祖、榮宗，盛事、陰功。孫枝、祖業。興吾門，有祖風。

微開顔，萬事足。

《伊川文集》：祖評事，未嘗見笑。惟長孫始生，一老嫗曰：『承旨新婦生男。』微開顔曰：『善視之。』

坡賀子由生第四孫詩：爛爛開眼電，磽磽峙頭玉。無官一身輕，有子萬事足。

白樂天詩：梧桐老夫長孫枝。

徐玉泉《賀岐人生孫》：貞下開元甲子辰，孫枝發秀應昌辰。鳳雛自是岐山物，龍馬終空渥水群。寶樹春風吹瑞氣，玉壺秋水湛精神。天嘉祖德方流慶，衮衮公侯誕甫申。德積於門後必昌，孫枝此日果儲祥。榮公幾載渴含飴，今歲郎官訪夢羆。增壽尊翁海屋籌，今看種玉又全收。龍頭家又傳龍種，鳳穴雛仍産鳳兒。月地早培丹桂子，雲階新毓一蘭孫。此子異時須跨竈，乃翁今日驗充閭。頭玉磽磽鍾異表，祖風挺挺待榮宗。桐有孫枝看滿樹，庭培陰德種三槐。麟藪儲祥逢盛日，鹿門賜酒近中秋。孔氏抱來知傑特，竇公摩后更英奇。傳家已有金衣鉢，會看公侯衮衮生。橋梓聯芳多厚蔭，心田還爲子孫留。

太上皇

《漢紀》：祖：顔師古曰：太上極尊之稱。皇，君也。天子之父，故曰皇。不預治國，不欲言帝也。

孟子曰：孝子之至，莫大乎尊親。尊親之至，莫大乎以天下養。爲天子父，尊之至也。以天下養，尊之至也。

爲太上皇，稱天元帝。

漢高五日朝太公。太公家令説曰：『皇帝雖子，人君也。太公雖父，人臣也。』後上朝，太公擁彗，迎門卻行。上大驚，乃尊太公爲太上皇。賜家令金五百斤。

書法：帝即皇帝位矣，父猶稱曰太公。其追尊先媪，亦不過曰夫人。又逾年，而後始定太上皇之號。帝之尊親，反後於始皇矣。無臣故也。始皇追尊莊襄爲太上皇。

周主贇傳位於太子闡，自稱天元皇帝。

書法：傳位於子，三書於册。魏主弘，齊主湛，周主贇是也。魏欲逍遥物外，齊欲邪淫自逸，周欲高自尊大。所志雖殊，其失則一。然未若周之甚者。夫堯之則天，民無能名。文之象天，清明其德。烏有以天自處而遊戲無常、沉湎淫泆，尚可謂之天乎？贇之狂悖，固無足道。然天監要自不遠，未幾遽隕其身，遂至瘖不能言。蓋亦『天何言哉』之報也。

貞觀三年之居大安宫，貞觀四年之如九成宫。

書法：徙辭有二，上皇徙居大安宫，順辭也。遷上皇於西内，逆辭也。

發明：父有天下，傳歸於子。子有天下，尊歸於父。此漢祖之詔也。上皇授位太宗，既得傳子之善，太宗承統高祖，未聞尊父之禮。故上皇徙居大安宫，《綱目》以自徙爲文。而太宗尊奉推崇之典缺然無見。不然，將書曰『帝奉上皇徙居大安宫』矣。豈不沵惜哉！

四年三月，如九成宫。御史馬周疏曰：『太上皇春秋已高，陛下宜朝夕視膳。今九成宫去京師三百餘里，太上皇或時思念陛下。陛下何以赴之？然今行計已成，不可復止，願速示反期，以解衆惑。仍亟增修大安，以稱中外之望。』楊氏曰：『馬周之論此行善矣。然不止其行而速其反，是所謂「月攘一鷄」者。豈所以堯舜其君哉？』

魏主稱太上，唐皇還西京。

魏延興元，魏主弘好黄老浮屠之學，傳位於太子宏，自稱太上皇帝。發明：異時鴆毒潛行，其身不保，浮屠、黄老之學，果何益哉？

至德二載，上皇還西京。上備法駕，上着紫袍，迎於望賢宮南樓。望樓下馬，趨進，拜舞於樓下。上皇降樓，撫上而泣，索黄袍，自爲上着之。上固辭，受之。上表請避宮，還東宮。范氏曰：『臨危則取大利，居安則謹小節。以是爲孝，亦已悖矣。』書法：帝累表避位。請還東宮。不書，削之也。其削之何？以爲不近於情而已矣。

漢高祖之詔，唐穆宗之詔。

父有天下，傳歸於子。子有天下，尊歸於父。此人道之極也。高詔。

强顔懿號，不若使我爲有道之君。加我虚尊，不若處我於無過之地。

漢之置酒，唐之置酒。

淮南王等朝未央宮，置酒前殿。上奉玉巵，爲太上壽曰：『始大人以臣不治産業，不如仲力，今某之業，孰如仲多？』群臣皆稱萬歲。

太宗從上皇，置酒故漢未央宮。上皇命可汗起舞，曰：『胡越一家，置酒凌烟，還居西内。』突厥至長安，太宗御順天樓。上皇嘆曰：『吾付託得人，復何憂哉？』置酒凌烟閣，公卿迭起爲壽。

玄宗次蜀，太子即位於靈武。明年還都，居興慶南内後。皇后張氏稍與政事，多以私謁撓權。遷太上，居西内。

紹興年之内禪，淳熙年之禪位。

紹興卅二，六月丙子，宋高皇降詔，内禪。上即帝位，太上移御德壽宫。皇帝攀輦垂泣，步出祥曦殿門，冒雨扶輦，至宫門，不肯止。太上麾謝再三，命左右扶掖以還。

淳熙十六，正月辛亥，上宣諭周必大等曰：欲旬日間禪位太子，退就休養，以畢高宗三年之制。三月壬戌，詔太子即位，朕移御重華宫。

追尊上皇追尊私親

秦始皇之尊，魏子攸之尊。

尊莊襄王爲太上皇。

魏子攸，永安二，尊其祕爲皇帝，尊彭城武宣王爲文穆皇帝，廟號肅祖。將遷神主於太廟，而以高祖爲伯考。臨淮王彧諫曰：『漢光武於元帝屬疏服絶，猶身奉子道，入繼大統，别祀南頓君於春陵，况肅祖於高祖，親北面爲臣乎？二后皆將配享，此爲君臣並筵，嫂叔同室，臣切以爲不可。』不聽。請去帝着皇，亦不聽。尋復尊無上王邵帝號。彧又諫，不聽。書法：直書文穆皇帝，甚矣！子攸是年失國，明年見弑。

戾太子悼考，戾夫人悼后。

追謚戾太子『悼考』，戾夫人『悼后』，置園邑。書法：於是詔議皇太子謚。有司請謚太子曰『戾』，史良娣曰『戾夫人』。漢初，公議猶凛凛也。自帝始尊私親，其初猶曰『考』曰『后』而已。未幾而尊曰『皇考』焉。自是而後，無不皇者矣。

哀之共皇，桓之孝穆皇、孝崇皇，靈之孝元皇、孝仁皇，帝啓之也。

追尊悼考，追尊定陶。

元康元，追尊悼考爲皇考，立寢廟。程子曰：稱其所生爲皇考，亂倫失禮，甚矣！

哀帝追尊定陶共王爲定陶共皇。書法：自宣帝追尊悼考爲皇考，始開端矣。於是而定陶稱皇，非稱也。帝之皇恭王，所以皇傅太后，丁后也。段猶等言，宜爲共皇立廟京師。群臣多言母以子貴，宜立尊號。丞相光、大司馬喜、大司空丹以爲不可。丹曰：『聖王制禮，取法於天地。尊卑之禮明，則人倫之序正。今太后皇后，定陶爲號者，母從子、妻從夫之義也。』立官置吏，車服與皇后太后並，非所以明尊無二上之義也。定陶共皇號，謚已前定，議不得復改。《禮》：父爲士，子爲天子，祭以天子，其尸服以士服。子無爵父之議，尊父母也。爲人後者，爲之子故，爲所後服斬衰三年，而降其父母期服，尊本祖而重正統也。孝成皇帝爲共王立後，令共皇長爲一國太祖。陛下繼體先帝，持重大宗，承宗廟天地社稷之祀，義不可復。奉定陶共皇祭入其廟。今欲立廟於京師，而使臣下祭之，是無主也。又親盡當毁，空去一國太祖不墜之祀，而就無主當毁不正之禮，非所以尊厚共皇也。策免爲庶人。詔共皇去定陶之號。傅氏爲帝太皇后，丁氏爲帝太后，立廟京師，用朱博議。

漢靈帝之追尊，晋元帝之改過。

追尊皇祖夫人爲孝元皇，爲孝元后，考爲孝仁皇，母董氏爲慎園夫人。汪克寬《考異》曰：按靈帝乃清河孝王曾孫，其祖未嘗即帝位，不當稱皇祖。

晋元帝大興二，共王爲皇考，既而罷之。賀循曰：『《禮》，子不敢以己爵加於父。』乃止。書法：書皇，其私親多矣。自漢宣帝以來，未之有改也。下詔未幾，尋繼以罷，元帝於是可謂能從諫矣。書曰：『既而罷之』，美改過也。

吴主皓欲爲其父作紀。侍中韋昭曰：『文皇不登帝位，當爲傳。』吴主怒，殺之。紀者，言爲後代綱紀也。傳者，謂列叙人臣事迹。

崇奉濮王。愚按：曾先之。

曹魏制，後嗣有由諸侯入奉大統者，不得顧私親。子朱子《綱目》持筆書之，深予之也。蓋先王制禮，尊無二上，故漢宣繼孝昭，光武繼孝平，皆不追尊其所生父母，爲是故也。令可傳於後世。况英宗自幼育於仁宗宫中，立爲皇子，又非漢宣光武之比。其不可尊崇濮王明矣。

尊號　上皇

憲宗尊順宗。永貞二年正月，皇帝臣某，道繼玄無，昭宣化原，業纘皇極，發揚大號，體堯之德，與神同符。其動也天，其靜也地。未極徽號，孰報君親？

上尊號。汪藻。

靖康元年八日，皇帝臣，道之大者，理謝形容；名之尊者，言絶稱謂。席累聖之緒，揖三神之休。高蹈殊庭，怡神稱籙。父有成功，必傳之子。子克嗣事，敢忘所天？群情雖切，偉範未昭。宜稽典禮，仰正鴻名。遵汾水而憩華胥，訪廣成而追大隗。

淳熙周必大：修千二百歲而爲皇，觀三五六經而建號。飛英聲而騰茂實，因壽曆而播鴻名。當陳漢家掌故之儀，更邁唐帝應乾之册。方垂衣而視天民，乃褰裳而陋神器。春秋何止於八千，甲子正逾於四百。視陶唐遜位之載，固可萬斯；小周室卜年之期，徒能十此。匪衍徽稱，孰彰榮遇。縱益千言，於尊崇乎何有？矧加八字，在揚厲以尤疏。神天之祐不可虛，華夏之請不可遏。設黄麾於大庭，鏤白玉之新牒。上德不德以有德，祈勉副於輿情；屢書特書弗一書，將繼修於慶禮。

《玉堂雜記》：周必大。太上遜位，上尊號時，陳康伯集議定命，洪景嚴遵撰議文。某心知其非，而無由改。乾道六年，郊祀禮成，加上尊號。某在翰苑，引唐故事，乞上過宫，表請既允，然後降詔。國朝尊號母后，稱嗣皇帝。紹興三十二年，用嗣皇帝。乾道六年，称嗣皇帝。謹按：顔真卿議，明皇傳位肅宗，不當稱嗣皇帝。憲宗上順宗尊號，亦稱皇帝臣某，此最可據。其議遂定。

皇太后

《漢書》：漢興，因秦之稱，號帝，母稱皇太后，祖母稱太皇太后。

《陳琳傳》：親嘗稱制，坤育天下。

孫抃赦文：爲天下之母，育天下之君。

《漢官儀》：帝祖母稱長樂宫，帝母稱長信宫。

虞之二妃，周之三母。

《詩》：思齊太任，文王之母。思媚周姜，京室之婦。太姒嗣徽音，則百斯男。

周姜漢馬。德行純備，故生聖子。身服大練，食不求甘。食飴弄孫。不復開政。

漢之吕后，唐之武后。

惠帝崩，吕太后王諸吕。

武后進號天后。中宗即位，稱皇太后。廢帝爲廬陵王，改國號周，稱聖神皇帝，欲以三思爲太子。賴狄仁傑復唐嗣。

魏文帝令，不許母后聽政。

宋高祖遺詔：母后不煩臨朝。

齊蹤虞姬，比迹任姒。劉毅。

杜絶邪淫之源，防抑逸欲之兆。同。

膺聖姿，厲内職。

劉毅膺大聖之姿，體乾坤之德。

《唐順宗傳》：憲宗母莊憲，訓厲内職，有古后妃風。

選重德輔太子，進壽禮如家人。

憲宗郭后子儀孫生穆宗。帝崩，中人有爲后謀稱制者。后怒曰：『太子雖少，尚可選重德輔太子，吾何預外事哉？』

穆宗蕭后生文宗，文宗上尊號曰『太后』。貞獻懿安郭后。居興慶宮，寶曆穆宗王后。居義安殿，蕭太后居大内，號三宫。開成，文宗。正月望夜，帝御咸泰殿，燃燈作樂，迎三宫太后，奉觴進壽，禮如家人。

允恭，莊敬。

劉毅允恭，節約思齊。注：莊敬之太任。

徽音，尊號。

有古后妃風莊憲，爲盛天子訓。見上。

武宗喜田遊。他日，問后：『如何可爲盛天子？』后曰：『毋拒直言，毋納偏言，此盛天子也。』因佩訓言，稀田遊事。

金根玉輅，璇宫椒房。金根車，玉輅輦。

《輿服志》：太后、皇太后。

《拾遺記》：少昊母曰星娥，處椒房，漢儀皇后稱璇宫。注：以椒塗壁，取其温，辟惡。

或曰：取椒，聊蕃衍之義。

明肅太后之處分，明肅太后之從謁。

文正。《筆談》。

章獻明肅太后權處分軍國事。丁謂欲每議〔一〕大政,則太后坐後殿朝執政。朔望,則皇帝坐前殿朝群臣。

王沂公曾判禮儀院,宋用蔡邕獨斷。東漢故事,皇帝在左,母后在右,同殿垂簾,中書樞密以次奏事,人心乃定。

《澠水燕談》:明肅太后送謁太祖,倖者密請曰:『陛下垂簾,豈當以后服見祖宗耶?』遂下詔,服衮冕。薛簡肅公簾外口奏曰:『陛下大謁之日,漢兒拜耶?女兒拜耶?』是日報罷。

戒臺吏,燔儀制。

明肅太后遺誥,尊楊太妃爲太后,禁中與皇帝同議軍國事。閤門促班賀於内。東門,御史丞蔡文忠公戒臺吏,毋過班。白宰相曰:『上奉先太后十餘年,今始躬親政事,豈宜以母后相繼耶?』上聞,遂命册去『同議政』語,朝廷服其亮。《類苑》。

章獻崩,章惠太后欲踵之臨朝。龐籍爲殿中侍御史,奏燔閹門垂簾儀制,以沮其謀。仁宗始專萬幾。

〔一〕今按:『每議』二字,據《言行龜鑒》卷六補。

折簾，臨御。

曹后稱制。韓琦欲還政天子，而御寶在太后閤。皇帝行幸，即隨駕。琦因請具索狀，祈雨。比乘轝還，御寶更不入太后閤。即於簾前具述皇帝聖德，且言天下久煩聖慮。太后怒，琦獨立簾外不去。及得一言有允，即再拜，促儀鑾司折簾，上親政。

仁宗晏駕，英宗即位，以憂得疾，光獻太后垂簾聽政。及英廟已安，韓琦諷后還政。後數日，批出云：某日更不御殿。魏公亟令捲簾坐。

英宗母，宣仁聖烈皇后。高氏臨御九年，高瓊贊曰：『瓊與寇准協謀，真宗親征，戮力破敵，遂成莫大之功。篤生聖后，爲女中堯舜，天實與之也。』

權同聽政，權同處分。

哲宗母曰欽聖皇后朱氏。神宗寢疾，王珪奏請宣仁聖烈皇太后權同聽政。神宗首肯，太皇太后垂簾於福寧殿上。哲宗爲太子，神宗崩，奉遺制即位。哲宗崩，皇太后坐福寧殿垂簾。徽宗即位福寧殿，皇太后權同處分軍國大事。元祐二年，太后詔曰：『祥禫既終，典册告具。有司遵用章獻太后故事，予當受册於文德殿。顧予凉薄，實有慚德，將來受册可止。』就崇政殿諭執政曰：『母后臨朝，非國家盛事。文德殿天子正身，豈女主所當御乎？』

獻莊垂簾，章獻垂簾。

乾興，獻莊垂簾之十月，太后附神宗神主於太廟。初，太后欲具平生服玩如宮中，以銀罩覆神主。參政吕夷簡言：『此未足以報先帝。今天下之政在兩宮，惟太后遠奸邪，奬忠直，輔導皇帝，成就聖德，所以報先帝。』

章獻劉太后正位宮闈，聲滿天下。仁宗即位，垂簾。

盡母道，成聖德。

宣仁謂范純仁：『卿父仲淹，在章獻垂簾，勸章獻盡母道；及仁宗親政，勸仁宗盡子道，可謂忠臣。』

盡母道，盡子道。

元符，徽宗即位。復哲宗元祐皇后位號。自瑶華，徙禁中。有論不可者。邵伯温力争。伊川曰：『子之言得矣。』

蔡京、曾布相繼用事。皇后出居舊宫二十年，二帝北狩，后不預。虜退，群臣請歸禁中，垂簾。上即位，輔成聖德爲多，謚昭燕聖獻。

女中堯舜，今世任姒。

宣仁每有號令，天下謂之快活。條貫華春，稱爲女中堯舜。

莊獻劉太后，臣僚敬畏，皆曰今世之任姒也。

易梓如生，持制不下。

章獻垂簾，李宸妃薨，章獻秘之。無宫人禮治喪。宰相吕夷簡力争，太后從其説。仁宗尊宸妃爲太后，易梓宫，后玉色如生，冠服如皇后時。

晏元獻撰神道碑：五岳峥嶸，崑山出玉；四溟浩渺，麗水生金。

元祐三省言，景祐李用和改官移鎮恩例，令高氏、朱氏皆舉故事加恩。太后曰：『章獻垂簾，初無此例。』大防曰：『此盛德事也。』

治平加節度使，曹佾同平章事。韓琦曰：『元舅推恩，非私非戚也。』遂降制。太后持制不下。

但理家事，不預外庭。

紹興太后愀然不樂，曰：『爲君難。』

太祖即位，后但理家事，曰：『吾聞，爲君難。』

能立長君，社稷之福也。杜太后。

昭襄之廢，始皇之遷。

秦君卒，弟稷立。母芈氏治國事。

書法：母治國事，臨朝之端也。

秦君昭襄廢其母。

書法：母后書『廢』始此。終《綱目》，書『廢』者三：秦芈氏，魏高太后，晋楊太后。莫悖於秦君。晋賈氏以子廢母，以婦廢姑，《綱目》所深誅也。芈氏以憂卒。

發明：直書於此，所以著秦魏之罪也。

秦嫪毐作亂伏誅，遷太后於雍。

太后與文信侯通。恐事覺，以嫪毐詐爲宦者進之，生二子。王下吏治毐，毐發兵爲亂，夷三族，遷太后於雍。發明：上書嫪毐作亂，繼書遷太后於雍，則太后之遷爲有名，而非芈氏之比矣。茅焦進諫，復爲母子。《綱目》削去而不書者，所以著其得罪宗祧之罪云爾。

漢高祖之吕氏，漢元帝之王氏。

高皇后吕氏元年。發明：程頤傳《易》於坤之六五，有曰：臣居尊位，羿、莽是也，猶可言也。婦居尊位，女媧氏、武氏是也，非常之變，不可言也。吕氏立一載卒，疆不疑受封，相繼告隕，天意昭然。詳書於册，不特見吕氏亂朝之迹，亦以見天道不遠之意矣。

孝元皇后王氏。莽請璽，不肯授，投之地。莽改漢家黑貂，着黄貂。又改漢正朔伏臘日。太后令其官屬黑貂，至漢家正臘日，獨與其左右相對飲食。書法：其握璽，其令官屬黑貂，其用漢家正臘，猶有漢氏之心焉。

膠東膠東王。太后，漢室太后。

太后數出遊獵。張敞諫曰：『禮，君母出門，則乘輜屏。下堂則從傅母。今以田獵於以上聞，縱欲爲名，亦未宜也。』

建平二六月，太后丁氏崩。詔合葬共皇園。杜鄴策：臣聞陽尊陰卑，卑者隨尊，尊者兼卑，天之道也。是以男雖賤，各爲其家陽。女雖卑，猶爲其國陰。故禮明三從，母必繼子。昔鄭伯隨姜氏之欲，終有叔段之禍；姜氏惡莊公，而愛叔段，欲立。莊公即位，叔段反。周襄王内逼惠后之難，而遭居鄭之危。襄王後母惠后生叔帶，與狄謀反襄王。狄兵入周，王出居鄭。今外家無賢不肖，並侍帷幄，乃置大司馬將軍之官，當拜之日，晻然日食。願陛下加致精誠，思承始初，事稽諸古以壓下心，則上帝百神收還威怒。

書法：哀帝用丁傅，而是日日食。桓帝微行，而是日大風拔樹，昼昏。隋文帝立晋王廣，而是日天下地震。

葬傅氏，發丁氏。

皇太后傅氏崩，合葬渭陵，號孝元傅皇后。書法：以藩妾合葬，非古也。書孝元傅皇后何？譏之。譏也，卑其祖矣。又有尊薄太后、高皇后之書，哀不足責也。光武亦然。惜哉！

元始五，王莽奏：恭王母及丁姬、懷帝太后、皇太皇太后璽綬以葬，發冢取璽綬。書法：書發冢何？甚之也。

鄧太后之臨朝，梁太后之臨朝。

殤帝崩，迎清河王子祐入，即位，太后猶臨朝。

發明：《春秋傳》曰：猶者，可已之辭也。是時安帝春秋十三，若輔以大臣，自可躬親庶政。故太后臨朝，《綱目》書『猶』以譏之爾。嗚呼！賢如鄧后，君子猶不之與，况下於此者乎？

鄧太后每聞民饑，達朝不寐，躬自減徹，以救灾厄。徵濟北河間王男女五歲以上四十餘人，鄧氏近親子孫三十餘人，爲開邸第，教以經書。然久不還政。杜根言之，盛以縑囊，撲殺之，載出得蘇。成翊世亦坐諫不歸政抵罪。

順帝元年正月，遷太后於離宫，朝太后於東宫。閻氏。

書法：書朝太后何？予存厚也。安帝年十三，而太后猶臨朝，則書『猶』。桓帝年十五，而太后猶臨朝，則書『猶』。皆可已而不已者也。

更太后曰黄皇主，歸太后於長樂宫。

更號定安太后，曰黄皇室主。年未二十，自劉氏廢，稱疾不朝。莽欲嫁之。太后大怒，因發病不能起。書法：書何？予守義也。

元平元年，太皇太后歸長樂宮。書法：歸者何？順辭也。

太后遷辭二。太后遷歸某宮者，順辭也。遷太后於某宮者，逆辭也。

魏太后之弒主，唐武氏之賜姓。

魏承明元，太后馮氏弒其主弘，復稱制。書法：太后也，書『弒』何？君一而已。發明：魯哀姜預弒二君，聖人皆以『弒』例書之。

唐武氏廢其所出之子，君子猶欲數其罪於太廟，賜之死而滅其家，況君非己子，而又親預鴆毒者乎？

唐嗣聖七年，武氏上尊號曰『聖神皇帝』，以預王旦爲皇嗣，賜姓武氏。胡氏曰：君子有言，臣居尊位，羿、莽是也，猶可言也。婦居尊位，女媧氏、武氏是也，非常之變，不可言也。蓋廢興，常理也。陰居尊位，非常之變故也。

漢后妃之序，宋后妃之序。

後漢后妃序：自古主幼時艱，必委成冢宰，未有專任婦人。秦芈太后始攝政事，漢仍其謬，知患莫改。東京權歸女主，外立者四帝，臨朝者六后，貪孩童以久其政，抑明賢以專其位。

宋朝后妃序：古有攝主，而秦漢以下，則以母后攝。國朝稱制者五：章獻擁佑幼君，慈聖宣仁，德及天下。欽聖昭慈，功在社稷。攝政之賢，未有加於宋者。

《壽皇太后》：周必大。篤於事親，虞德以成，勤於問安，周曆斯過。避功於十亂，得道於小廣〔一〕。冲虚澹泊，從黄帝於大庭之館。三神之歡，不可恝也。臣妾之望，不可抉也。

趙汝談：周歌思齊，基命於文王之母；漢頌長樂，傳序在高皇之孫。

太后受册。《同人》。

黄圖嗣慶，瑶牒增輝。元氣之母爲太冲，三才所宗曰太極。蓋皇者，辭之所謂大；而太者，德之蔑以加。昔主饋在中，已有求賢審官之志；今御簾於外，復當託孤寄命之權。

垂簾賀《同人》。

嗣君踐阼，式迓於今休；母后垂簾，率循於古典。社稷有寄，山川聿寧。明肅之撫育仁祖，光獻之擁佑英皇。元祐有召彼故老之功，建中有復子明辟之美。顯仁撥亂而反正，慈烈轉危而獲安。倬爲宏規，著在信史。

皇圖嗣慶，瑶牒增輝。帝紬鳳撿，方丕闡於上儀；聖儷龍樓，用對崇於顯號。尊極重

〔一〕今按：『小廣』，《古今事文類聚》前集卷十九作『少廣』。

闈，著徽上尊號音以奕世；禮行當寧，衍顯號而聯編。燕處蘂宫，致孫謨之永錫；鳳儀椒掖，謹婦道之載傳。東朝隆養，喜重慶之無疆；册皇后。甲觀儲休，見元孫之載誕。賀登極。坤元博載，茂紀徽音；乾道丕承，肇稱縟典。舉稀闊之典，相承家法之傳；贊神聖之謨，益顯徽音之嗣。誕膺天命，親承大寶之傳；潛授聖謨，實出慈闈之懿。道光懿閫，休祐後人。再拜壓細，陰獨察其休明；五色補天，衆莫窺其妙用。自長門而登長樂，以太任而嗣太姜。法度無違，晨昏不懈。陰教齊家，坤元載物。功配堯仁，已弼成於與子；德光文母，復密祐於貽孫。子視群生，母儀萬國。道元協於虞嬪，德有光於文母。凝姿端肅，流《周》《召》勤儉之風；毓德幽閑，介黄、老清净之福。《周南》王化之基，儀於四國；明德大練之服，燕及六宫。内絶愆違，思賢妃之儆戒；外嚴詖謁，知臣下之勤勞。於乎艱哉，克守常憲；亦既勤止，惟懷永圖。紀爲汭、嬀山之興，幸窺簡牘；繼《生民》《思齊》之作，尚播聲詩。跂西崑之綵仗，分隔塵蹤；挹北斗之瓊漿，徒形善頌。奉萬壽之玉卮，莫踵外庭之賀；瞻五雲之金闕，徒傾南岳之呼。

追尊太后 追尊私親

尊薄太后曰高皇后，遷吕太后主於園。薄后配食地祇，吕后四時上祭。書法：書『尊薄太后』何？譏也。文帝之立也，吕后不書『太』，絶之於帝矣。則薄太后之尊，宜也。何譏焉？后不書『太』，誠絶之於文帝矣。其書『吕后』，則固未嘗絶之於高帝也。於是遷主於園，四時上祭，可乎？尊薄太后曰『高皇后』，卑其祖也。至以配食地祇，益不稱矣。《綱目》於此書曰『尊薄太后』，曰『高皇后』，『遷吕后主於園』。又書曰：『薄后配食地祇，吕后四時上祭』，辭煩不殺，所以著其甚不可也。

梁氏，匽氏。

和帝母梁貴人死，張酺請追上尊號。從之。

三公請貶竇太后尊號，不宜合葬先帝。帝曰：『禮，臣子無貶尊之文，恩不忍離，義不忍虧。』冬十月，追尊梁貴人爲恭懷皇太后，葬西陵。書法：此其書地何？志禮失也。

桓公尊母匽氏爲博園貴人。匽氏崩，葬博陵。書法：書地何？尊藩妾以厚禮，非常也。

漢昭帝之追尊，漢獻帝之追尊。

昭帝追尊鈎弋夫人爲皇太后，起雲陵。書法：譏，違禮也。始亂嫡妾矣。

獻帝尊母王夫人爲靈懷皇后。有司奏立長新宫，詔曰：『皇妣宅兆未卜，何忍言後宫之選乎？』於是改葬皇妣王夫人，追上尊號曰『靈懷皇后』。

書之金策，藏之宗廟。

建興七年，魏詔曰：禮，王后無嗣，宅建支子，以繼大宗。則當纂正統而奉公議，何得復考私親哉？其令公卿有司，深以前世行事爲戒。後嗣萬一有由諸侯入奉大統，則當明爲人後之義。敢爲導諛，建非正之號，以干正統，謂考爲皇，稱妣爲后，則股肱大臣誅之無赦。其書之金策，藏之宗廟，著於令典。

外祖

追恩外祖而爲博平君，追號秦公而爲孝穆君。

賜外祖號爲博平君。書法：推恩外祖母始此。終《綱目》，書外氏號三：博平、新野安帝太后母、唐魯國夫人。

追號太上秦公，謂之太上秦孝穆君。

魏神龜元，司徒胡國珍卒，追號太上秦公，迎太后母皇甫氏之柩合葬，謂之太上秦孝穆君。

諫議大夫張普惠以爲，太上之名不可施於人臣。會胡氏穿礦〔一〕遇石，普惠密表曰：『天無二日，土無二王。太上者，因上而生名也。皇太后称令以繫敕下，蓋取三從之道，今尊司徒爲太上，恐乖繫敕之義，比克吉定兆而以陵改卜，遇石而陵改卜宅兆。亦或天地神靈，所以垂至戒、啓聖情也。伏願停逼上之號，以邀謙光之福。』太后不從。書法：國珍后父耳，號之太上，非名甚矣。直書，譏之。

瑯琊王，樊君雲。

呂后崩，周勃等盡誅諸呂，而瑯琊王亦從齊至長安。大臣議欲立齊王。皆曰：『母家駟鈞惡戾，虎而冠者也。以呂氏故，幾亂天下。今又立齊王，是欲復爲呂氏也。』

樊重，字君雲，光武外祖也。外孫何氏兄弟争别，重耻之，以田二頃，解其忿訟。縣中稱美，推爲三老。

〔一〕今按：『穿礦』，《資治通鑒》卷第一百四十八作『穿壙』。

帝王之孝

《孝經》：愛親者，不敢惡於人。敬親者，不敢慢於人。愛敬盡於事親，德教加於百姓，此天子之孝。

真德秀曰：躬行於上，而德教自形於下。天下之人，無不皆愛敬其親矣。

子曰：明王之以孝治天下也，不敢遺小國之臣，而况於公侯伯子男乎？治國者，不敢侮於鰥寡，而况於士民乎？治家者，不敢失於臣妾，而况於妻子乎？故得萬國之歡心，以事其先王；天子之孝。故得百姓之歡心，以事其先君；諸侯之孝。故得人之歡心以事其親。大夫之孝。夫然，故生則親安之，祭則鬼享之。是以天下和平，灾害不生，禍亂不作。

真德秀曰：後世人君，蓋有暴虐其民，結怨矜禍，至於危其親以及宗廟者。然後知聖人之言，真百世之蓍象也。

子曰：明王事父孝，故事天明。事母孝，故事地察。耆。長幼順，故上下治。天地明察，神明彰明。矣。故雖天子，必有尊也，言有父也。必有先也，言有兄也。宗廟致敬，不忘親也。修身慎行，恐辱先也。

真德秀曰：父母者，子之天地；天地者，人之父母。人有此身，則有此心。有此心，則有此性。此天地之所以與我者也。五常萬善，本來全具，一毫有虧，是慢其所與矣。

揚子：孝莫大於寧親，寧親莫大於寧神，寧神莫大於四表之歡心。注：尊祖考，安神靈，故先王以孝治天下。父母，子之天地歟？無天何生？無地何形？事父母自知不足者，其舜乎？不可得而久者，事親之謂也。孝子愛日。

帝舜之孝，武王周公之孝。

《家語》：問帝舜。子曰：吴舜，孝友聞於四方，陶漁事親。

吴舜父頑母嚚，克諧以孝，烝烝乂不格姦。《堯典》。

負罪引慝，祇載見瞽瞍，夔夔齊栗，瞽亦允若。《禹謨》。

《孟子》：瞽瞍底豫，而天下化。瞽瞍底豫，而天下之爲父子者定。羅從彦曰：『只爲天下無不是底父母。』陳瓘曰：『惟如此而後，天下之爲父子者定。』

《中庸》：舜其大孝也與？德爲聖人，尊爲天子，富有四海之内，宗廟享之，子孫保之。

子曰：『武王周公，其達孝矣乎？夫孝者，善繼人之志，善述人之事者也。』

真德秀曰：『舜孝如天，不可名，故曰大。武王周公孝，天下稱，無異辭，故曰達。』

太甲伊尹曰：『奉先思孝。』

文王之孝，武王之孝。

文王之爲世子，朝於王季日三。其有不安節，則文王色憂，行不能正履。王季復膳，然後亦復初。食上，必在，視寒暖之節。食下，問所膳，命膳宰曰：末有原。應曰：『諾。』然後退。

文王有疾，武王不脱冠帶而養，文王一飯亦一飯，文王再飯亦一〔一〕飯。

大禹之孝，漢文之孝。

子曰：孝矣禹也。惡〔二〕飲食而致孝乎鬼神。禹，吾無間然矣。

漢文爲代王。太后病，不解衣交睫者三年。藥非口嘗不進。

《伊訓》：立愛惟親。

漢高祖九年，唐太宗七年。

置酒未央宫，置酒未央。發明：武德九年之後，貞觀九年之前，首末十載。所謂爲天子父，以天下養者，僅有是耳。我朝孝宗，恭奉上皇垂三十載，孝養之誠終始如一。七日一

〔一〕今按：『一』，《禮記・文王世子》作『再』。

〔二〕今按：『惡』，《論語・泰伯》作『菲』。

朝，有加無二。

營大明之宫，發思親之語。

貞觀八，營大明宫。書法：大明宫何？上皇清暑之地也。宫未及成，而上皇寢疾矣。曷爲書之？譏也。

太宗曰：吾今日生日，世俗皆爲樂，在朕翻成傷感。今君臨天下，富有四海，而欲承顔膝下，永不可得。此子路有負米之恨也。詩云：哀哀父母，生我劬勞。奈何以劬勞之日更爲宴樂乎？

真德秀曰：太宗思親，發於至誠。

高宗髮之白，敬宗哀之忘。

太宗苦痢，太子晝夜不離側，或累日不食，髮有變白者。上召無忌、遂良曰：『太子仁孝，善輔導之。』

長慶四年正月，穆宗崩。二月，敬宗幸中華殿擊毬。書法：擊毬不書。此何以書？譏忘哀也。中華殿，憲宗遇弑之所也。憲宗之弑，僅爾四朔，穆宗之喪，甫及易月。於此擊毬，忘哀甚矣。

王琚之憂，玄宗泣之，日用之語，玄宗恐之。

玄宗爲太子。王琚曰：『韋庶人弑逆，人心不服，誅之易耳。』太平公主凶猾無比，琚竊憂之。上曰：『主上同氣，惟有太平。言之，恐傷主上之心。不言，爲患日深。』琚曰：『天子之孝，當以安宗廟社稷爲事，豈顧小節？』開元元年，公主又與宫人元氏謀於赤箭粉中置毒。荆州長史崔日用曰：『太平謀逆有日。』上曰：『直恐驚動上皇。』日用曰：『天子之孝，在於安四海。若姦人得志，則社稷爲墟。安在其爲孝乎？』

上元年之迎上皇，上元年之朝上皇，元和年之奉太后。

上元元年，李輔國矯稱上詔，迎上皇遊西内。刑部尚書顔真卿上表，請問上皇起居。輔國奏貶蓬州長史。上皇不茹葷，辟穀成疾。書法：直書李輔國遷，而肅宗不子之義著矣，輔國不臣之惡極矣。

上元二年，上朝太上皇於西内。先是，山人李唐見上。上抱幼女，謂唐曰：『朕念之，卿勿怪也。』對曰：『上皇思見陛下，計亦如陛下之念公主也。』上泫然泣下，至是始往朝。

真德秀曰：『上皇自蜀還都，曰：「朕爲五十年太平天子，未爲貴。今爲天子父，乃貴耳。」此元結所謂「宗廟再安、二聖重歡」者也。徒以内侍握兵，妄爲讒間，而迫遷之謀出焉。

肅宗之罪，於是乎通天矣。』

元和十五年，穆宗即位。太后郭曖。居興慶居南内。每朔望，上帥百官詣宫門上壽。上性侈，奉太后尤華靡。胡氏曰：『君子不以天下儉其親。然侈靡越度，則非所以爲孝矣。』

《孟子·萬章》曰：舜往於田，號泣於旻天。何爲其號泣也？孟子曰：怨慕也。五十而慕者，予於大舜見之矣。

《類林》：舜耕歷山，歲不熟。舜粜。其母詣糴，每還錢與米，問之，子也。因相抱歸。拭其父目，尋自明。堯聞而妻之。

《真源賦》：舜粜於平陽中，父認之，乃舐其目。目以光明。

《史記》：舜爲父母淘井，取金銀安罐中與父母。

《援神契》：天子孝曰就。就之爲言成也。天子德被天下，始終成就，則澤及萬物，其親獲安。故曰就也。諸侯孝曰度。度者，法也。諸侯居國，能奉天子法度，得不危溢，則其親獲安。故曰度也。

又：元氣混沌，孝在其中。天子孝，則天龍負圖，地龜出書，天孽消滅，景雲出游。

又：天子行孝，四夷和平。孝悌之至，通於神明，病則致其憂，顚頇消形。

杜詩：還見五雲飛，五雲高太甲。天子孝則見。孝理敦國政，神凝推道經。精神凝聚。江山少使者，笳鼓凝皇情。言肅宗之思玄宗也。

皇太子

《少儀》：問國君之子長幼，長則曰『能從社稷之事矣』，幼則曰『能御未能御』。六藝之一。

《易・序卦》：主器者，莫若長子，故受之以震。

《説卦》：震爲長子。

《記》：一有元良，萬國以貞。天子之元子。注：儲君，副主。

《後輿服志》：皇太子乘青蓋車。

《晋・天文志》：前星爲太子，後星爲庶子。

小海爲太子，旌旗爲天子。

顔延年《曲水詩》：正體毓德於少陽。注：東宮，少陽也。

魏崔琰《書》：春秋之義，立嫡以長。

自唐虞以上，經傳無太子。夏殷之王，雖則傳嗣，其文略矣。至周始見文王世子之制。《韓詩》。

貳體宸極，守器宗祧。沈約《表》。

主畅春官。《韓集》。

杜詩：鶴駕〔一〕通宵鳳輦備，鷄鳴問寢龍樓曉。

周靈王太子晋乘白鶴而去，後世稱太子之駕曰鶴駕，禁曰鶴禁。

從曰撫軍，守曰監國。

晋侯使太子申生伐東山皋落氏。里克曰：『太子冢祀社稷之粢盛，以朝夕視君膳者也。故曰冢子。君行則守，有守則從。從曰撫軍，守曰監國。古之制也。』

前星，小海。見上。

《山海經》：元皋之山，南望幼海。注：幼海，少海也。

《職林》：天子比大海，太子比小海。

《文王世子》：世子之記曰：朝夕至於大寢之門外，問於内竪曰：『今日安否？何

〔一〕今按：『鶴駕』，《全唐詩》卷二百一十七杜甫《洗兵马·收京後作》作『鶴禁』。

如?』内竪曰:『今日安。』世子乃有喜色。其有不安節,則内竪以告,世子色憂,不滿容。内竪言復初,然後亦復初。朝夕之食上,世子必在。視寒暖之節食,下問所膳,羞必知所進,以命膳宰,然後退。若内竪言疾,則世子親齊玄而養。膳宰之饌,必敬視之。疾之藥,必親嘗之。嘗饌善,則世子亦能食。嘗饌寡,世子亦不能飽。以至於復初,然後亦復初。

文王爲世子,朝於王季日三。武王率而行之,不敢有加焉。

文王有疾,武王不脱經帶而養。

成王爲太子,太公爲師,周公爲傅,召公爲保。伯禽唐叔與游,目不悦淫艷,耳不聞優笑,居不近庸邪。

衛之拒蒯聵,晋之廢太子。

胡管見曰:蒯聵得罪於父,而出奔於宋。靈公未有廢之之命,而更立他子。靈公死,衛人立輒,拒蒯聵。是輒之立,非有靈公之命,安得利其位而拒之?

叔孫通曰:晋獻公以驪姬故,廢太子,立奚齊,晋亂數十年。秦以不早定扶蘇,胡亥立,自使滅祀。

張良之招四人,有司之建太子。

鯨〔一〕布反，上欲使太子擊之。呂布〔二〕泣言：『太子擊布，無異使羊將狼。』張良招四人者。謂呂澤曰：『太子將兵，有功位不益，無功則受禍。』高祖及宴置酒，太子侍。四皓從。上曰：『煩公幸卒調護。』

文帝元年，有司請蚤建太子，所以重宗廟也。子啓最長，請爲太子。

武帝之得太子，元帝之爲太子。

武帝年二十九，得太子。詔受《公羊春秋》。及冠，立博望苑，使通賓客。

元帝八歲爲太子，仁柔好儒。宣帝曰：『漢家自有制度，亂我家者，太子也。』

得絶馳道，贊歌四章。

成帝爲太子，初居桂宫。上嘗召太子，出龍樓門，不敢絶馳道。西至直城門，得絶乃度。還入作室門。上遲之，問其故。以狀對。上大悦，乃著令，云：『太子得絶馳道。』

漢明帝作太子，以歌四章，贊太子之德。一日重光，二月重輪，三星重輝，四海重閏。

晋太子之針杜錫，晋惠帝之納賈妃。

〔一〕今按：『鯨』，《史記・黥布列傳》作『黥』。

〔二〕今按：『呂布』，據《史記・留侯世家》，應爲『呂后』之誤。

舍人杜錫忠規勸太子。太子怒，以針著錫坐針刺之。晋隱懷太子。

晋武生惠帝，謀昏。上欲娶衛瓘女，后欲娶賈充女。上曰：『衛女賢，賈女妒。』楊后納賈妃，亂晋國。

太公之傅太子，邢峙之授太子。

文王使太公傅太子。及嗜鮑魚，而太公不與。曰：『禮，鮑魚不登於俎。豈有非禮而可以養太子哉？』

邢峙爲博士，授太子經。厨人進食，有菜曰邪蒿，峙命去之。曰：『此菜有不正之名，非殿下所食。』《北史》。

漢帝之獄，唐后之夢。

漢武帝征和二年，治巫蠱獄。壺關三老茂上書曰：『臣聞，父者猶天，母者猶地，子猶萬物也。故天平地安，物乃茂成。父慈母愛，子乃孝順。』云云。

武后欲以三思爲太子。狄仁傑曰：『臣觀天下未厭唐德。今欲繼統，非廬陵不可。』后曰：『夢雙陸不勝，何也？』對曰：『雙陸不勝，無子也。天其以儆陛下乎？』后感悟，即日迎王於房州。

《孟子》：朝覲訟獄者不之益而之啓。曰：『吾君之子也。』謳歌者不謳歌益而謳歌啓，曰：『吾君之子也。』

驪姬之夢，晋侯之伐。

《僖四》：驪姬謂太子曰：『君夢齊姜，齊太子母。必速祭之。』太子祭於曲沃。歸，胙於公。公田，姬置諸宫。六日，公至，毒而獻之。公祭之地，地墳。與犬，犬斃。與小臣，亦斃。姬泣曰：『賊由太子。』太子縊於新城。

晋侯使太子伐東山皋落氏。衣之偏衣，左右異色，其半以公服。佩之金玦。狐突嘆曰：『命以時卒，閟其事也。十月閟盡。衣之尨雜。服，遠其躬也。』

楚王之黜太子，穆嬴之送太子。

《文元》：初，楚子將以商臣爲太子。令尹子上曰：『君之齒未也，而又多愛，黜乃亂也。楚國之舉，恒在小者。且是人也，蜂目而豺聲，忍人也，不可立也。』既又欲立王子職，而黜太子商臣。冬十月，以宫甲圍王。王請食熊蹯而死。不聽。丁未，王縊。弑〔一〕之。

《文七》：秦康公送公子雍於晋。穆嬴日飽〔二〕太子以啼於朝。宣子與諸大夫乃背先

〔一〕今按：『弑』，應爲『謚』之誤。《左傳·文公元年》：『丁未，王縊。謚之曰「靈」，不瞑。曰「成」，乃瞑。』

〔二〕今按：『飽』，《左傳·文公七年》作『抱』。

蔑而立靈公。

合左師之惡宋太子，費無極之譖楚太子。

《襄卅六〔一〕》：宋太子痤美而很，合左師惡之。寺人惠墻伊戾惠墻，姓；伊戾，名。爲内史，而無寵。楚客聘秦過宋，太子請野享之。伊戾從之，坎掘地。用牲，加書徵。驗之。而騁告公曰：『太子將爲亂，既與楚客盟矣。』公使視之，則信有焉。公囚太子，乃縊而死。公徐聞其無罪也，乃烹伊戾。

《昭十九》：楚子之在蔡也，郥陽夫人〔二〕之女奔之，生太子建。及即位，使伍奢爲之師。費無極爲少師，無寵焉，欲譖諸王，曰：『建可室矣。』王爲之聘於晋〔三〕。無極與逆，勸王取之。正月，夫人嬴氏至自秦。費無極曰：『若大城城父而置太子，以通北方，王收南方，是得天下也。』王從之。故太子建居於城父。

齊太子之諫，衛太子之禱。

《襄十八》：齊侯靈駕將走郵棠。齊邑。太子光與郭榮叩馬曰：『社稷之主不可以輕，輕

〔一〕今按：『卅六』，應爲『廿六』。引文見於《左傳・襄公二十六年》。
〔二〕今按：『夫人』，《左傳・昭公十九年》作『封人』。
〔三〕今按：『晋』，《左傳・昭公十九年》作『秦』。

則失衆。君必待之。』太子抽劒斷鞅，乃止。馬腹曰鞅。

《哀二》：戰於鐵。衛太子禱曰：『曾孫蒯聵敢昭告皇祖文王、烈祖康叔、文祖襄公。鄭勝聲亂從，晉午在亂[一]。不能治亂，使鞅討之。蒯聵不敢自佚，備持矛焉。敢告無絶筋，無絶骨[二]，無面傷，以集大事，無作三祖羞。大命不敢請定，佩玉不敢愛。』

漢高祖之立盈，漢光武之立陽。

發明：太子國儲副君，宗祧所主。是時漢方倥偬，乃能首建國本，亦可謂知所先務矣。特書於册，蓋予之也。

光武廢强立陽，詔曰：《春秋》之義，立子以貴。陽皇后之子宜承大統。封强爲東海王，立陽爲太子。袁宏曰：『夫建太子，所以重宗統一民心也。非有大惡於天下，不可移也。』胡氏曰：『《春秋》之義，立子以長，不以功。以德，不以貴。無「立子以貴」之説也。借如立貴者，疆非后子者，蓋不得於義，不得於言。曰「春秋之義，立子以貴」，東海王陽，皇子之子，宜承大統。是得失之分，不待辨而自明矣。』

[一] 今按：『在亂』，《左傳·哀公二年》作『在难』。
[二] 今按：『絶骨』，《左傳·哀公二年》作『折骨』。

《公羊傳・隱元年》：立嫡以長，不以賢。立子以貴，不以長。何休注：適謂適夫人之子。尊無與適，故以齒。子謂媵及侄娣之子，位有貴賤，又妨其同時而生，故以貴。

元帝之廢，明帝之廢。

元帝寢疾，史丹伏青蒲涕泣言曰：『太子以適長立，積十餘年，名號繫於百姓，天下莫不歸心。今者道路流言，爲國生意，以爲太子有動摇之意。臣願先賜死。』上意感悟，太子由是遂定。

廢太子慶爲清河王。章帝。

光武寵陰后而廢太子，故肅宗踵而行之，如出一轍。詒謀不足以詔後，嗣服不足以增光。

太常七年之立子，太和七年之生子，太和廿年之廢子。

魏太常七年，魏主服寒食散，頻年藥發，灾異屢見。崔浩曰：『早建東宫，選賢公卿以爲師傅，左右信臣以爲賓友。』立燾爲太子。

魏太和七年，林氏生子恂。馮太后以恂當爲太子，賜林氏死，自撫養之。書法：子生不書，此其書何？太后忍也。魏故事，立爲太子，乃殺其母。是林氏生恂，太后以其當爲太子也，既殺林氏，自撫養之，立大忍矣。

太和廿年，太子恂不好學，體素肥大，苦河南地熱。魏主賜衣冠，恂常私着胡服。中庶子高道悦數切諫，恂奔平城，手刃道悦。魏主大駭曰：『大義滅親，古人所貴。』廢爲庶人。

太子綱之選兵，太子統之接俊。

梁武諸子心不相下，互相猜忌。太子綱常選精兵，以衛東宮。胡氏曰：『起敬起孝，燮和兄弟，則雖有急難，外侮其禦矣，莫親於兄弟。綱且蓄兵以待之，則非吾同氣者。誰實可信？』

大同三年，太子統卒。自加元服，使省録朝政，辨析誰謬，秋毫必睹。斷獄多所全宥，寛和容衆。好讀書屬文，引接才俊。不畜聲樂。每霖雨積雪，遣左右視貧者賑之。天性孝，謹在東宫坐起，恒西向。母丁貴嬪卒，水漿不入口。腰帶十圍，減削過半，卒。

晋太子之欲决戰，漢太子之先志意。

王敦據石頭，太子紹欲自帥將士决戰。温嶠欲執鞚諫曰：『殿下國之儲副，奈何以身輕天下？』抽劍斬鞅，乃止。

後主延熙元，立子璿爲皇太子。孟光問太子讀書及情性好尚於郤正。正曰：『奉親虔恭，舉動仁恕，有古世子之風。』光曰：『吾欲知其權略智調何如也。』正曰：『世子之道在於承志竭歡，智調藏於胸懷，權略應時而發。此之有無，焉可預知也？』光曰：『今天下未定，志意爲先。儲君讀書，寧效吾等竭力博識，以待訪問，如博士操策講試，以求爵位耶？』

東宫民神所繫，儲貳四海所繫。

後趙卜泰曰：『東宫民神所繫，豈可輕動？』

晋張邵曰：『儲貳之重，四海所繫，不宜居外。君終無適子，其國可破也。』

魏之爲太子，成之爲太子。

曹操丁夫人無子。劉氏生子昂，卞氏生四子：丕、彰、植、熊。出丁，立卞爲繼室。植機警多藝，立以爲嗣。操以函密訪於外。尚書崔琰露板答曰：『春秋之義，立子以長。丕仁孝聰明，宜承正統。』丕問大夫賈詡。詡曰：『願將軍恢崇德度，躬素士之業，朝夕孜孜不違子道，如此而已。』植發言有章，左右屬目，操亦悦焉。丕悵然自失。吴質耳語曰：『流涕可也。』及辭，丕流涕而拜。遂定爲太子。丕抱辛毗頸而言曰：『辛君知我喜否。』毗告其女憲英。憲英曰：『太子，代君主宗廟社稷者也。代君不可以不戚，主國不可以不懼。宜戚宜懼，而反以爲喜，何以能久？魏其不昌乎？』

魏叡之泣，宋劭之兵。

叡母被誅，故未建爲嗣。丕與叡獵，見子母鹿，既射其母，命叡射其子。叡泣曰：『陛下已殺其母，臣不忍復殺其子。』丕惻然。及是疾篤，立爲太子。

宋太子劭東宮置兵，與羽林等。　發明：東宮置兵，與羽林等，亂之本。

石弘之爲太子，秦生之爲太子。

石勒自稱天皇，世子弘爲太子，子宏爲大單于。石虎怒曰：『大單于當以授我，乃與黄吻婢兒，念之令人氣塞。』弘好屬文，親敬儒素。勒曰：『大雅弘字愔，愔，安和兒。殊不似將家子。』勒疾篤，遺命曰：『大雅兄弟宜善相保。司馬氏，汝曹之前車也。晋兄弟相殘。』

秦淮南王生，幼無一目。祖洪戲曰：『吾聞瞎兒一泪，信乎？』生引刀自刺出血。曰：『此亦一泪也。』

健以讖文有『三羊五眼』，乃立爲太子。健卒，生立，大赦改元。

燕太子之遊田，燕太子之荒怠。

燕太子曄早死，立其弟暐。燕主儁宴群臣，語及周太子晋。流涕曰：『才子難得，自景先曄字。之亡，吾鬚髮中白，景茂暐字。何如？』李績曰：『太子天資岐嶷，然好遊田而樂絲竹，此其所以爲損也。』儁謂暐曰：『伯陽之言，李績字。藥石之言也。』

燕主垂，先段后生子令寶，後段后生子朗鑑。寶爲太子，荒怠。後段后言於垂曰：『太子非濟世之才也。』寶立弑段氏。議以段后謀廢嫡統，不宜成喪。中書令睦遂曰：『子無廢母之義。漢安思閻后親廢順帝，猶得配享太廟。況先后曖昧之言乎？』乃成喪。

貞觀四年之詔聽訟，貞觀七年之賜金帛。

貞觀四年，詔訟不決者，聽於東宫上啓。范氏曰：『太子之職，在於視膳問安。古之教者，必以禮樂，而置師保，以保翼之。苟學問明而德業成，何患不能聽訟乎？且太子才年十二，而使之聽訟。若其不能，宫臣必教之以欺君父，非所以養德也。』

七年，賜太子、庶子、於志寧、孔穎達等金帛。太子好嬉戲，志寧與穎達數直諫，上嘉之，各賜金一斤，帛五百匹。

建元元年之欲立爲子，永貞元年之立嫡以長。

建元元年，張后生興王佋，欲以爲嗣。上謂知制誥李揆曰：『成王長且有功，朕欲立爲太子，卿意如何？』揆再拜賀曰：『此社稷之福，臣不勝大慶。』上意始決。

順宗永貞元年，上疾，久不愈，思早立太子。而王叔文之黨欲專大權，惡聞之。宦官薛盈珍等疾叔文等，啓上。召學士鄭絪等入草制，書紙爲『立嫡以長』字。呈上，上頷之。乃立淳爲太子，更名純。百官睹太子儀表，大喜相賀。有感泣者。

明嫡庶之分，塞禍亂之原。

後唐張昭遠言於明宗曰：『古者人主即位，則建太子，所以明嫡庶之分，塞禍亂之原。』母正則子重，母賢則子良。

開元二年，立皇子嗣謙爲皇太子。母曰趙麗妃。麗妃以倡進，有寵，故立之。胡氏曰：『母正則子重，母賢則子良。以天子而納倡優，又立其子爲儲貳，其輕宗廟慢神器甚矣。嗣謙之死，蓋不待武妃、林甫之謀，而輕賤不正，其勢有所必至矣。』

欲以廣平而爲太子，言及廣平之慎將來。

天寶十五載，至德元載。

上謂李泌曰：『立廣平王爲太子，何如？』對曰：『戎事交切，須即區處。至於家事，當俟上皇。』泌告廣平王俶。俶告辭曰：『陛下猶未奉晨昏，臣何心敢當儲副？』上賞慰之。至德二載，上就泌飲酒，同榻而寢。泌曰：『臣有五不可留，乃建寧耳。』上泣曰：『既往不咎。』

飛龍小兒譖建寧、王倓。上怒，賜倓死。泌曰：『乃欲陛下慎將來耳。』時廣平有功，良娣譖之。故泌言及之。

晉太子之自殺，唐太子之乘馬。

《新序》：晉獻公太子之至靈臺，蛇繞左輪。御曰：『太子下拜。愚聞國君之子，蛇繞左輪者，速得國。』遂伏劍而死。君子曰：晉太子，徒御使之拜蛇祥，猶惡之至於自殺者，爲見疑於欲國也。己之不欲國，以安君，亦以明矣。爲一愚御過言之故，至於身死，廢子道，不可謂孝。可謂遠嫌一切之士也。

唐太宗，遇物誨太子。見其飯，則曰：『汝知稼穡之艱難？』見其乘馬，則曰：『汝知勞逸？』

主震，《易》。承乾。謝莊。

明兩承乾，元良作貳。

授經，喜學。

桓榮授太子經。

唐順宗爲太子，喜學藝，重師傅。

仁孝，英偉。

漢高祖欲易太子。叔孫通曰：『太子仁孝。』

韓《表》：主暢春官，齒胄國學。孝友之美，實形四方，英友之姿，久動群聽。出龍樓而問寢，入虎闈而齒胄。《選》。

當求哲王以爲師，宜選名儒以爲傅。

唐太宗《帝范》：汝當更求古之哲王以爲師。

班彪上言，宜博選名儒以爲太傅，省侍膳食。《班彪傳》。

習游道德。《元稹傳》。

太宗爲太子選知道德者十八人，與之游，而名高上古，習游之致也。

萬邦所則，四人爲輔。

《高允傳》：四海屬心，萬邦所則。

《張良傳》：四人爲輔。

《宋》：一肥一癯，令癯遺肥。

紹興，王子詔宗室入宫備選，十人中又擇二人，一肥一癯，留肥遺癯。思陵云：『更子細觀。』乃令二人叉手並立。忽一猫走前，肥者以足蹴之。上曰：『輕易如此，安能任重耶？』遂令癯而遺肥者。癯乃阜陵，肥者名伯浩。後終於温州都監。

取《孔光傳》懷之以進。

仁宗朝，韓琦取《孔光傳》懷之以進。曰：『漢成帝即位二十五年無嗣，立弟定陶王之子爲太子。成帝中才之主，猶能之，以陛下之聖，何難哉？』

元良箴，資善記。

真宗天禧，作《元良箴》賜太子祠符。間又作《資善記》，悉良善之士講治國之要。太宗曰：『朕於諸子常加訓厲。所命僚屬，悉良善之士。』

孝宗在東宫講《尚書》治國之要。

光著爲師，張韓爲友。

神宗建儲，以司馬光、吕公著爲師保。

英宗擇梁思恭韓維之徒。爲潁王友。皆文行兼全之士。

討論太子之入學，歌呼壽王之爲子。

孝宗曰：『《文王世子》篇載太子入學事甚備，可令有司討論以聞。』

太宗以壽王爲太子。百姓皆合手加額，歌呼相相曰：『少年天子也。』

真宗《承華要略》十卷，每篇著贊以訓太子。

《要略》十卷，有書數厨。

英宗爲太子，入内行李蕭然，但有書數厨而已。中外聞之相賀。

王褒箴：叔譽慚五稱之對，師曠講四馬之恩。永樹芳烈，承相所以垂文；深睹安危，太傅以之陳訓。秋坊通夢，春宫養德。桓榮獻書，筍攸觀則。正陽君位，橋枝父道。文昌著於前星，和暢由於守器。

建儲貳者，必歸於冢嗣；固邦本者，允屬於元良。仰法前星，壁闢儲禁；慶闢宗社，禮絶臣鄰。震一索而得男，蚤膺眷命；月二日而成魄，難殉撝謙。汪藻。

壽皇太子。

楊萬里：地出雷初震，天昇日吏重。高飛千里鶴，潛躍九淵龍。隆准如高帝，虬髯似太宗。八荒陰賜衷，户户是堯封。

東朝分菊水，南内賜茱枝。禹酒無多酌，堯尊更一巵。

橋中招綺夏，瓜處屏伾文。

壽皇太子趙彦端：子晋吹笙未是仙，阿丕横槊小全篇。少吟青著梅梢句，一日東風四海傳。

光堯初御六龍天，上直參維大火躔。天意分明昌宋德，誕辰王世總千年。

李劉文：禮樂詩書俱習慣，聖賢仁孝況生知。江清淮晏干戈息，淵默雷聲匕畅尊。前星色正光芒遠，少海波澄閏澤均。直將三代齊長久，願聽長沙賈誼言。

朱邸飛榮，方日騰於茂實；青宫定位，殆天祚於元符。選德承祧，早正東儲之位；涓辰受册，聿新聖代之儀。天開地闢，已開再造之期；海閏星輝，於赫重光之瑞。離明震預，知帝緒之無疆；海閏星輝，戴吾君之有子。基本是圖，允叶元良之望；禮文具舉，益隆中外之瞻。赤社苴茅，已增强於建屏；震方主器，遂叶吉於繼明。姿凝玉采，譽振金聲。咏日月之重暉，歌江漢之萬壽。光既昭於儲極，用宏對於王休。

定國本

魯子同之生，齊太子之立。

九月丁卯，子同生。《桓公六》。

胡安國曰：經書『子同生』，所以定國家之本，防後世配適奪正之事。垂訓之義大矣。其不曰『世子』何也？天下無生而貴者。誓於天子，然後爲世子。

賈誼曰：勢明則民定，而出於一道。

臣真德秀謂：古者生世子，則表而揚之，使國人皆知之，所以繫衆望也。是則國本之定不在於建儲之日，而已定於始生之初。

《僖公十七》，齊桓公卒。《十八》，宋襄公伐齊，立孝公而還。初，齊侯三姬無子，内嬖如夫人者六。公與管仲屬孝公於宋，襄公爲太子。

真德秀曰：五公子争立，國内大亂垂二十年。以不蚤定之故也。其所以不蚤定者，溺愛於小子故也。

齊子荼之立，魏子罃之争。

《史》：齊景公適子死，芮姬生子荼。諸大夫願擇諸子最賢者爲太子。公曰：爲樂耳，國何患無子？公病，立荼爲太子，逐群公子。公卒，荼立，是爲晏孺子。田乞召陽生立之，是爲悼公。遷晏孺子，殺之。

真德秀曰：景公之失，亦由嗣子不早定之故。其所以不早定者，以私欲立荼之故也。

魏武侯卒，子罃與公仲緩爭爲太子。韓趙伐魏。故曰：君終無適子，其國可破也。

真德秀曰：適嗣不早立，敵國之資也。

邦本，國棟。

順宗詔：萬邦之本，屬於元良。

《國語》：太子，國之棟也。

主器。《易》。承祧。《南史》。

立儲植嫡，守器承祧。

儲君，副主。《公羊注》。

克哲克明，以長以貴。

梁武詔：非克哲克明，允文允武，豈能荷神器之重，嗣龍圖之尊？

《公羊傳》：立嫡以長不以賢，立子以貴不以德。見上。

君之適，王之貳。

《記》：世子自名，擯者曰：『寡君之適。』

《穀梁》：王世子云者，惟王之貳也。天子世子，世天下也。

重宗廟，重社稷。

漢文元年，有司請立太子。上曰：『豫建太子。是重不德也。』有司曰：『豫建太子，所以重宗廟社稷，不忘天下也。子啓最長，純厚慈仁，請爲太子。』上許之。

唐遜皇帝傳：夫儲副，天下公器。時平則先嫡，國亂則先功，重社稷也。

青蓋車，朱明服。

《輿服志》：皇子爲王，錫青蓋車。

唐肅宗立爲太子，有司行册禮，其儀有中嚴外辯，其服絳紗。太子曰：『天子禮也。』蕭嵩等請改外辯爲外備，絳紗衣爲朱明服。

天下之本。叔孫通。

元良之寄。梁武詔：元良之寄，有國莫先。

慈仁，賢德。

成帝詔：定陶王欣，慈仁孝順。

《李林甫傳》： 古者立儲君，必先賢德。
《宋》： 選聰明剛正之才，繼宗廟社稷之重。
嘉祐，司馬光上書，請建儲后。 遴選聰明剛正之才，攝居儲貳之地，以俟皇嗣之生。
皇祐，張述上書，生民之命，繼宗廟社稷之重，而以繼嗣爲本。
録皇子以慰群情，擢宗室以備儲位。
嘉祐，歐陽修言，宜於宗室之中，選才賢録爲皇子，以慰群情。
吴及上疏： 宜發聖神，擢宗室以備儲位。
繫人心，塞天變。
嘉祐，御史趙抃疏： 皇嗣未立，人心未有所繫。 上有謫見之天，殆無虛日。
諫院范鎮言： 天變之發，本於儲貳之位虛。 速爲裁定，以塞天變。
爲萬世之計，係四方之心。
嘉祐，皇子入内，稱疾固辭。 孟陽曰： 主上爲萬世計，立爲子。
吴及曰： 四方無所繫心。
論建立之計宜蚤。
或曰： 在位久而儲嗣未生，如之何？ 真德秀曰： 本朝則有故事矣。 仁宗春秋四十有四，聖嗣未立。博士張述請擇才而賢者，俾内外知聖心有所屬。其後范鎮等言之，賴韓琦而後定焉。

高宗建炎三年，太子薨。布衣李時雨乞於皇族中擇宗室之賢者一人，以繫四海之望。紹興元年，張浚等言之。越五年，孝宗有建國之封。是高宗以二十五而定議，二十九而錫命也。其爲宗社之計，尤蚤於仁宗。

衍慶，貽謀。

事重承祧，端出聖人之孝；國先立本，實繫天下之心。皇圖申衍，方垂億載之休；儲禁宏開，式表重輪之象。王言如綍，睿發九重之斷；長子主器，式符萬國之心。儲闈蚤定，茂隆不拔之基；册寶方新，昭示無疆之慶。浚哲重華，蚤嗣承於天位；元良作貳，亟肇定於春宫。册寶備成，儲闈不闈。天爲父道，震一索而得男；日乃陽宗，離重明而麗正。承祧主鬯，雖沿繼世之夏商；定志僉謀，蓋本同時之堯舜。眷命攸歸，兼與子與賢之懿；頌聲所播，賡重暉重閏之章。祥開上祥，共仰前星之輝；澤浸中區，更沾少海之閏。昭哉知子之明，斷矣建儲之早。切惟累治之朝，莫重元良之佐。辰居星拱，阻趨上壽之班；海閏山暉，願獻無疆之頌。望闕心馳，阻上漢觴之壽；祝鼇手舞，卜逾周曆之長。

世子之篇，保傅之篇。

《文王世子》：三王教世子，必以禮樂。樂所以修內也，禮所以修外也。

大傅在前，少傅在後。入則有保，出則有師。是以教諭而德成也。賈誼《保傅篇》。

古之王者，太子乃生，見之南郊，見於天也。過闕則下，過廟則趨。孝子之道也。

周成王幼，召公爲太保，周公爲太傅，太公爲太師。保，保其身體；傅，傅之德義；師，導之教訓。此三公之職也。爲置三少，皆上大夫也。曰少保、少傅、少師。及長，入於學，承師問道。既冠，有記過之史，徹膳之宰，進善之旌，誹謗之木。瞽史誦詩，工誦箴諫，大夫進謀，士傳民語。及秦而不然，使趙高傅胡亥而教之獄。故胡亥今日即位，明日射人。天下之命，懸於太子。太子之善，在於早諭教。

抗世子法於伯禽，賜韓非書於太子。

仲尼曰：周公攝政，抗世子法於伯禽，所以善成王也。語曰：樂正司業，父師司成。一有元良，萬國以貞。世子之謂也。

晉元帝好刑名，以韓非書賜太子。庾亮諫曰：『申、韓刻薄傷化，不足留聖心。』太子納之。明帝。

真德秀曰：『申韓之學，非惟刻薄而已，且導人君以驕淫放恣。李斯嘗以誤二世矣，豈可以教儲貳者耶？庾亮雖清談之徒，斯言則有益於世。』

願選敦重之才，早擇修正之士。

陳宣帝太子叔寶，欲以江總爲詹事。吏部尚書孔奐曰：『江有潘岳陸機之才，而無園綺之實。輔弼儲宮，竊有所難。』太子自言於帝，帝將許之。奐奏曰：『總，文華之士。太子文華不少。願選敦重之才，以居輔導之職。』帝卒以總爲詹事。總與太子爲長夜飲。

憲宗元和初，右拾遺元稹上書，勸上早擇修正之士，使輔導儲子。以爲，夫以匹士愛其子，猶知求明哲之師而教之，况萬乘之嗣，繫四海之重乎？上頗納其言。

必於天下賢俊，宜用天下賢才。

地節三，以疏廣爲太子太傅。廣對曰：『太子，國儲副君，師友必於天下賢俊。』光武問：『誰可傅太子者？』群臣承望上意，言陰識可。博士張佚正色曰：『陛下立太子，爲陰氏乎？爲天下乎？爲陰氏，則陰侯可。爲天下，則宜用天下之賢才。』帝稱善，拜佚爲太傅，以桓榮爲少傅。

號多士於東宮，以彰德於東宮。

吴孫權立子登爲太子，以諸葛恪爲左輔，張休爲右弼，顧譚爲輔正，陳表爲翼正，謝景、范慎、羊衜爲賓客。東宮號多士。太子使侍中胡綜作《賓友目》曰：『英才卓越，則諸葛恪。精識時機，則顧譚。凝辨宏達，則謝景。究學甄淑，則范慎。』羊衜私駁之曰：『元遜才而疏，恪。子默精而狠，譚。叔發辨而浮，景。孝敬深而狹。慎。』其後皆敗。

吴使陸遜輔太子登。南陽劉廙著《先刑後禮論》，謝景稱之於遜。遜呵景曰：『禮之長於刑久矣。廙以詭辨，而詭先聖之教。君侍東宫，宜遵仁義，以彰德音。若彼之談，不須講也。』

崇敬師傅，言行師傅。

晋武曰：『崇敬師傅，所以尊道重教也，何言臣不臣乎？』其令太子申拜禮。

裴子野曰：『古者，人君教子，能言而師授之辭，能行而傅相之禮。宋之教誨，雅異於斯。居中則任僕妾，處外則近趨走。帥是二職，皆臺皂也。雖有師友，多以耆艾大夫爲之。友及文學，多以膏粱年少爲之。本支雖茂，端良甚寡。』

國之興亡，在冢嗣之善惡；冢嗣善惡，在教諭之得失。

謂宜准古，立師傅之官。魏太和十二年，秘書丞李彪云云。

奇服之進，裴政言之；絃歌之教，行本責之。

隋太子勇。雲昭父定興數進奇服異器。左庶子裴政曰：『元妃暴薨，道路藉藉，公宜引退。』勇疏政出之。

唐令則爲勇所昵狎。每令以絃歌教内人。右庶子劉行本責之曰：『當輔太子以正道，令則不能改。』

門内之戲，行本治之；良馬之乘，行本色之。

夏侯福嘗於闔門内與勇戲，大笑，聲聞於外。行本付執法者治之。

勇嘗得良馬，欲令行本乘而觀之。行本正色曰：『至尊令臣，輔導殿下，非弄臣也。』及勇貶，二人已卒。帝嘆曰：『向使裴政、劉行本在，勇不至此。』

以洗馬之官，補右丞之缺。

勇嘗宴宫臣，唐令則自彈琵琶，歌娬媚娘。曲名。洗馬李綱曰：『令則身爲宫卿，職當調護。乃於廣坐自比倡優，進淫聲，穢視聽，臣請速治其罪。』至是，尚書右丞缺，帝指綱曰：『此右丞也。』

遣太子而擊劉黑闥，詔太子而知兵馬事。

遣太子建成擊劉黑闥。范氏曰：『立子以長不以功，以德不以衆，古之道也。晋獻公使申生伐東山，李克入而諫，君出，而勉太子以孝。君子曰：善處父子之間矣。王魏輔導東宫，當勸建成以孝友，則儲位安矣。秦王有定天下之功，高祖苟欲立之，能爲泰伯，不亦可乎？乃使建成擊賊以立威，結豪傑以自助，是導之以争也。禍亂何從而息乎？以王魏之賢，猶如此，况庸人乎？』

貞觀十七，詔太子晋王治。知左右屯營兵馬事。胡氏曰：太子奉冢嗣之粢盛，朝夕視君膳者也。君行則守，有守則從。從曰撫軍，守曰監國，古之制也。東宮有兵，馴至禍亂。承乾謀逆，其事未遠。又使太子知兵馬事，太宗其未之思與？

太子監國，酋長給事。

貞觀十九，征高麗，至定州，詔太子監國。將行，太子悲泣。上曰：『爲國之要，在於進賢、退不肖、賞善罰惡、至公無私，汝當努力行此，悲泣何爲？』

咸亨元，突厥酋長子弟給事東宮。西臺舍人徐齊聃疏曰：『皇太子，當引文學端良之士置左右，豈可使戎狄醜類入侍軒闥？』書法：太子，國本也。太宗於其東宮，常有不當詔之詔，《綱目》每謹書之。詔訟不決者，聽於東宮上啓，則書。貞觀四。詔太子用庫物，有司勿爲限制，則書。貞觀十六。詔太子知左右屯營兵馬事，則書。十七。敕突厥酋長子弟給事東宮，則書。是年。皆所以爲世戒也。

祁文偉之減膳，擢爲右史；王及善之羽翼，尋遷中尉。

太子弘罕接宮臣，典膳丞祁文偉輒減所具膳，上書諫。上聞之，曰：『直士也。』擢爲右史。

太子因宴集，命宫臣倒擲〔一〕。相撲。次至左奉裕率王及善。及善曰：『擲倒自有伶臣。臣若奉命，恐非所以羽翼殿下也。』太子謝之。上聞之，賜及善縑百匹，尋遷爲左千牛衛將軍。

游岩洗馬，晁錯家令。

田游岩隱居泰山。高宗東封，嘗幸其廬，徵爲洗馬，無所規益。右衛副率薛儆以書責之曰：『足下負巢由之峻節，傲唐吴之聖主，屈萬乘之重，申三顧之榮。將以輔導儲貳，漸染芝蘭耳。皇太子春秋鼎盛，聖道未周，足下乃唯唯，而無一談，悠悠以卒年歲，何以塞聖主調護之寄乎？』游岩不能答。

晁錯學申商刑名，上書言：『人主所以尊顯功名、揚於萬世之後者，以知術數也。願陛下擇聖人之術可用今世者，以賜太子。』拜錯爲太子家令。

真德秀曰：誼之論教太子，一出於孝仁禮義。而錯則專以術數爲言，其醇駁之異如此。論諭教之法宜豫。

〔一〕今按：『倒擲』，《資治通鑒》卷二〇二作『擲倒』。

杜詩：常怪商山老，兼存翊戴〔一〕功。

羽翼商山起，名參漢望苑。

漢博望之苑，宋資善之室。

司馬公曰：『明主教太子，擇方正端良之士以爲保傅師友。今乃使太子自通賓客，宜太子之不終也。』

祥符，築室元符觀南，爲太子就學之所，名曰『資善』。上作記，刻石堂中，命楊寰玉爲伴讀，而戒：不得戲笑及陳玩弄之具。

周之子儀，齊之無知。

《桓公十八》：周公欲弑莊王，桓王子。而立王子克。辛伯告王，王殺周公，子克奔燕。初，子儀有寵於桓王，桓王屬諸周公。辛伯諫曰：『並后、匹嫡、兩政、耦國，亂之本也。』

齊僖公之母弟曰夷仲年，生無知，有寵於僖公，衣服禮秩如適。襄公絀之。連稱、管至父因之以作亂，弑君，立無知。

定陶之愛過太子，魯王之禮如太子。

〔一〕今按：『戴』，上海古籍出版社《全唐詩》卷二百三十杜甫《秋峽》詩作『贊』。

漢元時，傅昭儀及定陶王愛幸過於皇太子。匡衡疏曰：聖主必慎妃后之際，别嫡長之位。禮之於内也，卑不逾尊，新不先故，所以統人情而理陰氣也。其尊嫡而卑庶也。嫡子冠乎阼，禮之用醴，衆子不得與列，所以貴正禮而明嫌疑也。

吴大帝赤烏元，立子和爲太子，霸爲魯王。權愛霸，與和無異。其傅諫曰：『是儀宜使二宫有所降殺，以正上下之分。』不聽。太子、魯王禮秩如一。權分宫，二子有隙。陸遜諫曰：『正統藩臣，當使寵秩有差，則彼此得所，上下獲安。』權不悦。顧譚疏曰：『明嫡庶之端，異尊卑之禮，則骨肉之恩全，覬覦之望絶矣。』徙譚交州，責遜。遜憤恚卒。

孫權之愛亮，魯王之害兄。

潘夫人有寵，生子亮。權愛之。以魯王害兄，亦惡之。幽太子。朱據諫曰：『晋獻用驪姬而申生不存，漢武信江充而子據冤死。』不聽。據與屈晃率諸長史，泥頭自縛，詣闕請和。陳正、陳象上書切諫。吴主誅正、象，杖據、晃，廢和，賜霸死。立亮爲太子。

承乾虧禮，魏王好學。

唐武德九，太宗立承乾爲太子。頗虧禮法。

魏王泰好學，廣延賢俊，月給逾太子。褚遂良上疏，以爲聖人制禮，尊嫡卑庶。庶子雖愛，不得逾適。所以塞嫌疑之漸，除禍亂之源也。昔竇太后寵梁孝王，卒以憂死。宣帝寵淮陽王，幾至於敗。今魏王新出閤，宜示以禮則，訓以謙儉，乃爲良器。此所謂，聖人之教不肅而成者也。上曰：『當今國家何事最急？』褚遂良曰：『今四海無虞，惟太子諸王宜有定分，最急。』上曰：『此言是也。』太子陰養刺客，告謀反，廢爲庶人。遂立晉王治爲太子。

衛之州吁，晉之奚齊。

《左・隱三》：衛公子州吁，嬖人之子也，有寵而好兵。石碏諫曰：『臣聞愛子，教之以義，方不納於邪。將立州吁，乃定之矣。若猶未也，階之爲禍。』

《莊廿八》：驪姬欲立其子，賂外嬖梁〔一〕五，東關嬖五。二五卒與驪姬譖群公子，而立奚齊。晉人謂之『二五耦』。二人俱共昰傷晉室若此。

論嫡庶之分宜辨。

幽王去宜臼而立伯服，惠王廢子鄭而立子帶。

《史記》：幽王廢申后，去太子宜臼，以褒姒爲后，以伯服爲太子。太史伯陽曰：『禍成矣。』犬戎弑王驪山下。

《僖公五》：公及諸侯會王世子襄王。於首止。衛地。傳：會於首止，謀寧周也。胡安

〔一〕今按：『梁』，據中華書局《十三經注疏》《春秋左傳正義・莊公二十八年》補。

國曰：王將以愛易世子。桓公有憂，會於首止，以定其位，一舉而父子君臣之道皆得焉。

晋獻公之殺太子，漢高帝之易太子。

晋獻公嬖驪姬，二五與驪姬僭群公子，而立奚齊。

《閔公元年》：晋侯作二軍，公將上軍，申生將下軍。士蔿曰：『太子不得立矣。』二年，晋侯使申生伐皋落氏，里克諫。公曰：『寡人有子，未知其誰立焉。』五年春，晋侯殺其世子申生。

漢高十年，欲廢太子而立趙王。周昌争之强，爲人吃吃，又盛怒，曰：『臣期期知其不可，臣期期不奉詔。』十二年，愈欲易太子。叔孫諫，諫曰：『晋以驪姬之故，廢太子，立奚齊，晋國亂者數十年。秦以不蚤定扶蘇，得以詐立胡亥，自使滅祀。陛下必欲廢嫡而立少，臣願先伏誅，以頸血污地。』

四皓從太子。上曰：『煩公幸卒調護。』召戚夫人曰：『羽翼已成，難動矣。』胡寅曰：『張良招致四皓羽翼儲宫，方之齊桓公會合八國定世子，事簡而力不勞，其績尤偉。而世之君子，謂良爲子結黨以拒父，是蓋未知聖人深許首止之盟，而稱管仲相齊，一匡天下之美也。』

隋文帝之廢勇，唐武后之殺弘。

勇爲太子，性寬厚，率意任情，無矯飾之行。上節儉，勇文飾蜀鎧。上戒之曰：『當以儉約爲先。』後遇冬至，勇張樂受賀，上下詔停斷，自是恩寵甚衰。獨孤不平。晋王廣矯飾。廣爲揚州總管，入朝將還，入宫辭后。流涕曰：『失意東宫，欲加屠陷。每恐讒譖生於投杼，鴆毒遇於杯勺。』廢勇爲庶人，立廣爲太子。天下地震。

真德秀曰：帝徒知勇之當廢，而不知其所謂罪戾者，成於織組之手也；徒知廣之可立，而不知其所謂善美者，出於閉闥之口也。

上元二年，太子弘中毒卒。李泌言武后，欲謀篡逆，酖太子弘。胡氏曰：太子弘，幼有美質。嘗受《春秋》，至商臣事楚，成王子弑成王自立，廢書而嘆曰：『經籍，聖人垂訓，而書此，何耶？』郭瑜對曰：『春秋義存褒貶，故商臣千載而惡名不滅。』弘曰：『非唯口不可道，亦耳不忍聞。願受他經。』瑜請讀《禮》，從之。弘方幼，學而心志如此，豈非賢乎？其死也，非有他過，特以奏請咈志。

唐玄宗之欲廢太子，唐德宗之欲廢太子。

開元末，武惠妃譖太子瑛，上欲廢之。張九齡諫曰：『太子，天下本，不可輕摇。晋獻公信驪姬之讒殺申生，三世大亂。漢武帝信江充之誣罪戾太子，京城流血。晋惠帝用賈后之譖廢愍懷太子，中原塗炭。隋文帝納獨孤后之言廢太子勇，遂失天下。陛下必欲爲此，臣不敢奉詔。』又有譖太子瑛、鄂王瑶、光王琚異謀者。上問，李林甫曰：『此陛下家事，非臣等所宜豫。』乃廢賜死。

范祖禹曰：『三子之廢，繫於李林甫之一言。其得未廢，繫於張九齡之未罷。相賢，則父子得以相保；相佞，則天性滅爲仇讎。』

德宗即位，宣王誦順宗爲太子。郜國公主適蕭升不謹，主女爲太子妃。式告主淫亂，且爲壓禱。上幽主禁中，切責太子。上告李泌曰：『舒王已長，孝友温仁。』泌曰：『陛下唯有一子，一朝欲廢之而立侄，得無失計乎？彼譖人者，巧詐萬端，雖有手書如晋愍懷，裹甲如太子瑛，猶未可信，况但以妻母有罪爲累乎？』抽笏叩頭而泣。間一日，上開延英殿，獨召泌。流涕闌干，撫其背曰：『非卿切言，朕今日悔無及矣。』

真德秀曰：『自古輕廢儲貳，未有不由宰相之非人者。故李克成謀申生縊，楊素懷奸子勇囚，林甫趨利瑛琚戮，而子瑛之得未廢者，以九齡。舒王之不得奪嫡者，以李泌。論廢奪之失，宜監。』

誕皇太子

爲世嫡，立禖祝。

漢成帝生甲觀畫堂，爲世嫡。

武帝廿九得皇子。枚皋、東方朔作《皇太子生賦》。及立皇太子禖祝。

燕禖，熊夢。

《記》：仲春，玄鳥至，至日以大牢祠於高禖。注：高辛之世，玄鳥遺卵。簡狄吞之，生契。後王以爲禖官，嘉祥而立其祠。樊川曰『燕禖得皇子』，是也。

《詩》：吉夢維何，維熊維羆。維熊維羆，男子之祥。

前星，彌月。

《天文志》：心三星，天王正位也。中星曰明堂，天子位。前星爲太子，後星爲庶子。

《詩》：誕彌厥月，先生如達。

葛藟，椒聊。

綿綿葛藟，在河之滸。喻王之同姓得王之恩。

椒聊之實，蕃衍盈升。知其蕃衍，子孫有晋。

姜嫄，太妊。

太妊有身，生此文王。

厥初生民，時維姜嫄。

穆穆，繩繩。

穆穆皇皇，宜君宜王。

宜爾子孫繩繩兮。

儲宮，甲觀。

《禮》：郊告天地，定位儲宮。

呑日，流星。見『聖節』。

聖人生，卜士負。

《選》：黄河清而聖人生。

《記》：世子生，接以太牢，卜士負之。

積慶，重光。

象燦前星，祥開繞電。高禖錫羨，列星儲休。長嫡挺生，三宮交賀。天命儲休誕啓神明之胄，人心歸德於昭世嫡之傳。德如堯帝祝多子，聖若文王咏百男。於封人乃占我夢，實多考室之祥；於詩雅則百斯男，克紹刑家之慶。孫謀貽燕，方儲垂裕之休；吉夢占熊，允叶俾昌之熾。蟄蟄詵詵，竊喜重輝之照；皇皇穆穆，益知太極之尊。辰拱千官，已見前星之騰耀；崇呼四海，共瞻南極之常明。

誕皇子，賀太子。

授基圖於聖子，已安視膳之榮；啓兆朕於文孫，遂迪含飴之愛。日無私照，方助成與子之謀；星有重暉，乃不負弄孫之願。周姜思媚，馴致武王之生；有娀方將，是開相土之烈。

摇光貫月，大電繞樞。

正白感女樞於幽房之宫，生黑帝顓頊。河圖著命論，大電繞北斗。見『聖節』。

華胥履大迹而生包羲，姜嫄履大迹而生后稷。

《世紀》：燧人之世，有大迹出雷澤。華胥履之，生包羲氏於成紀。

帝嚳元妃姜嫄，春分，從祀郊禖。見大迹，履之，而生后稷。

慶都十四月而生唐堯，鈎弋十四月而生漢昭。

堯母慶都出觀，三河赤龍合而生堯。春秋合誠圖。堯在孕十四月生。《略論》。

鈎弋夫人趙婕妤妊身十四月生昭帝。武帝命其門曰『堯母門』。

舜母感樞星之精而生舜。握登見虹，意感，而生舜。

修己山行，見流星貫昴，意感，胸拆而生禹。大任溲於豕牢而生文王。《國語》。

白氣貫月，夢日入懷。見『聖節』。

目不視惡色，耳不出惡聲，口不出傲言。文王生而明聖，君子謂能胎教。《太任有身》。

交龍其上，而高祖生於大澤陂；赤光照室，而光武生於濟陽縣。建平元年十二月甲子夜，光武生於濟陽縣，赤光照室。生時，嘉禾一莖九穗，縣境大熟，因名秀。慶雲彌漫數里，上屬於天，二龍戲於門外水中，三日乃去。

唐太宗生於武功別館。

《内則》：世子生，告於君，負以大牢，宰掌具。三日，卜士負之。吉者宿齊，朝服寢門外，詩負之。詩，承也。射人以桑弧蓬矢六，射天地四方。保受，乃負之。宰醴負子，賜之束帛。卜士之妻，大夫之妾，使食子。凡接子，擇日。冢子則大牢，庶人特豚，士特豕，大夫少牢，國君世子大牢。其非冢子，則皆降一等。異爲孺子室於宫中，擇於諸母與可者，必求其寬裕慈惠，温良恭敬，慎而寡言者，使爲子師。其次爲慈母，其次爲保母，皆居子室。他人無事不往。

育子之制，翦髮爲鬌，妻以子見於母，姆先相曰：『敢用時日，祇見孺子？』夫對曰：『欽有師。』父執子右手，咳而名之。咳聲，笑語，以示慈愛。

廢太子

弁彼鸒斯，歸飛提提。民莫不穀，我獨於罹。何辜於天，我罪伊何？心之憂矣，云如之何？假寐永嘆，維憂用老。心之憂矣，疢如疾首。維桑與梓，必恭敬止。靡瞻匪父，靡依匪母。不屬於毛，不離於裏。天之生我，我辰安在？譬彼舟流，不知所届。心之憂矣，不遑假寐。譬彼壞木，疾用無枝。心之憂矣，寧莫之知？君子秉心，維其忍之。心之憂矣，涕既隕之。

晋侯之殺申生，唐后之廢太子。

陳氏曰：《春秋》書『晋侯殺其世子申生』。蓋書『晋侯』，以明晋侯之無道。書『申生』，以明申生之罪也。雖然，春秋之詩，臣弑其君，子殺其父，衛輒拒父而争國，楚商臣殺君而簒位，則申生之行，蓋可哀而恕之也。故《禮》不以申生爲不孝，而以之爲恭。《詩》不以伋、壽爲不孝，而以之爲不瑕也。

永隆元年，廢太子賢爲庶人。發明：弘、賢皆太后所出。弘既酖死賢，又廢黜，殘忍一至於此，蓋凶悍之性，乃其素所有者。故始焉扼殺其女以陷王后，而終焉廢殺二子以逞其欲。婦人陰險可畏，未有若是之甚者。

鴻鵠高飛，一舉千里。羽翼已就，横絶四海。横絶四海，當可奈何？雖有繒繳，尚安所施？

高皇召戚夫人曰：『羽翼已成，難動矣。』歌曰云云。《新序》。

皇子

金枝玉葉。《六帖・璇源》。王孫公子，不鏤自雕，非鸞則鳳。分枝若木，疏派天潢。《魏王固表》。

鍾愛小子，請封皇子。

漢梁孝王。太后賜天子旌旗，出警入蹕。

光武建武十五，吴漢請封皇子，詔群臣議。奏曰：『今皇子能勝衣趨拜，宜定位號以廣藩輔。』制曰：『可。』

褚遂良之諫以教經，郝處俊之諫以讓棗。

唐太宗時，皇子雖幼，皆外任。褚遂良諫曰：『未冠者，可且留京師，教以經學，養成德器。審堪臨州，然後遣。』

唐高上元元年，上御翔鸞閣，觀大酺，分音樂爲東西朋。雍王賢主東朋，周王顯主西朋，角勝爲樂。郝處俊諫曰：『二王尚少，當推梨讓朋〔一〕，相親如一。今分二朋，遞相夸視，非所以勸敦睦也。』

秦王興之免弼，諸葛恪之戒奮。

秦廣平公弼有寵於秦王興。僕射梁喜曰：『弼有奪嫡之志。』會興有疾，弼欲作亂。喜請誅弼，興乃免弼。

諸葛恪不欲諸王處濱江兵馬之地，乃徙齊王奮於豫章，琅邪王休於丹陽。奮不肯徙，恪遺牋曰：『大行皇帝是以寢疾之日分遣諸王，誠欲上安宗廟，下全諸王。大王宜上惟太皇順父之志，中念河間恭順之節。』奮懼，遂行。

見猿思子而流涕，詐言皇子而改元。

齊巴東王子響有罪，伏誅。齊主遊華林園，見一猿透擲悲鳴。問左右，曰：猿子前日墜崖死。齊王思子響，嗚咽流涕。

〔一〕今按：『朋』，《資治通鑒》第二百零二卷作『棗』。

魏孝昌四年，潘嬪生女。胡太后詐言皇子，大赦改元。書法：赦未有書者，此何以書？譏也。

鸞生一〔一〕子九子毈，一子不毈關中亂。

魏蕭寅叛狀已露，問柳楷。楷曰：謡言云云。亂，治也。寶寅舉兵叛。蕭衍殺齊邵陵王寶攸等，寶寅出奔魏。

安北大都護，安西大都護。

開元四，以鄫王嗣真爲安北大都護，以陝王嗣升爲安西大都護。

書法：諸王遥領外鎮，始此。

拜齊陵，贈太子。

梁武帝納齊東昏侯吴淑媛，七月而生綜。豫章王。淑媛謂綜曰：『汝七月生兒，安得比諸皇子？』與綜相抱而泣。綜夜於静室私祭齊氏七廟，微服至曲阿，拜齊大宗陵。俗説，割血瀝骨，滲則爲父子。遂潛發東昏冢，並自殺一男試之，皆驗。叛降魏。爲東昏舉哀，斬衰

〔一〕今按：『一』，當作『十』。據《北史·卷二十九·列傳·蕭寶寅》及《太平御覽·羽族部·鸞》改。『鸞生十子九子毈，一子不毈關中亂』爲古代民謡。

三年。後死於陽平，梁主以子禮葬之。

開元十四年，岐王范卒。贈謚惠文太子。范氏曰：『太子，君之貳，將以畀宗廟社稷之重，非官爵也。而以爲贈，何哉？不正之禮，不足爲法也。』

書法：書贈太子何？譏也。自太子弘贈，而皇帝爲贈官矣。自岐王范卒，而太子爲贈官矣。至武惠妃薨，而皇后亦爲贈官矣。《綱目》悉書之，所以譏也。

上括地之志，著思孝之論。

貞觀十五年，魏王泰上括地志，大開館舍，門庭如市。月給逾於太子，褚遂良諫。又令泰徙居武德殿。魏徵曰：『此殿海陵元吉。昔嘗居之。』上遣泰歸第。

書法：獻文不書，此何以書？譏寵過也。

儀鳳元年，郇王素節，蕭淑妃之子也，警敏好學。天后惡之，以爲申州刺史。素節以久不得入覲，著《思孝論》。后誣以贓賄，降封鄱陽王，袁州安置。

唐主子之致死，隋帝子之國除。

後唐明宗天成四年，從璨與客宴於會節園。酒酣，戲登御榻。安重誨奏，誅之。發明：有子不教，而使之驕縱，其責在上而不在下。况戲登御榻，即致之死，他時諸子相繼屠滅，兆於此矣。

開皇廿年，秦王俊卒，國除。俊久疾，奉表陳謝。帝謂其使曰：『我戮力創業。汝爲吾子，而欲敗之。』俊所爲侈靡之物，悉命焚之。僚佐請立碑。上曰：『欲求名，一卷史書足矣，何用碑爲？若子孫不能保家，徒與人作鎮石耳。』俊子浩，崔婢所生。庶子曰湛。群臣希旨奏二子、母皆有罪，不合承嗣。帝從之。以秦國官爲喪主。十七年有罪免。俊慚愧卒，上哭之數聲而已。

書法：秦王好内，崔婢毒之，信有過矣。俊有庶子，亦廢不立，帝之寡恩，甚矣。直書『國除』，甚帝也。

踐群臣之履，着孝子之服。

《新序》：秦二世胡亥之爲公子也，昆弟數人，詔置酒饗群臣。胡亥下階，視群臣陳履狀善者，因行踐敗而去。及二世即位，皆知天下必棄之也。

梁紹陵王綸攝南徐州事。遨遊市里，問賣䱇市演反。黄質黑文。者：『刺史何如？』對言：『躁虐。』綸怒，令吞䱇而死。嘗逢喪車，奪孝子服而着之，匍匐號叫。梁主責之，遣代。綸取一老公，短瘦類梁主者，加以衮冕，置之高坐，朝以爲君，棰之於庭。

《左傳》：季友有文在其手曰友，唐叔有文在其手曰虞。

乞食與塊，受而載之。有馬安齊，醉而遣之。

《僖廿三》：重耳過衛，文公不禮。出於五鹿，乞食於野人。與之塊。子犯曰：『天賜也。』稽首受而載之。及齊，齊桓公妻之。有馬二十五乘，公子安之。從者以爲不可，將行。謀於桑下。蠶妾在其上，以告姜氏。姜氏殺而謂公子曰：『子有四方之志，其聞之者，吾殺之矣。』公子曰：『無之。』姜曰：『行也。』姜與子犯謀，醉而遣之。醒，以戈逐子犯。

齊之有馬廿五乘，

及宋，宋襄公贈之以馬二十乘，宋之贈馬二十乘。

曹共公之觀裸，僖妻饋之；鄭文公之不禮，叔詹言之。

及曹，曹共公聞其駢脅，合幹。欲觀其裸。浴，薄而觀之。

僖負羈之妻曰：『子盍蚤自貳焉？』乃饋盤飧，置璧焉。公子受飧反璧。

及鄭，鄭文公亦不禮焉。叔詹曰：『天之所啓，人不及也。男女同姓，其生不蕃。晉公子，姬出也，而至於今，一也。離外之患，而天不靖晉國，殆將啓之，二也。有三士足以上人，而從之，三也。』

楚子饗之，子玉請殺；秦伯享之，懷嬴奉匜。

及楚，楚子饗之。子玉請殺之。楚子曰：『晉公子廣而儉，文而有禮。其從者肅而寬，忠而能力。』乃送諸秦。

秦伯納女五人，懷嬴與焉。懷嬴，子圉妻。奉匜沃盥，既而揮之。奉匜以供沃盥，煎洒重耳。怒曰：『秦晋匹也，何以卑我？』公子惧，降服而囚。公享之。公子賦《河水》，取朝宗於海。公賦《六月》。喻公子能匡王國。

夢康叔之立元，知棄疾之爲王。

《昭七》：衛襄公夫人姜氏無子，嬖人婤姶生孟縶。孔成子夢康叔謂己：『立元。』夢時，元未生。

晋韓宣子聘於諸侯之歲，婤姶生子，名之曰『元』。孟縶之足不良能行，孔成子以《周易》筮之，曰：『元尚享衛國，立其社稷。』史朝對曰：『康叔名之，可謂長矣。孟非人也，足跛。將不列於宗，不可謂長。』孔成子立靈公。名元。

《昭六》：楚公子棄疾如晋，報韓子也。過鄭，鄭伯以勞諸柤。鄭地。辭不敢見。不敢當國君之勞。固請見之，見，如見王。如見楚王。不犯種樹，不伐嘉樹。不采蓺，不抽屋，誓曰：『有犯命者，君子廢，小人降。』舍不爲暴，主不慁賓。患也。鄭三卿皆知其將爲王也。

人異於是。犧者實用人。人犧實難，己犧何害？

《昭廿二》：王子朝賓起賓起，朝之傅。有寵於景王。王與賓孟説之，如字。欲立之。欲立子朝爲太子。賓孟適郊，見雄鷄自斷其尾。侍者曰：『自憚其犧也。』遽歸告王，且曰：『鷄其憚爲人用乎？人異於是。犧者實用人。鷄雖見寵，卒當見殺。若人見寵，當貴盛。人犧實難，己犧何害？』

設使寵人如寵犧，不宜假人以招禍。己喻子朝欲王寵異。王崩，劉蚠殺賓孟。

《昭廿六》：王子朝曰：『昔先王之命曰：「王后無子，則擇立長。年鈞以德，德鈞以卜。」王不立愛，公卿無私。古之制也。』

冲子

《書》：肆予冲人。

洪惟我幼冲人。

予惟小子。

惟予冲人不及知。

有王雖小，元子哉！

惟前人光施於我冲子。

文子文孫。

孺子王矣。小子同未在位。

今冲子嗣。

在後之侗〔一〕。

眇眇予末小子。

《詩》：惟予小子，不聰敬止。

皇孫

太康年之皇孫，永淳年之皇孫。

晋武太康十年，孫遹廣陵王。宫中嘗夜失火。帝登樓望之。遹年五歲，牽帝裾入闇中，曰：『暮夜倉卒，宜備非常。不可令照見人主。』帝奇之，知太子不才。然恃遹明慧，故無廢立之心。以劉實志行清素，命爲之傅。

永淳元年，立皇孫重照爲皇太孫。

〔一〕　今按：『恫』，《尚書・顧命》作『侗』。

發明：高宗制於晨牝，雖哀子且不能保，又何有於乃孫哉？他時重照不得良死，蓋原於此。况既有太子，又立太孫，固無謂也。

迎武帝之曾孫，困蓮勺之皇孫。

收繫郡氏獄。丙吉受詔治獄，哀曾孫無辜，擇謹厚女徒胡組郭徵卿，令乳養。望氣者言：『長安獄中有天子氣。』丙吉閉門不納，曰：『他人無辜死者，猶不可，况親曾孫乎？』武帝亦悟，曰：『天使之也。』元平元年，迎入即位。

漢宣帝爲皇后時〔一〕，喜游俠。嘗爲人所困，辱於蓮勺。杜詩曰：『皇孫猶曾連〔二〕勺困。』是也。

杜詩《哀王孫》：長安城中頭白烏，夜飛延秋門上呼。又向人家啄大屋，屋底達官走避胡。金鞭斷絶九馬死，骨肉不得同馳驅。腰下寶玦青珊瑚，可怜王孫泣路隅。問之不肯道姓名，但道困苦乞爲奴。高帝子孫盡隆准，龍種自與常人殊。豺狼在邑龍在野，王孫善保千金軀。哀哉王孫慎勿疏，五陵佳氣無時無。

〔一〕今按：『爲皇后時』，《漢書·宣帝紀》作『爲皇曾孫』。
〔二〕今按：『連』，上海古籍出版社《全唐詩》卷二一一杜甫《赤霄行》作『蓮』。

誕皇孫。

尊歸於父，超居太極之先；子又生孫，燕及後昆之裕。統正於系必隆，德盛者流斯遠。貽謀之永，無愧豐芑。受祉之多，陰施條枚。商孫其麗，堯壽獨高。文顯丕謨，湯垂後裕。篤生岐嶷之質，益固延洪之基。永孚邦休，顯有祖烈。

皇穹銘祚，帝子生休。

半圭朱芾夢占最吉者男，甲觀畫堂春愛莫隆乎祖。

楊萬里《壽皇孫》：玉曆當千運，天潢第一源。本支堯百世，有道宋曾孫。

趙彥端詩：前星炳煥領孫星，環拱中天日兩輪。

公主

昔堯女娥皇女英，舜妹敤手，舜女宵明燭光，湯帝乙歸妹，周成女嫁於陳，未有封邑之號。

至周中葉，天子至尊，不自主昏，必使諸侯同姓主之，始謂之公主。

秦因之亦曰公主。

漢制，帝女爲公主，帝姊妹爲長公主，帝姑爲太長公主。

後漢制，皇女皆封縣，公主儀服同。

《易・泰》：六五，帝乙歸妹，以祉元吉。帝乙，制王姬下嫁之禮法者也。

象曰：以祉元吉，中以行願也。

歸妹，六五。

帝乙歸妹，其君之袂，不如其娣之袂良。月既望，吉。

象曰：帝乙歸妹，不如其娣之袂良也。其位在中，以貴行也。

《詩》：何彼襛矣，常棣之華。曷不肅雍，王姬之車。何彼襛矣，華如桃李。平王之孫，齊侯之子。其釣維何，維絲伊緡。平王之子，齊侯之孫。

肅雍，《詩》。孝睦。

唐襄城公主姓〔一〕孝睦，動循矩法。

給車服，食租賦。《唐》。

動循矩法。見上。

使知儉嗇。皇子主戶千，公主半之，左右以爲薄命。帝曰：『使知儉嗇。』

〔一〕今按：『姓』，《新唐書・諸帝公主傳》作『性』。

沁園，湖陽。

《竇憲傳》：奪沁水公主田園。

《宋弘傳》：湖陽公主意在弘。

王姬，見上。帝子。《楚辭》：帝子降兮北渚。

梅妝，蘭陵。

宋武帝女壽陽公主，人日，卧含章檐下。梅花落公主額，成五出之狀，拂之不去。自是有梅花妝。

蘭陵，隋公主號。

玉帶，鐵簪。

太平公主，則天所生。吐蕃請下嫁，后不欲棄之夷。乃真築宮，如方士薰戒，以拒和親事。久之，主衣紫袍玉帶，折上巾，具粉，麗歌舞帝前。帝及后大笑曰：『兒不爲武官，故爾〔一〕？』主曰：『以賜駙馬可乎？』帝識其意，擇薛紹尚之。

唐漢陽公主獨儉，常用鐵簪畫壁，記入田租。

〔一〕今按：『故爾』，《新唐書・列傳・諸帝公主・太平公主》作『何遽爾』。

爲子求郎，事姑如母。

漢館陶公主爲子求郎，不許，而賜錢十萬。

唐襄城主，太宗女，下嫁蕭銑。有司營第，辭曰：『婦事舅姑如父母，異宮則定省闕。』止葺故第，門列雙戟而已。

擇配門閥，光艷天下。

安樂公主墨敕斜封。

歌舞平陽第，園田沁水林。

平陽館外有仙家，沁水園中好物華。李義山。

席臨大女貴，林接近臣觀。崔實。

杜詩：公主歌黃鵠。

奪馬悲公主。和正公主嫁柳渾，禄山奪渾馬。

聞道花門破，和親事却非。人怜漢公主，生得渡河歸。愁思抛雲髻，腰支賸寶衣。群凶猶索戰，回首意多違。人愁則衣滑，愁恨不妝梳。

以公主而妻單于，以公主而嫁昭平。

婁敬曰：『陛下誠能以嫡公主妻單于，生子，必爲太子。豈曾聞外孫敢與大父抗哉？』

林慮公主子昭平君，尚武帝女夷安公主。林慮卒，昭平醉，殺主傅，繫獄。帝垂涕曰：『法令先帝所造，因弟故而誣先帝之法，吾何面目入高廟乎？』

格殺其奴，棒破其車。

湖陽公主蒼頭殺人。洛陽令董宣候夏門亭，駐車扣馬，以刀畫地，數主之失。叱奴下車，格殺之。

高道穆爲御史。莊帝姊壽陽公主行犯清路，執赤棒卒。道穆令棒破其車。公主泣訴。帝曰：『高中尉，清直之人。彼所破〔一〕者公事。豈可以私責之？』

以公主而置官屬，以宗室而爲公主。

神龍二年制，太平、安樂公主，各開府置官屬。書法：書開府置官屬多矣，未有以公主書者。公主而有此制，中宗之殉也。直書，譏之。

元封六年，以宗室爲公主，江都王建女。嫁烏孫。書法：文帝之世，遣宗室爲翁（公）主，爲單于閼氏，不書。六年。此何以書？重公主也。宗室女嫁單于可也，以爲公主，則其不誠。公主者幾希矣，是故，取家人子，名爲長公主，則不書。高帝九年。以宗室女爲公主，則

〔一〕今按：『破』，《資治通鑑》卷一百五十三作『行』。

近也。終《綱目》，書公主嫁夷狄九，書宗室女爲公主一，是年。書宗女一。唐元和三年。

願歸葬於漢地，請同徙於嶺南。

烏孫公主上書言，年老思土，願歸葬漢地。天子宣帝。憫而迎之。後二歲卒。

隋文寢疾，兵部尚書柳述侍疾。陳夫人爲太子所逼。上召柳述、元岩曰：『召我兒。』述等將呼太子。上曰：『勇也。』述、岩爲敕書。楊素白太子，矯詔執述、岩繫獄。俄而上崩，除述、岩名，徙之嶺南。令蘭陵公主與述離絶，欲改嫁之。公主以死自誓，表請與述同徙。煬帝大怒，公主憂憤而卒。

宋公主之遺送，唐公主之資送。

宋主裕公主出適，遺送不過二十萬，無錦繡之物。

貞觀六年，長樂公主將嫁長孫冲，資送倍於永嘉長公主。魏徵諫曰：『昔漢明帝欲封皇子，曰：「我子豈得與先帝子比？」皆令半楚淮陽。楚王英淮南王昞皆光武子。今奈何資送公主，反倍於長主乎？』上告皇后。后曰：『陛下稱重魏徵，不知其故。今觀其引禮義以抑人主之私情，真乃知社稷之臣也。』

以南平公主而嫁敬直，以文成公主而嫁吐蕃。

貞觀十一年，敬直，珪之子也。先是，公主下嫁，皆不以婦禮事舅姑。珪曰：『主上欽明，動循理法。吾受公主謁見，豈爲身榮？所以成國家之美耳。』乃與其妾就席坐，令公主執笄皮彦反。竹器。行盥獻之禮。是後公主始行婦禮。笄，其形如筥，衣以青繒，盛棗栗腶脩。棗取矜莊，栗取敬栗，腶脩取斷斷自修飾。

發明：夫夫夫婦婦，陰陽之大義，乾坤之定制也。自漢以來，制爲尚主之法。於是夫屈於婦，婦陵於陽，其失甚矣。

有太宗以爲之君，於是乎能禮遣其女。有王珪以爲之臣，於是乎能不屈於婦。君臣相遇自我作故。

十五年，以文成公主嫁吐蕃。書法：特書以公主嫁吐蕃何？病唐也。唐世以是爲撫戎之長策，不復知婚非類，忘讎，耻之，爲可辱矣。發明：自漢祖請昏，匈奴後世遂以爲常，而不之耻。然是時，中國甫定，冒頓方强，婁敬得入其説，以爲一時權宜之法。今太宗，中國方强，四夷歛衽，胡爲反襲其其迹而不知耻哉？

殺大義而昏都藍，以化光而妻吐谷。

突厥數爲隋所敗，乃請和親。千金公主後周女自請改姓楊氏，爲隋主女，隋更封以爲大義公主。隋主之滅陳也，以陳叔寶屏風賜突厥大義公主。公主以其宗國之覆，心常不平，書屏風爲詩，叙陳亡以自寄。帝聞而惡之，禮賜甚薄。公主扇惑可汗，頗爲边患。突利可汗遣使求昏。帝曰：『能殺大義公主，乃許昏。』都藍殺公主，更表請昏。許尚公主。

開皇十六年，以化光公主妻吐谷渾。書法：堂堂中國，爲天下君，而以公主妻非類，以是爲辱也。

以義成而妻啓民，以廣德而妻於琮。

開皇十九年，以義成公主妻啓民可汗。書法：前書化成公主嫁吐蕃矣，又書安義公主嫁突厥矣，以宗女爲公主。於此復書義成公主嫁啓民。以宗女爲公主。五年三書，中國之辱，未有甚於隋世者也。

大中十三年，欲以於琮尚永福公主。既而中寢。宰相請其故。上曰：『近與此女食，對朕請斬匕箸。情性如是，豈可爲士大夫妻？』乃更命琮尚廣德公主。

以銀裝車，而反以銅而裝車，以寶飾户，而又以金而爲臼。

宣宗大中二年，萬壽公主，上之愛女。適起居郎鄭顥。舊例，以銀裝車。上曰：『吾欲以儉約化天下。』令依外命婦以銅裝車，仍詔公主執婦禮，如臣庶之法。時顥弟顗得危疾，上遣使視之。還，問公主何在。曰：『在慈恩寺觀戲場。』亟召公主責之。由是貴戚皆守禮法。

懿宗同昌公主適韋保衡，賜第，囱户飾以雜寶，井欄、藥臼亦以金銀爲之。

開耀元年之太平公主，開元十年之永穆公主。

開耀元年，適薛紹。紹母，太宗女陽城公主也。紹兄顗，以公主寵盛，深憂之。胡氏曰：士大夫有志節者，多不肯連姻天家。而帝女下嫁，必妙選名士。若各從所欲，則無可以成昏矣。然舜由匹夫爲天子婿，能使二女率循婦道，此則尚主之法式也。然必也公主有父母師傅之訓，如太宗宣宗不驕其女。而爲之婿者，德行行乎閨門，使帝女不敢以貴富輕忽夫家。交得其道，其何美如之？不然，殆難免於薛克構之言矣。問族祖薛克構。克構曰：『苟以公慎行之，何傷？』

開元十年，敕以永穆公主資送如太平公主故事。僧一行諫曰：『武后惟太平一女，故資送特厚，卒以驕敗。奈何以爲法乎？』上遽止之。書法：於是敕資送如太平，以一行諫而止。書，美之也。

貞觀年之絶昏，韓元年之流涕。

貞觀十七年，褚遂良疏曰：『往者陛下欲安百姓，不愛一女。一朝忽有改悔之心，得少失多。彼國蓄見欺之怒，此民懷負約之慚，恐非所以懷遠人訓戎士也。夫龍沙以北，部落無算。使爲惡者在夷不在華，失信者在彼不在此耳。』不聽。書法：書『詔絶』何？病帝也。吐蕃未嘗許也，遣使貢金幣迎公主，則以文成嫁之。薛延陀許嫁矣，來納幣，則絶之。惟强是與，而不於其信，謂之何哉？

乾元元年，上幼女也。上送至咸陽，公主辭，訣曰：『國家事重，死且無恨。』上流涕而還。發明：回紇有功於唐，故以寧國公主歸之。歸之者，易辭也。

郭曖之尚昇平公主，孫悰之尚岐陽公主。

大曆二年，嘗與争言。曖曰：『汝倚乃父爲天子耶？我父薄天子不爲。』公主急奔車，奏之。上慰諭令歸。子儀聞之，囚曖，入待罪。上曰：『鄙諺有之，不癡不聾，不爲家翁。兒女閨房之言，何足聽也？』子儀歸，杖曖數十。

元和九年，公主，上長女，郭妃所生也。有賢行，卑委怡順，一同家人禮。上所賜奴婢，奏請納之。悉自市寒賤可制指者，自是閨門落然，不聞人聲。

以公主而妻田華，以先旨而嫁田華。

大曆八年，以永樂公主妻田華。范氏曰：『齊景公，諸侯也。涕出而女於吴，後世且猶羞之。代宗以天子之尊，而以女許嫁叛臣之子，苟欲姑息，反以納誨，卑替甚矣。此公卿大臣之耻也。』書法：下嫁未有書『妻』者。此許嫁也，其書『妻』何？譏也。妻者，以爲之妻也。妻者，齊也。田承嗣廟祀安史父子，謂之四聖，其逆節可見矣。以至尊之女而齊之逆臣之子，非匹也。故特書『妻』，深譏之。

永樂公主適田華，上不欲違先志故也。書法：自許妻，至是八年矣。田氏父子反叛非一方，此進討而重違先志，竟以嫁之。執小信而虧大義，謂之何哉？其後田華反勸惟岳殺劭真以從悦，則德之不足以懷禽獸，明矣！

德宗建中二年，始定公主見舅姑禮。發明：今德宗始定其制，可謂善之善者。曰始，則見前此未嘗行之。曰見，則見公主知尊舅姑。

春秋書築館之儀，易象著歸妹之吉。陸贄。

駙馬都尉

漢武初置，非正車駕皆爲副馬。然於時尚主者未拜此官。魏何晏以主昏拜駙馬都尉，後代因以爲常。每尚公主，則拜駙馬都尉。

皇姻，國婚。

漢貴將，唐世家。

漢貴將，獨有奉車都尉。

唐詔宗正卿取世家子以聞。

岐陽公主，秦穆公主。

岐陽公主，憲宗愛女。舊制，選戚里，詔擇大臣子。

蕭史吹簫，教秦穆公主弄玉鳳鳴。鳳來，隨鳳飛去。

一門三主。後魏盧道裕處黨元聿。

一門四主。唐薛瓘昭儆繡。

一門十二主。穆觀四世尚主。

晉武帝之求，宋仁宗之選。

晉武求婿，曰：『但如劉真長王子敬。』王珣曰：『謝琨雖不及真長，不減子敬。』未幾，帝崩。袁崧欲以女妻之。珣曰：『卿莫近禁臠。』初，元帝項上一臠尤味。輒薦帝，時呼中禁臠，故爲戲。

宋仁宗元舅子瑋選預副車，醇謹好學，如布素之士。

江教《讓婿表》：伏承詔旨，當以臨海公主降嬪。臣寒門悴族，人凡質陋。閭閻有對，本隔天机。

《精語》：叔高以明經顯於漢，武子以俊才聞於晉。結昏帝室，連光雲日。分榮里，藉公門。鳳凰樓上，宛符琴瑟之歡；烏鵲橋前，載協松蘿之契。俾參秩於環衛，以承榮於湯沐。儷崇銀榜，攄美金章。

李端贈鄭駙馬詩：金距鬥鷄躋上宛，玉鞭騎馬出長秋。

李白：銀鞍紫鞚照雲日，都尉朝天耀錦香。

崔駙馬《山亭宴》：蕭史幽栖地，林間踏鳳毛。重待秦樓發，俱過阮宅來。

《鄭駙馬宅宴洞中》：主家陰洞細烟霧，留客夏簟青琅玕。自是秦樓壓鄭谷，時聞雜佩聲珊珊。言公主在鄭駙馬家。

附：顧命

《書》：顧命。甲子，王乃洮頮水，爾尚明時朕言，用敬保元子釗，曰：『皇后憑玉几，導揚末命。』

獻公使荀息而傅奚齊，先君奉此子而屬諸子。

晉獻公使荀息傅奚齊，曰：『以是藐諸孤，辱在大夫。其若之何？』對曰：『臣竭其股肱之力，加之以忠貞。』《僖》〔一〕。

穆嬴頓首於宣子曰：『先君奉此子也，而屬諸子。曰：「此子也才，吾受子之賜。不才，吾惟子之怨。」今君雖終，言猶在耳。』宣子立靈公。《文七》。

昭烈之命，武帝之詔。

昭烈病篤，命亮輔太子禪，曰：『賜子可輔，輔之。如其不可，君可自取。』樊川詩曰：『永安宮受詔』，是也。

後元二年，立弗陵爲皇太子。以霍光爲大司馬大將軍，金日磾爲車騎將軍，上官桀爲左將軍，受遺詔輔小子。發明：武帝平生繆戾甚多，獨晚年託孤一節甚明。觀之《綱目》所書，則可見矣。然光、日磾、桀三人皆以將軍受遺詔，而相臣無預，又可以觀世變也。

每竭愚忠，誠以顧命。

吳張昭曰：『臣每竭愚忠者，誠以太后臨崩呼老臣於牀下顧命之言。』

受遺輔政，安危所繫。

徐昭考證曰：古者，國家大臣受遺輔政，安危之所繫焉。

〔一〕 今按：『僖』，當爲『僖九』。引文出自《左傳・僖公九年》。

漢武命霍光，昭烈命孔明。君能知臣，臣能盡忠，可謂兩得矣。以唐太宗賢明，猶不知李勣，致有武氏之亂。況僭國事，上安能知其臣乎？當曹魏時，司馬懿雖有無君之心，而未得專用之權。明帝屬以後事者，是授以國命也。因而反弑三主，卒以簒其國。皆由卧内一言以召之。

把興臂而指霬，以楊駿而輔政。

吴休寢疾，口不能言，手書呼僕〔一〕陽興入，令子霬出拜。把興臂，指霬託之而卒。左典軍萬彧立皓，殺興。

晋惠帝永熙元年，以楊駿爲太尉輔政。發明：託孤，大事也。觀之顧命一書則可見矣。自漢以來，率以名德重望居之，亦未有獨任其責者。是時，晋武迷亂，制由中闈故，書『以楊駿爲太尉』，則見舉朝無人，失所付託之意。書『輔政』而不書『受遺』，則見命出非正，未嘗親受顧託之意。

卞壼受遺詔，王坦之毁遺詔。

元帝崩，太子衍生五年矣。群臣進璽，王導以疾辭。壼正色曰：『大行在殯，嗣皇未

〔一〕今按：『僕』，《三國志・吴書・諸葛滕二孫濮陽傳》作『濮』。

立，豈人臣辭疾之時耶？』導輿疾而至。

晋簡帝咸安二年，帝不豫，遺詔桓温依周公居攝故事。又曰：『小子可輔者，輔之。如不可，君自取之。』侍中王坦之持詔入，於帝前毁之。帝曰：『天下儻來之物，卿何所嫌？』坦之曰：『天下，宣元之天下。陛下何得專之？』時天子幼弱，外有强臣，謝安、王坦之盡忠輔衛，卒安晋室。

宋主之詔，魏主之詔。

宋主裕疾甚，詔曰：『後世若有幼主，朝事一委宰相，母后不煩臨朝。』

宋明帝寢疾，急召褚淵，流涕曰：『吾近危篤，故召卿着黄纙耳。』力賀反。婦人所着衣也。欲淵輔佐太子，如乳母之哺兒也。

魏主宏手詔太子曰：『汝叔父勰，清規懋德，松柏爲心。吾百年後聽勰，辭軒冕，遂其冲挹之性。』謂咸陽王禧等曰：『我後子孫邂逅不肖，汝等觀望，可輔，則輔之。不可輔，則取之。勿爲他人有也。』

杜詩：宗臣切受遺。

附：宫寀

鶴禁衛、龍堂宫。徽宗舊邸。

宫寀。劉洎疏。

儲寀。《通典》。

搜訪賢德，以補儲宫。唐太。

輔相東禁。常衮《制》。

矯迹入崇賢。

選天下之端士。賈誼。

用天下之賢才。漢張佚。

性質端毅。唐王玄感。

孝弟博聞。賈誼曰，云云。

晁錯智囊，陸亮忠心。《晋》。

是謂儒宗。王玄感。

習於春秋。羊舌肸。

宜令四海英俊才德傅於東宫也。山公啓事。

荀道玄之文雅，斛夫子之《三禮》。

戴若思序：洗馬荀道玄，荀邃。累葉重光，才經文雅。

斛斯正精《三禮》。周武帝令太子服青襟，受學於正，號夫子。

梁庾信之文體，唐徐浩之誥册。

庾信父肩吾爲梁太子中庶子，徐陵父摛爲左衛率。徐摛屬文，好爲新變，不拘舊體。文號徐庾體，文號宫體。

唐徐浩參兩宫文翰，玄宗時太子司議郎。肅宗即位，詔令多出。玄宗傳位，誥册爲之。

劉向之徒，趙昌之制。

劉向之徒，以文章儒術保訓東宫。

白：趙昌制，夫望優四海，然後能調護青闈。

行嚴師之禮，輟禽色之娱。

元積：願令皇子洎諸王行嚴師問道之禮。

韋承慶司議郎。儀鳳中，太子賢近聲色。獻《諭善箴》：輟禽色之娱，資游習之善。

江統五事之諫，東平樂善之語。

江統爲洗馬。太子好遊宴，以五事諫。

宋王陶采東平樂善之語。爲獻以贊，引疾請郡將去。

宫寮，宫邸。儲局。

繼照堂，資善堂。

真宗尹京日，射堂在開封，仁宗隸學所。

慶寧堂，英宗潛邸。睿成宫。神宗所居。

司馬名重，光。晏殊謹厚。

王韓皆厚德之士，王陶、韓維。范朱極天下之選。范冲、朱震。

諭宰臣。謂趙鼎。

慈聖垂簾，褒諭宰臣曰：『諸王仁孝日聞，皆卿等擇宫臣朱震、范冲。』上謂趙鼎曰：

『天生二人，爲資善之用。』

黄裳作渾天儀以獻，俊卿誦韓愈書以諷。

黄裳嘉王誕日，作渾天儀以獻，爲歌詩勉王進學，如天而不息。

普安郡王習毬鞠。陳俊卿誦韓愈《諫張建封書》以諷。

資善堂，翊善贊讀。紹興置開禧，命程少逸兼贊讀。少逸以祖諱辭。

《精語》：三妨儲隸，五塵朝峨。顔延年詩。

思皇茂則，敬詢端輔。李義甫《承華箴》。

鄧禹名臣方居審諭之任，疏受宿望始除輔導之官。于志寧。

庾信賦：文詞高於甲觀。

褚亮詩：薄官奉儲明。

陸機詩：託身承華側，撫劒遵銅輦。太子車。

太子詹事

秦官。應劭曰：詹，省也，給也。漢因之。掌太子家，位在長秋上。成帝省，魏復置。領衆務。後魏有左右詹事。隋置詹事，掌内外衆務。唐置詹事府，置小詹事。龍朔改端尹、少尹，垂拱改宫尹。宋置詹事二人。

儲端任顯，東西兩晋，兹選持難。沈約。

江總爲宫端，李潘居端尹。李潘制：尚居端尹之榮。

龍樓上寮。宋榮制。

宮坊清班。張偉制。

儲端華重，實異常司。梁陸倕表。

學問過人，彈肅一宮。

晉太原王恭，學問清操過人。

王珉彈肅一宮，如尚書中丞。

弼諧儲副，必俟才英，總務宮端。允資忠亮。唐李寬册。

李綱弼諧，孔霸經授。

太子建成，有進魚者，使鱠之。唐儉、趙元楷自言其能。太子曰：『操刀鱠腥和鼎味，公等善之。弼諧審諭，固屬綱矣。』李綱爲詹事。

漢孔霸，宣帝時，以經授太子，爲詹事。

晉王恭讓表：王儲始建，四方是式。總司之任，崇替所由，宜妙柬材賢。

上書嘉嘆，征羌有功。

唐節愍太子稍失道，姚珽四上書諫，中宗嘉嘆。

晉謝琰征羌有功。爲將軍領詹事。

兒登儲貳，卿爲詹事。雖屈階資，可勿怪也。唐太宗謂李勣。

郭鏦兄弟，代爲詹事。

自叙：陳後主在東宫，欲以江總爲詹事。孔奂曰：『總有潘陸之才，無園綺之實。輔弼儲貳，切謂非才。』

《精語》：皇太子霞褰青殿，駕紫谷之榮，日晃春宫，振洛笙之響。自非器上白雲韵同明月，何以延芳芝苑插友瓊條。

竇嬰戚貴於西京，陸曄風嘉於東國。

伊人之美，方曰可舉。孔稚圭讓表。

漢朝選德，禮秩峻於竇卿；晋代任賢，光榮歸於謝琰。唐李寬册。

彈違是屬，宜肅事於東朝。

左右庶子

周太子官。掌戒令教治。庶子，猶諸子也。

《周禮》：諸子之官，司馬之屬。

秦中庶子員。

漢少傅屬官有庶子。

後漢中庶子，官五人。

宋置二人。

門下坊爲左春坊，典書坊爲右春坊。左庶子爲左中護，右庶子爲右中護。唐，龍朔。

沉静履素，清白有節。

晋皇甫謐中庶子，沉静履素，守學好古。

魏鮑勛中庶子，清白有高節，正色不撓。

以肅敬稱，有正始風。

漢王商，齊張緒。

有志行，守道。

《傅》：喜中庶子趙宗孺，端居守道。德宗遷吏部侍郎。

通《詩》。馮野王。

明《詩》《易》。陶伉。

唐孔寅之諧識舊典，唐於志寧之撰《諫苑》。二十卷。

晋温嶠之獻《侍臣箴》，李百藥之作《贊道賦》。

輔相東禁。《常袞制》。

奉翊儲后。《柳渾行狀》。

東宮顯職，齊王假。儲宮命職。郭子儀。

宜得篤粹，宜用雋選。

山濤：宜得篤粹有行之人。

吴張温：中庶子，官最親密。切聞近對，宜用雋選。

一宫要任。《晋》。

八舍之職。《環濟要略》。

管綜門下，官主調護。

中庶子管綜門下，不可不得其才。

李綱官主調護。

衛太子家。班彪《牋》。

俾尹宫坊。姜公輔《制》。

蜀霍戈之規諫，劉行本之正色。

蜀霍戈援古義規諫，得切磋之體。

劉行本正色曰：『至尊置臣於庶子之位者，欲令輔導殿下，非爲殿下弄臣。』見『國本』。

授太子經，切諫時正。

歐陽地餘授太子經。

高季輔切諫時政，特賜鍾乳一劑曰：『進藥石之言，故以藥石報。』

輟卿於朝，以佐太子。詔杜正倫。

留瑒承華，欲有風法。

《陳書》：所以久留瑒任於承華，正欲使太子微有瑒風法耳。

以宰相兼，以太守選。

宋璟以宰相兼。

《山公啓事》：中庶子闕，宜得俊茂者，欲以濟陰太守劉儀、城陽太守石崇參選。

《宋》：參典機密。晏殊。兼以諫議。張士遜。

《精語》：宜輟五曹之務，俾司三令之班。唐休璟自夏官尚書授右庶子。

委戈執笏，入賓皇儲。晋陸禕。

仍參翼贊之策。休璟《制》。

列位龍樓。《唐《詔》〔一〕。

白詩：寄言東曹長，當知幽獨心。

左右諭德

唐龍朔，置左右諭德各一人，掌諭太子以道德。國朝有左右諭德。建儲則置，否則闕。

東寮。東宫之有諭德，猶上臺之有騎省。

白集：清班優秩，所選非輕。

杜牧制：東朝諭德。

白集：就列當坊，申贊諭之美。

建右諭德，擢右諭德。

真宗爲襄王，楊礪爲記室。王甚重之，東宫建右諭德。

神宗爲潁王，陳薦爲記室，擢右諭德。

〔一〕今按：『唐《詔》』，即唐文宗《貶宋申錫太子右庶子制》。

魯宗道，真宗以爲忠，實可大用。

侍讀侍講

唐太宗爲晋王，府有侍講。爲太子，亦置。開元初，十王宅引辭學工書者，入教爲侍讀。

神宗置侍讀、侍講各一人。

稱以偭素，號爲仲尼。

晋王紹宗以偭素見稱。

王起宗號當世仲尼。文宗。

讜言直氣，學問操履。

唐同州刺史吕元膺，有讜言直氣，宜留給事，左右並侍講。

上曰：劉焞有學問，李彦穎有操履。

風格高峻，博涉經史。

李敬玄借御書讀，風格高峻，有不可犯之色。

唐蕭德言，授經講業，博涉經史。

侍讀無常員，侍讀以經義。

《唐志》：侍讀無常員，掌講導經學。

憲宗：凡侍讀者，當以經義輔導太子。

沈重講《論語》，樂遜爲教授。

《北史》：沈重於露門館爲太子講《論語》。

《北史》：樂遜露門教授。

陳夷行之讀經，蕭德言之開經。

陳夷行，詔五日一入長生院，侍太子讀經。

蕭德言，每開五經，必盥濯束帶，危坐讀之。

撰《翼善記》，獻《龍樓箴》。

唐玄宗在春宮，褚無量撰《翼善記》進。歸登獻《龍樓箴》。

廣五經圖，進毛詩義。

王起宗，文宗時。帝題詩太子箴以賜，詔畫像便殿。又使廣五經圖，俾太子知古今治亂。

唐許叔牙進《毛詩纂義》十卷，太子賜帛二百段，令寫本付司經局。

庾亮之諫，韋温之請。

晋元帝方任刑法，以《韓子》賜太子。庾亮侍講，諫以『申韓刻薄傷化』。見『建本』。

韋温侍讀，每晨，至少陽院。午見莊恪太子曰：『宜早起，學文王爲太子，鷄鳴請問安西宫。』太子幼，不行其言。稱疾。

以禮聘，承宫恩。

唐孔述睿〔一〕隱嵩山，德宗以禮聘爲侍讀。

徐岱承兩宫恩，謹慎，未嘗泄禁中語。

輿於内殿，給以厩馬。

褚無量年老，爲造腰輿，使輿於内殿。

孔述[睿]，德宗特賜第宅，給以厩馬。

宋擢侍讀，遷補闕，擢工部。

楊萬里忠義剛正，孝宗御筆親擢爲侍讀。

〔一〕今按：『孔述睿』，據《舊唐書·列傳第一百四十二》補『睿』字。下同。

郭贊兼侍讀，遷右補闕。
孫固擢工部郎。

左右春坊

北齊，門下坊，庶子領之。典書坊，庶子領之。
隋，門下坊，左庶子。典書坊，右庶子。
唐，門下曰左春坊，典書曰右春坊。
左庶子，中允司議郎，左諭德，贊善大夫，崇文館學士，校書郎，洗馬，文學校書，正字隸焉。
右庶子，中舍人，太子舍人，右諭德，右贊善大夫，太子通事，舍人家令，率更令隸焉。
《法寶集》：東宮官制，如一朝廷。詹事猶尚書，春坊猶中書門下。崇文猶館閣，贊善猶諫議。
《精》：太和孫革奏，青宮列局，護翼元良。
趙沐《制》：備儲坊之采。

資善堂翊善贊讀，資善堂小學教授。

紹興置，皇朝太子以累朝事親、修身、治國、愛民四事。

范、朱極天下選。

樓機手書以獻，首尾如一日。

光奉宸綸，入侍儲幄。輟從貳卿，擢置儲尹。元良以正，知國家有道之長；翼衛既隆，侈宗社無窮之福。漢景帝之於竇嬰，徒崇禮秩；唐太宗之用李勣，謾屈階資。紫宸持槖，方元賴於論思；朱邸談經，正有資於衛翼。或資羽翼之成，或蒙藥石之報。必盡言如霍氏，得切磋之體；必獻箴如温嶠，有補翼之稱。奉祠真館，世高冲退之風；置尹儲宮，帝有顯明之命。雖賢聖仁孝聞天下，稟於岐嶷之姿；必左右前後皆正人，助其緝熙之學。自昔孔霸之授經，漢嚴是選；厥後王恭之遜表，晋缺其人。方南國教明，笑指梅花而歸去；適東宫位正，屈從芝嶺以來游。朝夕論思，日月獻納，久陪黄屋之游心；春秋禮樂，冬夏詩書，庸弼青宫之毓德。既招四皓於商山，用我羽翼；行立三公於周室，兼理陰陽。

父母

《爾雅》：父爲考，母爲妣。

《曲禮》：生曰父曰母，死曰考曰妣。

幹父之蠱，幹母之蠱。《易》。

父者猶天，母者猶地。子猶萬物也。壺關三老茂上書。

父頑母嚚。《書》。

父母孔邇。《詩》。

畏我父母。

父母之言，亦可畏也。

父母何怙？父母何食？父母何嘗？

陟彼岵兮，瞻望父兮。父曰：嗟，予子行役，夙夜無已。尚慎旃哉，猶來無止。陟彼屺兮，瞻望母兮。母曰：［嗟，予］〔一〕季行役，夙夜無寐。尚慎旃哉，猶來無棄。

王事靡盬，憂我父母。

莫肯念亂，誰無父母。

明發不寐，有懷二人。

夙興夜寐，無忝爾所生。

維桑與梓，必恭敬止。靡瞻匪父，靡依匪母。不屬於毛，不離於裏〔二〕。

蓼蓼者莪，匪莪伊蒿。哀哀父母，生我劬勞。蓼蓼者莪，匪莪伊蔚。哀哀父母，生我勞悴。瓶之罄矣，維罍之耻。鮮民之生，不如死之久矣。無父何怙？無母何恃？出則銜恤，入則靡至。父兮生我，母兮鞠我。拊我畜我，長我育我。顧我復我，出入腹我。欲報之德，昊天罔極。

謂他人父，亦莫我顧。謂他人母，亦莫我有。

《書》：侮厥父母曰：『昔之人無聞知。』

〔一〕今按：『嗟，予』二字，據《詩經·魏風·陟岵》補。

〔二〕今按：『裏』，《詩經·小雅·小弁》作『裏』。

《詩》：王事靡盬，不遑將父。王事靡盬，不遑將母。

《孟》：父母俱存，一樂也。

父母愛之，喜而不忘。父母惡之，勞而不怨。

人少則慕父母。大孝，終身慕父母。

《論》：父母之年，不可不知也。一則以喜，一則以懼。父母在，不遠遊，遊必有方。事父母幾諫，見志不從，又敬不違，勞而不怨。

《中》：父母，其順矣乎！

《易》：家人有嚴君焉，父母之謂也。

文伯之母不哭，郤超之父不哭。

文伯卒，其妻行哭失聲，敬姜戒之［曰］〔一〕：『吾聞，好外者士死之，好内者女死之。今吾子早夭，吾惡其以好内聞也。』孔子聞之，曰：『女智無君婦，男智無君夫。公父氏之婦智矣！』《家語》。

文伯死，其母不哭也。季孫聞之，曰：『文伯之母，貞女也。子死不哭，必有方矣。』使

〔一〕今按：『曰』，原文有殘缺，據《孔子家語·曲禮子夏問》補。

人問焉。對曰：『昔是子也，吾使之事仲尼。仲尼去魯，送之不出郊，贈之不與家珍。病，不見士之視者。死，不見士之流泪者。死之日，宮女衰經而從者十人。此不足於士而有餘於婦人也。吾是以不哭也。』《韓詩外傳》。

郗超黨於桓氏。以父愔忠於王室，及病甚，出一箱書，授門生曰：『公年尊，我死之後，若以哀惋害寢食者，可呈。』超卒，愔果成疾。門生呈箱，皆與桓溫往返密計。愔大怒曰：『小子死，已晚矣。』遂不復哭。

發明：何以書官？超慮其父哀惋成疾，故暴其身後之惡以止之。志亦可哀，故特哀而存之也。

屈壽之父，日月之母。

屈突通結陣自固。竇琓遣通子壽諭之。通曰：『昔與汝爲父子，今與汝爲仇讎。』命射之，力屈降唐。

朱泚將李日月死於城下。歸其尸，其母不哭。駡曰：『奚奴！國家何負於汝？而反，死已晚矣！』及泚敗，日月之母不坐。

鄭顥之父，嚴武之母。

宣宗大中十年，以鄭顥上婿。爲秘書監。顥求作相。其父祗德曰：『聞汝已判户部，是吾必死之年。又求作相，是吾必死之日。』顥求表辭。

劒南節度嚴武厚歛，窮奢專殺，母數戒之。及死，母曰：『吾今始免爲官婢矣。』

劉崇之父，潘岳之母。

周顯德三年，唐遣兵救壽州。周師擊之，唐劉仁贍請以边鎬守城，自帥衆决戰。齊王景達不許。仁贍憂悒成疾。其幼子崇諫夜泛舟渡淮，爲小校所獲。仁贍命腰斬之。監軍使周廷構哭於中門以救之，不許。廷構使求救於夫人。夫人曰：『軍法不可私，名節不可虧。若貸之，則劉氏爲不忠之門。妾與公何面目見將士乎？』趣命殺之，然後成喪。將士皆感泣。

潘岳母常責岳曰：『汝當知足，而乾没不已乎？隨勢浮沉。』及敗，岳謝母曰：『負阿母！』族誅。

石厚之父，孫策之母。

《隱四》：衛石碏使其宰獳羊肩涖殺石厚於陳。君子曰：『石碏，純臣也。大義滅親，其是之謂乎？』伸君臣之大義，滅父子之私親。

功曹魏騰忤孫策意，策將殺之。策母吴夫人倚大井謂曰：『汝新造江南，其事未集。』云云。見『井』。

狐偃之父，彦范之母。

《僖廿三》：狐突之子毛及偃從重耳，在陳。懷公執狐突，曰：『子來則免。』對曰：『子之能仕，父教之忠，古之制也。策命委質，貳乃辟也。今臣之子名在重耳，有年數矣。若又召之，教之貳也。父教子貳，何以事君？』乃殺之。

桓彦范等舉兵討武氏之亂。彦范以事白其母。母曰：『忠孝不兩全，先國後家可也。』以柳玭爲父而戒子，以芮姜爲母而逐子。

柳玭戒諸子曰：『凡門地高，可畏不可恃也。膏粱子弟，學宜加勤，行宜加厲。僅得比他人耳。』

《桓二》：芮伯萬芮伯名。之母芮姜，惡芮伯之多寵人也，故逐之。出居於魏。

子崔之父，懷恩之母。

仲子崔者，仲由之子也。子路仕衛，赴蒯聵之難。衛人狐黶殺子路。子崔既長，欲報父讎。黶子知之，曰：『夫君子之勇，不掩人之不備。須後日，於城西決戰。』其日，黶持蒲弓木戟，與子崔戰而死。《孝子傳》。

僕固瑒爲其下所殺。懷恩入告其母。母曰：『國家待汝不薄，今衆心既變，禍必及我。』懷恩不對而出，母提刀逐之。懷恩疾走靈州。上命輦懷恩母至長安，給待尤厚。月餘，以壽終。以禮葬之。

曾子之父，景讓之母。

曾子耘瓜，誤斬其根。曾晳怒，建大杖以擊其背。曾子仆地，而不知人。有頃乃蘇。攸然而起，退而就房，援琴而歌。欲令曾晳而聞之知其體康也。孔子聞之而怒，告門弟子曰：『參來勿内。昔瞽瞍有子曰舜，小棰則待過，大杖則逃走。故瞽瞍不犯不父之罪，舜不失烝烝之孝。今參事父，委身以待暴怒，殪而不避。既身死，而陷父於不義。其不孝孰大焉？』《家語》。

[《通鑑》會]昌六年，以李景讓爲浙西觀察使。母鄭氏，嚴明。宅後墻陷，得錢盈船。母祝之曰：『無勞而獲，身之灾也。天必以餘慶矜其貧而賜之，則願諸孤學問有成，此不敢取。』掩而築之。景讓官達，髮已斑白。少有過，不免捶楚。在浙西，牙將忤意，杖之而斃。軍中將爲變。母立景讓於庭而責之，褫其衣，將撻背，久乃釋之。軍中遂安。弟景莊老於場屋，每被黜，輒撻景讓。

父爲家父，母爲家母。

陳思王稱。《家訓》。

《表記》：子言之，今父之親子也，親賢而下無能。賤無能之子。母之親子也，賢則親之，無能則怜之。母親而不尊，父尊而不親。水之於民也，親而不尊。火，尊而不親。土之於民也，親而不尊。天，尊而不親。命之於民也，親而不尊。鬼，尊而不親。或曰：命君之教令。命者，造化所以示人者也。

杖折委笄之父，杖碎金魚之母。范武子，見『笄』。

齊童子之父，吴起者之母。

秦攻齊。齊威王使童子〔一〕將而應之。候者言：『童子子以齊入秦。』王不應。候者復言：『童子以齊兵降秦。』王不應。頃間，言齊兵大勝，秦兵大敗。左右曰：『何以知之？』曰：『童子之母啓，得罪其父，其父殺之，而埋馬棧之下。吾使童子將也，勉之曰：「夫子之强，全兵而還，必更葬將軍之母。」對曰：「臣非不能更葬先妾也。臣之母得罪臣之父，臣之父未教而死。夫子不得父之教，而更葬母，是欺死父也，故不敢。」夫爲人子而不欺死父，豈爲人臣而欺生君哉？』《齊策》。

吴起東出，衛郭門。與其母訣，嚙臂而盟曰：起不爲卿相，不復入衛。遂事曾子。頃之，其母死。起終不歸。曾子薄之，而與起絶。

〔一〕今按：『童子』，《战國策・齊策一》作『章子』。下文四處『童子』皆同。

白詩曰：『昔有吳起者，母没喪不臨』，是也。

霍去病之父，楚子發之母。

霍去病，父中孺，以縣吏給事平陽侯家，與侯使者衛小兒私通，生去病。中孺吏畢歸家，娶婦生子，不相聞。去病爲驃騎將軍，擊匈奴，道出河東，至平陽傳舍，遣吏迎中孺。因跪曰：『去病不早自知爲大人遺體也。』中孺叩頭曰：『老臣託命將軍，此天力也。』去病爲中孺買田宅奴婢而去。

楚將子發攻秦，絶粮，使人請於王，因歸問其母。母問使者，對曰：『士卒嘗分菽豆而食之，將軍朝夕芻豢黍粱。』子發破秦而歸，其母閉門不納。曰：『子不聞勾踐之伐吳乎？夫使人入於死地，而自康樂於其士，雖有以得勝，非其術也。子非吾子也，無入吾門。』子發於是謝其母。然後納之。

吳祐之父，田稷之母。

爲南海太守。祐年十二，隨官恢欲殺青簡以寫經書。祐諫曰：『逾越五嶺，俗多珍怪。上爲國家所疑，下爲權戚所望。此書若成，則載之兼兩。昔馬援以薏苡興謗，王陽以衣囊徼名。』恢乃止。云云。

田稷子相齊，受下吏之貨金百鎰，以遺其母。其母曰：『不義之罪，非吾有也。不孝之子，非吾子也。』田稷子慚而出，反其金，自歸罪於宣王。宣王大賞其母之義，遂舍稷子之罪，而以公金賜母。君子謂，稷母廉而有化。《列女傳》。

陳仲舉之父，金日磾之母。

薛勤仕郡爲功曹。陳仲舉年十五，爲父齎書詣勤。勤顧而察之。明日造焉，仲舉父出迓勤。曰：『足下有不凡子，吾來候之，不從卿也。』《先賢傳》。

金日磾母教誨兩子，甚有法度。上聞而嘉之。母死，詔圖刑於甘泉宮署，曰：『休屠王閼氏』。日磾養馬苑中，過見遺像，輒拜之涕泣。《漢書》。

狼子之父，東家之母。

有狼子者，家貲萬金，不從父語。臨亡，意欲葬山上。恐兒不從，例言，命葬洛渚下。狼子曰：『我由來不奉教令，今當從此一語。』遂盡散家財，積土成一洲，長數百步。元康，爲水所壞。狼子，前漢人也。《博物志》。

東家母，其子哭之不哀。西家子見之，歸謂其母曰：『社何愛？速死，吾必悲哭社。』《淮南子》。注：淮南謂母爲社。

龐儉〔一〕之父，姜維之母。

魏郡龐儉因亂失父。時儉三四歲，母繦抱轉客廬中。鑿井，得錢數萬，遂致富。因買一蒼頭主家幹。一日，堂上作樂，蒼頭竊言曰：『老母，我婦也。姓艾，字阿宏。』母曰：『我翁也。』時人語曰：『廬里龐公，鑿井得銅，買奴得翁。』《風俗通》。

姜維，天水人。既歸蜀，與母相失。人使其母手書呼維令反，并送當歸以譬之。維報曰：良田百頃，不計一畝。但有遠志，無有當歸。維卒不免。孫盛《雜記》。

楊脩之父，王經之母。

楊彪位至太尉，見漢祚將終，稱脚孪，不復行。積十年，子脩爲曹操所殺。操見彪，問曰：『公何瘦之甚？』答曰：『悔無日磾先見之明，猶懷老牛舐犢之愛。』操爲改容。《後漢》。

王經彥緯。少貧苦，仕至二千石。母語之曰：『汝本寒家子，仕至二千石，此可以止乎？』經不能用。爲尚書，助魏，不忠於晋，被囚。涕泣辭母，曰：『不從母敕，以至今日！』母都無戚容，語之曰：『爲子則孝，爲臣則忠。有孝有忠，何負吾耶？』《世説》。

羊鷟之父，范滂之母。

〔一〕今按：此處文字有殘缺，據下文補『龐儉』二字。

羊侃在臺城，其長子鷟，先爲侯景所獲。執來城下示侃。侃謂曰：『我傾宗報主，猶恨不足，豈復訓此一子？幸早殺之。』數日，復持來。侃謂鷟曰：『久以汝爲死，猶在耶？吾以身許國，誓死行陣，終不以爾生進退。』因引弓射之。賊以其忠義，亦不之害。《南史》。

范滂詣獄，其母就與之訣。滂白母曰：『仲博孝敬，足以供養。逢從龍舒，若歸黄泉，存亡各得其所。惟大人割不可忍之恩，勿增感戚。』母曰：『汝今得與李杜齊名，死亦何恨？』滂跪受教，再拜而辭。《後漢》。

蜀太師之父，周申喜之母。

蜀有姜太師，幼年爲黄巾所掠，失其父母。有厩卒江老，每被鞭笞。不任其苦，乞告夫人求掃〔一〕。夫人詢其鄉土，詰其妻息，皆備言之。姜驚，疑其父也。使人細問之，曰：『我兒脚心上有一黑子。』姜大哭，遂迎入宅，父子如初。姜報打父之過，齋僧數萬，終身不撻從者。《王氏見聞》。

周有申喜者，亡其母。聞乞人歌於門下，而悲之，謂門者：『納乞人之歌者。』自覺而問焉，曰：『何故而乞？』與之語，蓋其母也。故父母之於子也，子之於父母也，一體而兩分，

〔一〕今按：『掃』，據《太平廣記・雜録八》，當爲『歸』。

同氣而異息。若草莽之有華實也，若樹木之有根心也。雖異處而相通，隱志而相及，痛疾相救，憂思相感。生則相歡，死則相哀。此之謂骨肉之親。神出於忠而應乎心，兩情相得，豈待言哉？《吕精通》。

王竣之父，孟子之母。

顔延之，少有令名。宋文帝問以諸子才能。延之曰：『竣得臣筆，測得臣文，㚟得臣義，躍得臣酒。』子峻〔一〕貴重，權傾一朝。凡所資送，延之一無所受。嘗早候竣，賓客盈門，竣卧不起。延之怒曰：『恭敬撙節，福之基也。驕狠傲慢，禍之始也。况出糞土之中，而升雲霞之上？傲不可長。其能久乎？』

孟子少時誦，其母方織。其母知其諠也，孟輟然中止。及復，盡呼而問之曰：『何爲中止？』對曰：『有所失復得。』其母引刀裂其織，以此誡之。自是之後，不復諠矣。孟子少時，東家殺豚。孟子問其母曰：『東家殺豚何爲？』母曰：『欲啖汝。』其母悔曰：『吾懷妊是子，席不正不坐，割不正不食，胎教之也。今有知而欺之，是教之不信也。』買豚肉以食之，明不欺也。《韓外》。

〔一〕今按：『峻』，據上下文，當爲『竣』字。

裴勛之父，延年之母。

裴勛容貌麽麽，性又率易。與父垣會飲。垣付勛曰：『矬人饒舌，破車饒楔，裴勛十分。』勛飲訖，復其盞曰：『蝙蝠不自見，笑他梁上燕。垣第十一也。』垣怒，笞之。《玉泉子》。

嚴延年治河南，酷刑，號屠伯。母數責延年。曰：『天地神明，人不可獨殺。我不意當老見壯子被刑戮也，東歸掃除墓地耳。』歲餘，果棄市。東海莫不賢智其母。延年兄弟五人，皆至大官。東海號萬石嚴嫗。《本傳》。

王少玄之父，王孫賈之母。

唐王少玄，父隋末死亂兵，遺腹生。十歲，問父所在。母以告。即哀泣求尸。或曰：『以子血漬而滲者，父胔也。』少玄鑱膚，閱旬而獲，遂以葬。《孝友傳》。

王孫賈，年十五，事湣王。王出走，失王之處。其母曰：『汝朝出而晚來，則吾倚門而望。汝暮出而晚來，則吾倚閭而望。汝今事王，王走，汝不知其處。汝尚何歸？』賈入市中，曰：『淖齒殺王，與我誅者，袒右。』從者四百餘人與之，誅淖齒。《戰國策》。

陸緬之父，子産之母。

陸倕次子緬，有似於父倕。一看殆不能别。《南史》。

鄭子産善事母。奉命聘晋，道中心痛。遣人還家，起居，問母。母曰：『吾身體不調，憶汝耳。無他也。』《世説》。

元賓之父，曾子之母。

畢衆敬，宋明帝授兖州刺史。後入魏，拜兖州。子元賓繼之。當世榮之，衆敬以老還鄉，呼元賓爲使君。每賓聽政，時乘板輿至賓所。觀其決斷，喜見顔色。《北史》。

曾子從孔子，在楚而心動，辭歸問母。母曰：『思之切，嚙指。』孔子聞之，曰：『參之至孝也，精感萬里。』《搜神記》。

曾參出薪於野，有客至其家。欲去，其母曰：『願留。參方到。』即以左手搤右臂，右臂動，參即馳至。問母曰：『臂何故痛？』母曰：『今者客至，搤吾臂呼汝耳。』《論衡》。

楊氏之父，陳嬰之母。

楊玄感與父素俱爲柱國，朝會則齊列。帝命玄感降一等。謝曰：『不意陛下寵臣之甚，許以公庭展私敬。』《隋史》。

陳嬰者，東陽人。秦末大亂，東陽人欲奉嬰爲王。母曰：『一朝富貴，不祥。不若以兵屬人。事成，小受其利。不成，禍有所歸。』《世説》。

王勃之父，王陵之母。

王福畤，子勉、勴、勃皆著才名。其後劼、助又以文顯。少子勸，亦有文。福畤常詑，韓思彦戲曰：『武子有馬癖，君有譽兒癖。』使助出其文。思彦曰：『生子若是，可誇也。』《新唐》。

王陵以兵屬漢。項籍取陵[母]〔一〕置軍中。陵使至，則東鄉坐陵母，欲以招陵。陵母私送使者曰：『願爲老妾語陵，善事漢王。漢王，長者。毋以老妾故持二心。妾以死送使者。』遂伏劍而死。項王怒，烹陵母。《漢書》。

吕向之父，顧翱之母。

吕向之生，父岌客遠方不還。他日自朝還，見一老人，物色問之，果父也。下馬抱父足號慟。行者爲流涕。

會稽人顧翱，小〔二〕失父，事母至孝。母好食雕胡飯。常帥子女躬自採擷，還家，導水鑿川，自種供養。每有嬴儲。家近太湖，湖中自生雕胡，無復餘草。蟲鳥不敢至，遂得爲養。表其閭舍。《西京雜記》。

崔湜之父，不疑之母。

崔挹爲禮侍，子湜爲兵部。有唐以來，未有也。湜爲中書令，挹爲户部尚書。挹性貪

〔一〕　今按：『母』，據《漢書・張陳王周傳》補。

〔二〕　今按：『小』，《西京雜記》卷五作『少』。

冒，受人請託，數以公事干於湜。湜違拒不從。《舊唐》。

主上以湜父年老，瓜初熟，賜一顆。湜以瓜遺妾，不及其父。崔岑、鄭愔並爲吏部。京中謡曰：岑愔獠子俊，崔湜令公孫。三人相比校，莫賀吐谷渾。《僉載》。

雋不疑爲京兆尹，行縣録囚還，其母輒問，有所平反，活幾何人。多有所平反，喜笑爲飲食。或無所出，怒爲不食。故不疑爲吏，嚴而不殘。《本傳》。

陸子之父，步遊之母。

陸慶餘爲洛州長史，善論事，謬判決。其子嘲曰：『陸慶餘筆頭無力，嘴頭硬。一朝受詞訟，十日判不竟。』慶餘得之，曰：『必是鄧狗。』遂鞭之。時嘲曰：『説事則喙長三寸，判決則手重[五斤][一]。』《僉載》[二]。

汝南步遊張，少失其母。及爲縣令，遇母於臨淮郡。良馬踟躕，輕軒罔進。顧訪病嫗，乃母也。誠願夙憑而冥感昭徵矣。《水經注》。

謂父爲爹，謂母曰媞。

[一] 今按：『五斤』，據《五雜俎·卷十六·事部四》補。

[二] 今按：『僉載』，即《朝野僉載》。此條不見於《朝野僉載》。唐馮贄《雲仙雜記》『喙長三尺手重五斤』一條引此事，引文非常簡略，出處標注爲《朝野僉載》，實誤，見於謝肇淛《五雜俎》。

謂父曰爸，謂母曰姐。

《南史》：荆土方言謂父爲爹。

《集韵》：吴人謂父曰爸。

《説文》：江淮之間謂母曰媞。蜀謂母曰姐。

呼父曰阿多，呼母曰㜷。迷。

呼父曰郎罷，呼母曰嬭，呼母曰媣。

《會要》：回紇呼父曰阿多。閩人呼父曰郎罷。謂子曰囝。

顧况詩：郎罷别囝，吾悔生汝。囝别郎罷，心摧血下。

《集韵》：齊人呼母曰㜷。吴俗呼母曰嬭。淮南呼母曰媣。

高明之君，琅琊之吕。

客有問元方：『府君何如？』元方曰：『高明之君也。』『足下家君何如？』『忠臣孝子也。』客曰：『但因傴爲恭，而不能答。』元方曰：『昔高宗放孝子孝己，尹吉甫放孝子伯奇，董仲舒放孝子符己。惟此三君，高明之君。惟此三子，忠臣孝子。』《世説》。

王莽時，瑯琊吕母子爲縣吏，爲宰所冤殺。母散家財，以聚酒買弓弩，陰厚少年，得百餘人。遂攻海曲縣，殺其宰，祭子墓。入海爲盜，衆至數萬。《通鑑》。

顧悌之拜父書，甄邵之埋母尸。

吳顧悌，字子通。每得父書，常灑掃几席，舒書於上，拜跪讀之。每句應諾，閱畢再拜。若父有疾耗之問，則臨書垂泣，語聲哽咽。《吳雍傳注》。

潁川甄邵諂附梁冀，爲鄴令。有同歲生得罪於冀，亡奔邵。邵僞納而陰告冀，冀即捕殺之。邵當遷爲郡守，會母亡，且埋尸於馬屋，受職，然後發喪。邵還至洛陽，使卒投車於溝中，笞捶亂下。李燮行遇之，大署帛於其背曰：諂貴賣友，貪官埋母。具表其狀，廢錮終身。《後漢》。

王戎之父，茅容之母。

阮籍與王渾友。渾子戎，字浚冲，少籍二十歲，而籍與之交。謂渾曰：『浚冲清賞，非卿倫也。共卿言，不如共阿戎語。』

茅容，字季偉。郭林宗寓宿。朝日，容殺鷄爲饌。林宗謂爲己設。既而以供其母，自以草蔬與客同飯。林宗起，拜之曰：『公賢乎哉！』因勸令學，卒以成德。

嵇紹之父，楊氏之母。

嵇紹入洛。或謂王戎曰：『昨於稠人中始見嵇紹，昂昂然如野鶴之在鷄群。』或曰：

『君復未見其父。』其父則中散紹叔夜〔一〕也。

泰瑛，南鄭楊相妻，劉巨公女也。有四男二女。相亡，教割六子，動有法矩。長子元珍出，醉，母十日不見。元珍叩頭謝過。次子仲珍，請客無賢者，母怒責之。仲珍革行，多友賢人。泰瑛之教，流於三世，四子才官，隆於先人。《華陽志》。

父之於子，當有何親？論其本意，實爲情欲發耳。子之於母，亦復奚爲？譬寄物瓶中，出則離矣。

曹操令路粹枉狀奏，孔融前與布衣禰衡放言云云。《孔融傳》。

未嘗教之敬弘，在其檢之泰姫。

宋王裕之，字敬弘。見兒孫，歲中不過一再相見，未嘗教子孫學問，各隨所欲。曰：『丹朱不應乏教，甯越不應被捶。』《南史》。

杜泰姫，南鄭人，趙宣妻也。生七男七女。其教男也，曰：『中人情性，可上下也，在其檢耳。若放而不檢，則入惡也。昔西門豹佩韋以自寬，宓子賤佩弦以自急。故能改身之恒，爲天下名士。』後七子皆辟命察舉，牧州守郡，而漢中太守、南鄭令，多與七子同歲計考

〔一〕今按：『紹叔夜』，當爲『嵇叔夜』。嵇康，嵇紹之父，字叔夜，官至中散大夫。

上計，無不修敬泰姬，執子孫禮。《華陽志》。

伯陽之父，孟宗之母。

韋諛，字憲道，雅好儒術。嘗謂其子伯陽曰：『我高我曾我祖我考，重光重徽。父父子子，汝爲我對，正值惡抵。』伯陽曰：『伯陽之不肖，誠如尊教。尊亦正值軟抵耳。』《晉·儒林傳》。

吳孟宗母，大其被，以招貧生之卧。庶聞君子之言。見『被』。

自有鳳毛，可謂富貴。

王敬倫風姿似父。作侍中，［桓公望］〔一〕之，曰：『大奴固自有鳳毛。』《世説》。

謝鳳，字超宗。帝謂謝莊：『超宗殊有鳳毛。』杜詩曰：『欲知世掌絲綸美，池上於今有鳳毛』是也。

晉汝［南王亮］母伏［太妃嘗］有［小］疾〔二〕，祓於洛濱。亮兄弟三人侍從，並持節鼓吹，震耀洛濱。武帝望見曰：『伏妃可謂富貴矣。』《本傳》。

尚之之父，符表之母。

〔一〕今按：此處文字有殘缺，據《世説新語·容止》補『桓公望』三字。

〔二〕今按：此句文字有殘缺，據《晉書·汝南文成王亮列傳》補七字。

宋何尚之，字彦德，叔度子也。爲吏部郎。告休定省，傾朝送别於洛渚。及至郡，叔度謂曰：『傾朝相送，可有幾客？』答曰：『殆數百人。』叔度笑曰：『此是送吏部郎耳。非關何彦弘也。』

昔殷浩嘗作豫章。定省，送别者甚衆。及廢，徙東陽，船泊征虜亭，親舊無復相窺者。

符表，朗兄子也。太原中，年十六。母姜氏疾，侍省晝夜。母一食，表亦一食。母不食，表亦不食。俄傾母殁，亦殁。太守王府君爲立墓四望塾之南，在安福。《寰宇記》。

王義恭之爲父，樂頤之之養母。

顔竣王義恭各産男，上自爲制名，名義恭子爲伯禽，以比魯公。《周公子》。名竣子爲辟彊，以比漢侍中。《張良子》。

樂頤之，字文德，吏部郎。庾杲之往候，頤之設食，枯魚菜葅而已。杲之曰：『我不能食此。』母聞之，自出常膳，魚羹數種。杲之曰：『卿過於茅季偉，我非郭林宗。』《南史》。

王瑩之父懋，高氏之母張。

王瑩遷義興太守，代謝超宗。超宗與瑩交惡。瑩父懋後往超宗處，設精白鮀（鮑）美鮓麞胜。懋問：那得佳味？超宗詭言義興見餉，陽驚曰：『大人豈應不得耶？』懋大忿，言於朝廷，稱瑩供養不足，坐失郡棄廢久之。

高謙之妻中山張氏，教勸諸子從師受業。常誡之曰：自我爲汝家婦，未見汝父一日不讀書。汝等各宜修勤，勿替先業。《魏書》。

謝颺之父，元卿之母。

謝莊生五子，颺、朏、顥、崇、淪。世謂：莊名子以風、月、景、山、水。

齊宗元卿有至行，早孤，爲母所養。母病，元卿在遠，大病則大痛，小病則小痛。卿里號宗魯子。《談藪》。

崔氏之父，匡子之母。

後魏高祖名子曰恂、愉、悦。崔光名子曰勵、勖、勉。高祖謂光曰：『我兒名傍皆有「心」，卿兒名傍皆有「力」』。答曰：『所謂君子勞心，小人勞力。』《魏書》。

齊盧陵匡昕隱金華山。母亡數日，昕奔還，號叫，母便蘇，孝感致也。《談藪》。

房氏子之父，宇文護之母。

孝文臨軒令諸州中正各舉所知，陽尼與房千秋各舉其子。帝曰：『昔有一祁〔一〕名垂往史，今有二奚當聞來牒。』《魏書》。

〔一〕今按：『祁』，指春秋時期晋國人祁奚（字黄羊），曾自荐其子。人称其『外舉不避仇，内舉不避亲』。

宇文護年十餘歲，母閻姬，因亂没齊。護居宰相之後，遣使尋求。齊主乃留其母，令人爲閻作書報護，自稱曰『阿摩敦』。護得書，悲不自勝，報書亦稱曰『摩敦』。及母至，舉朝慶悦。《後周本傳》。

穆氏之父，陸仰之母。

貞元初，穆寧爲和州刺史。其子尚書贊給事中質及員賞。穆氏家法切峻，寧命諸子直饌，稍不如意，則杖之。《資暇録》。

陸仰，字雲駒。居父喪盡禮。母，魏上庸公主。初封藍田，高明婦人也。印〔一〕昆季六人，並主所出。邢紹云：藍田生玉，固不虚矣。主訓諸子，皆以義方。兄弟相率廬於墓側，詔所居里爲『孝終里』。《北史》。

令狐之父，高穎之母。

令狐綯爲相，每朝廷大事，一取决於子。如元載之伯和，李吉甫之德裕。《南部》。

高穎初爲僕射，其母戒之曰：『汝富貴已極，但有一斫頭耳。』

〔一〕今按：『印』，據上文『陸仰』，當爲『仰』。

蘇夔無父，義方有母。

蘇夔字伯尼，威子也。少聰敏，楊素奇之。素每戲威曰：『楊素無兒，蘇夔無父。』《隋書》。

王義方以李義府姦害政，將加彈奏，以問其母。曰：『昔王陵母伏劍成子之義。汝能盡忠立名，吾之願也，雖死不恨。』義方乃奏之。左遷華州司户參軍。

蘇頲之父，陳遺之母。

中宗召宰相蘇瓌、李嶠子。上因語：『［憶所讀］〔一〕書可奏者，爲吾言之。』頲應曰：『木從繩則正，后從諫則聖。』嶠子進曰：『斮朝涉之脛，剖賢人之心。』上曰：『蘇瓌有子，李嶠無兒。』《雜録》〔二〕。

［吴人陳］〔三〕遺母好食焦飯，遺在役，恒帶囊。每煮食，漉其焦以獻母。孫恩作亂，遺隨例奔逃。母憶遺，哭泣失明。遺脱難還家，入門見母，再拜號泣。母目開朗。《孝子傳》。

僞蜀拔山軍卒李夢旗經敵擒歸岐陽，老母悲泣，因瞽雙目。夢旗虔祈切至，願見慈母，

〔一〕今按：此處文字殘缺，據《松窗雜録》補『憶所讀』三字。
〔二〕今按：『雜録』，即《松窗雜録》，唐李浚撰。
〔三〕今按：此處文字殘缺，據《太平廣記》卷一六二補『吴人陳』三字。

三載方還，刺股血點母眼，即時如故。乃知孝道感通，其昭然耳。《儆録》。

繼母

《儀禮傳》曰：繼母何以如母？繼母之配父，與因，親母同。故孝子不敢殊也。

孝己之母，伯奇之母。

殷武丁有賢子曰孝己，事親，一夜五起。其母早死，中宗信後妻之言，放之而死。《帝王世紀》。

尹吉甫子伯奇，母早亡。吉甫娶後妻，妻乃譖之於吉甫曰：『伯奇見妾美，欲有邪心。』吉甫曰：『伯奇慈仁，豈有此也？』妻曰：『置妾空房中，君登樓察之。』妻乃取毒蜂綴衣領，令伯奇掇之。於是吉甫大怒，放伯奇於野。宣王出遊，吉甫從之。伯奇作歌以感之。宣王聞之曰：『此放子之辭也。』吉甫乃求伯奇，而感悟，遂射殺其妻。《琴操》。

陳玄之投水，應慎之生梓。

陳玄，字子元，陳侯太子。七歲喪母，父更娶周氏，有子曰昭。周氏説陳侯，將殺玄，昭欲先死。玄引白羊，誓曰：孝者羊血逆上一丈三尺，一如誓言。侯令玄自殺。玄投遼水，有大魚負之。玄曰：我，罪人也。魚乃去。昭從後來，又投水而死。《孝子傳》。

應慎，字仲華，爲東平相，事後母至孝。精誠感之，梓樹生廳前屋上。徙置府庭，繁茂長大。《東觀漢記》。

薛包之母，方進之母。

汝南薛包，少有至行。父娶後妻，而憎包，出之。包號泣不去，廬於外。朝入灑掃，父又逐之。廬於里門，晨昏不廢。父母慚而還之。

翟方進，年十二三，失父。辭其後母，欲西至京師授經。母憐其幼，隨至長安，織屨以給方進。后十餘年至宰相，母尚在。《漢書》。

劉琦之母，衡農之母。

劉表二子，琦、琮。爲琮娶後妻，蔡氏之侄。蔡氏愛琮而惡琦。琦欲與諸葛亮謀自安之術，亮拒塞，未與處畫。琦將亮共上高樓，令人去梯。謂亮曰：『今日上不至天，下不至地，言出自口入於吾耳，可以言未？』亮答曰：『君不見申生在内而危，重耳在外而安乎？』琦意感悟，陰規出計。《蜀志》。

衡農，字剽卿。少孤，事繼母至孝。嘗宿他舍，值雷雨，頻夢虎嚙其足。農呼妻相出於庭，叩頭三下，屋忽然而壞，死者三百餘人，唯農夫妻獲免。《搜神記》。

王祥之雀，王延之魚。

王祥，字休徵。繼母朱氏不慈，令掃牛下，祥愈恭敬。令守丹㮈實，每風雨，則抱而泣。母常思黄雀炙，忽有黄雀數十飛入幕。《晋書》。

王延後母卜氏，御之無道，常取蒲穰敗麻與之貯衣。延知而不言。卜氏冬月杖之流血，令求生魚。延叩冰慟哭而得與之。卜乃心悟，撫之如所生也。《三十國春秋》。

郭道之事繼母，謙之之事後母。

散騎常侍袁瑜薦會稽郭道事繼母至孝。家貧産子，憂不能字。謂其妻曰：『傷慈以終孝，吾無恨也。』遂瘞之。《志略》。

高謙之，字孝讓，事後母李，以孝聞。李亦撫育過於己生。《魏書》。

閔子騫之繼母，宋思禮之繼母。

閔子早喪母，繼母衣以蘆花。父欲逐妻。子騫曰：『母在，一子寒。母去，三子單。』母得免逐，遂成慈母。

宋思禮，字過庭。事繼母，以孝聞。補蕭縣主簿。會天旱，井池涸。母羸疾，非泉水不適口。思禮憂懼且禱。忽有泉出諸庭，味甘寒，日不乏汲。尉柳晃刻石頌其感。《唐書》。

駱賓王頌：玄功幽贊，靈心以有德是親；至道冥符，篤行以通仁爲本。

《連叢子》：梁人娶後妻。妻殺夫，其子又殺之。季彦過梁，梁相曰：『此子當［以大逆論］〔一〕。禮，繼母如母，是殺母也。』季彦曰：『言「如母」，則與親母不等，［欲以義督之］〔二〕也。昔文姜與弑魯桓，《春秋》去其姜氏。傳曰：「不稱姜氏，絶不爲親，禮也。」絶不爲親，則凡人耳。且夫手殺重於知情，知情猶不得爲親，則此下手之時，母名絶矣。方之古義，是子宜以「非司寇而擅殺」當之，不當爲殺母而論以大逆也。』梁相從之。

乳母

秦攻魏，破之。小子亡而不得。令魏國曰：『有得公子者，賜金千斤。匿者，罪至十族。』公子乳母與俱亡，曰：『死則死，不可以言也。爲人養子，不能隱而言之，是畔上畏死。』遂與公子俱逃澤中。秦軍見而射之，乳母以身蔽之，着十二矢，遂不令中公子。秦王聞之，饗以大牢，且爵其兄爲大夫。《韓詩外傳》。

〔一〕今按：此處有殘缺，據《孔叢子·連叢子》補『以大逆論』四字。
〔二〕今按：此處有殘缺，據《孔叢子·連叢子》補『欲以義督之』五字。

諫父母

《論語》：事父母幾諫。

《内則》：父母有過，諫而不逆。父母有過，下氣怡色，柔聲以諫。諫若不入，起敬起孝，悦則復諫。三諫而不入，號泣而隨之。孔子曰：『父有争，子身不陷於不義。當不義，則子不可以不争。事父母幾諫，見志不從，又敬不違，勞而不怨。』

真德秀曰：『等而上之。諸侯而不諫，則使其親得罪於國人。天子而不諫，則使其親得罪於天下。』

養父母

《詩》：將母來諗。

《論》：今之孝者，是謂能養。

《孟》：曾子養曾皙，必有酒肉。將徹，必請所與。問有餘，必曰：『有。』曾元養曾子，必有酒肉。將徹，不請所與。問有餘，曰：『亡矣。』將以復進也。所謂養口體者也。若曾子者，可謂養志也。養生者，不足以當大事。孝子之至，莫大乎尊親。尊親之至，莫大乎以天下養。爲天子父，尊之至也。以天下養，養之至也。

孝子之養老也，樂其心，不違其心。樂其耳目，安其寢處，以其飲食忠養之。

杜詩：敢忘二疏歸，痛迫蘇耽井。

蘇耽母謂耽曰：『何以存活？』耽曰：『庭中井边，橘葉可以代養。』言九齡數乞歸養不得，故曰痛迫。

《書》：孝養厥父母。

《論》：子游問孝子。曰：『今之孝者，是謂能養。至於犬馬，皆能有養。不敬，何以別乎？』

曾子之養，楊范之養。

曾子曰：往而不可還者，親也。至而不可加者，年也。是故孝子欲養而親不待也，［木欲直］而時不待也。是故椎牛而祭墓，不如鷄豚逮親尊存也。故吾嘗仕齊爲吏，禄不過鍾釜，尚猶欣欣。而吉古者，非以爲多也。樂其逮親也。［既沒之後，吾嘗南］遊於楚，得尊官焉。［猶北］鄉而涕泣者，非爲賤也，悲不逮吾親也。〔一〕《韓詩外傳》。

楊范，字文端，齊人。齊宋之亂，母在賊中。採椹藏於地，夜取之進母，忽於地中得米十斛。上有字云：『米十斛，賜孝子。』楊范以資給母。《風俗通》。

陳紀之養，程堅之養。

陳紀，字元方。至德絶俗，烝烝乞養，不離左右。豫州刺史嘉其至行，表上尚書，畫像百城。《先賢傳》。

程堅，字謀甫，南陽人。居貧，以磨鏡給養。母喪，哀號。櫪下有馬，每聞堅哭，輒泪出，暫輟芻草。《魏略》。

邢渠之養，崔渾之養。

邢渠失母，與父仲居。往至孝，貧無子，庸以給父。父齒落不能食，渠自哺之。仲齒落更生，百餘歲乃卒。《孝子傳》。

崔渾爲侍御使，清白温恭，能盡色養。父母少不康，輒祈幽，請以身代。母嘗有疾，跪請受病。有頃，覺病從十指入，俄而遍身，母遂愈。父艱，勺飲不入口，毁瘠骨立，不勝其哀

〔一〕今按：此條文字有殘缺。據《韓詩外傳》卷七補十二字。

而卒。《僉載》。

《孝思賦》：劉鎮就養而不暇，常遠汲，而力寡。告節感而幽靈，醴泉生於竈下。

《孟》：世俗所謂不孝者五：惰其四肢，不顧父母之養，一不孝也。博奕好飲酒，不顧父母之養，二不孝也。好貨財，私妻子，不顧父母之養，三不孝也。

《坊記》：子云：『小人皆能養其親，君子不敬，何以辨？養可能也，敬爲難。敬可能也，安爲難。』

事父母

《爾雅》：善事父母爲孝。

《論》：子夏曰：『事父母能竭其力。』子曰：『生，事之以禮。事父母幾諫。』

《孟》：事孰爲大？事親爲大。孰不爲事？事親，事之本也。事親若曾子者，可也。

舜盡事親之道而瞽瞍底豫。

爲人子者懷利以事其親〔一〕。爲人子者懷仁義以事其親〔二〕。

《中》：所求乎子以事父，未能也。

《曲禮》：嚴威儼恪，非所以事親。

事親孝，故忠可移於君。愛敬盡於事親，此天子之孝也。

孝子之事親，居則致其敬。

事親有隱而無犯，左右就養無方。

周公之事文王也，行無專制，事無由己，身若不勝衣，言若不出口。

子路之嘆，懿子之問。

子路曰：『負重涉遠，不擇地而休。家貧親老，不擇祿而仕。昔者，由也事二親之時，常食藜藿之實，爲親負米百里之外。親没之後，南遊於楚。從車百乘，積粟萬鍾。累茵而坐，列鼎而食。願欲食藜藿、爲親負米，不可復得也。』

孔子曰：『由也事親，可謂生事盡力，死事盡思者也。』《新序》。

〔一〕今按：『親』，《孟子・告子下》作『父』。

〔二〕同上。

孟懿子問孝。子曰：『無違。生事之以禮，死葬之以禮，祭之以禮。』

真德秀曰：『《孝經》：君子之事親也，居則致其敬，養則致其樂，病則致其憂，喪則致其哀，祭則致其嚴。』

《祭義》：仁人之事親也，如事天。事天如事親。

真德秀曰：『親即天也，天即親也。其所以事之者，豈容有二哉？嚴威儼恪，非所以事親也。』

慕父母

《詩》：何辜於天？我罪伊何？天之生我，我辰安在？《小弁》。

《孟》：親之過大而不怨，是愈疏也。親之過小而怨，是不可磯也。愈疏，不孝也。不可磯，亦不孝也。

『舜往於田，號泣於旻天，[何爲其號泣]也〔一〕？』孟子曰：『怨慕也。五十而慕者，予

〔一〕今按：此處文字有殘缺，據《孟子·萬章上》補五字。

於大舜見之矣。』

人子之孝

《大學》：上老老而民興孝。

《河圖》：孝順二親，得算二千。

《易》：蠱，初六，幹父之蠱，有子考，無咎。象曰：幹父之蠱，意承考也。

真德秀曰：『《易》雖通言人子之道，其在王者，承祖考之業，則幹蠱之尤大者也。』

九二，幹母之蠱，不可貞。象曰：幹母之蠱，得中道也。

真德秀曰：『君事母后，尤不可不知此義。』

孟懿子問孝子。曰：『無違。』孟武伯問孝子。曰：『父母惟其疾之憂。』《見上》。

真德秀曰：『人主之身，宗廟社稷之所託，其責尤重。』

漢文欲馳下峻復，袁盎曰：『奈高廟太后何？』

子游問孝子。曰：『是謂能養。』《見上》。

子夏問孝：子曰：『色難。有事，弟子服其勞。有酒食，先生饌。曾以爲孝乎？』

真德秀曰：『慶雲甘雨，天之喜也。迅雷烈風，天之怒也。善事天者，必於此焉察之。父母者，子之天地。察之可不謹乎？』

《禮記》：『爲人子者，聽於無聲，視於無形。』

真德秀曰：『孝子之心，惟恐纖介之差，須臾之失。故其潛觀默察，至於如此。』

《祭義》：有深愛者，必有和氣。有和氣者，必有愉色。有愉色者，必有婉容。孝子如執玉，如奉杯，洞洞屬屬，如不勝，如將失之。嚴威儼恪，非所以事親也。

真德秀曰：『愛根於中者深，然後發於氣，動於色，見於容者，如此，非可以僞爲也。』

曾子曰：『孝有三。大孝尊親，其次不辱，其下能養。』公明儀曰：『夫子可以爲孝乎？』曾子曰：『君子之所謂孝者，先意承志，諭父母於道，參直養者也。安能爲孝？』

真德秀曰：『猶臣之事君，格其非心，而引之當道也。親有疾，飲藥，子先嘗之。醫不三世，不卜其藥。』

真德秀曰：『《春秋》書「許世子止弑其君買。」傳：許悼公虐，飲世子止之藥而卒。書曰「弑其君者止」，不嘗藥也。』

曾子曰：『身也者，父母之遺體也。行父母之遺體，敢不敬乎？居處不莊，非孝也。事君不忠，非孝也。涖官不敬，非孝也。朋友不信，非孝也。戰陣無勇，非孝也。烹熟膻香，嘗而薦之，非孝也，養也。君子之所謂孝也者，國人稱願，而曰幸哉，有子如此，所謂孝也已。』

衆之本教曰孝，言孝爲教衆之本。其行曰養。養可能也，敬爲難。敬可能也，安爲難。安可能也，卒爲難。父母既没，慎行其身，不遺父母惡名，可謂能終矣。仁者，仁此者也。禮者，履此者也。義者，宜此者也。信者，信此者也。强者，强此者也。樂自順此生，刑自反此作。

曾子曰：『夫孝，置之而塞乎天地，溥之而横乎四海。施諸後世，而無朝夕。推而放諸東海而准，推而放諸西海而准，推而放諸南海而准，推而放諸北海而准。』注：置者，直而立之。溥者，敷而散之。施，言其出無密。推，言其進不已。放，與《孟子》『放乎四海』之『放』同。准，言人以是爲准。

孝有三：小孝用力，庶人躬耕。中孝用勞，諸侯、卿大夫、士，功勞及物。大孝不匱，博施備物。聖人達孝。博施，德教加於百姓。備物，四海各以其職來助祭。

父母既没，必求仁者之粟以祀之。此之謂禮終。

子曰：孝子之喪親也，哭不偯，聲不委曲。禮無容，不爲容儀。言不文，聞樂不樂。服美不安。食旨不甘。此哀戚之情也。三日而食，毁不滅性。此聖人之政也。喪不過三年，示民有終也。爲之棺椁衣衾而擧之，陳其簠簋而哀戚之，檡踊哭泣，哀以送之。卜其宅兆，而安厝之。爲之宗廟，以鬼享之。春秋祭祀，以時思之。生民之本盡矣，死生之義備矣，孝子之死親終矣。

真德秀曰：『子生三年，然後免於父母之懷。夫三年之喪，天下之通喪也。』

《孟》：哭泣之哀，吊者大悅。

《論》：子曰：『父在，觀其志。父没，觀其行。三年無改於父之道，可謂孝矣。』

真德秀曰：『以人君言之，武王繼文王之志，則終身無改者也。宣王承厲王之烈，則不待三年而改者也。若可繼，雖不若文，而當改，又不如厲。則孔子之所謂「三年無改」者也。』

《禮記》：霜露既降，君子履之，必有悽愴之心，致齊於内。雨露既濡，君子履之，必有怵惕之心，散齊於外。齊三日，必見其所爲。齊者，先王之孝也。色不忘乎目，聲不絶乎耳，心志嗜欲不忘乎心。君子生則敬養，死則敬享。文王之祭也，事死者如事生，思死者如不欲生，忌日必哀。稱諱如見親，祀之忠也。君子有終身之喪，忌日之謂也。故忌日不樂。

真德秀曰：『忌日之名，始見於此。父母之喪雖久，至於忌日，則必以居喪之禮處焉。古之聖王，能盡此道者，其惟文王乎？』

父母之所愛，亦愛之。父母之所敬，亦敬之。犬馬盡然，而况於人乎？

真德秀曰：『晉武惑馮紞之讒，不思太后丁寧之言，而疏齊王攸。唐高溺武氏之寵，不念太宗顧託之命，而殺長孫無忌。《禮》經之罪人也。』

《坊記》：子云：『從命不忿，微諫不倦，勞而不怨，可謂孝矣。』

孔子曰：『身也者，親之枝也。敢不敬與？不能敬其身，是傷其親。傷其親，是傷其本。傷其本，枝從而亡。』

真德秀曰：『身也者，父母之遺體也。行父母之遺體，敢不敬乎？』

《論語》記曾子之言曰：『戰戰兢兢，如臨深淵，如履薄冰。』

《祭義》：曾子曰：『樹木以時伐焉，禽獸以時殺焉。』

夫子曰：『斷一樹，殺一獸，不以其時，非孝也。』

真德秀曰：『仁孝同源。故孝者必仁，仁者必孝。木不妄伐，獸不妄殺，此仁也，亦孝也。若斷之殺之不以其時，則是無仁心矣。安有不仁而能孝者耶？』

武王數紂之罪曰：暴殄天物。人君享天下之奉，苟殉其侈欲之心，用物無節，是則所謂暴殄也，是則所謂不孝也。物猶如此，况於骨肉之親，民生之類，其親之仁之，又當何若耶？秦二世疏忌同姓，漢武帝以一馬興師，六公子矺死於杜，暴骨萬里之外，其爲一木一獸，不幾多乎？此又不孝之尤者也。

陽玉，郭金。

《搜神記》：陽公雍伯，洛陽人，性至孝。廬墓於無終山，神人與石子一斗，種之，數歲，得白璧一雙，號玉田。

簡齊〔一〕：吾聞陽公之田，不墾不耕，爰播盈斗，可獲連城。

郭巨埋子，得金釜。書曰：『天與孝子郭巨黄金一釜，官不得奪，人不得爲。』

薛包至行，王祥至孝。

漢安帝以薛包爲侍中，不拜。汝南薛包，少有至行。云云。父母亡，弟子求分財。奴婢引其老者，田廬取其荒頓者，器物取其朽敗者。書法：書，予之也。

魏王祥至孝。繼母朱氏遇之無道，祥愈恭謹。朱氏子覽，年數歲，每見祥被捶，輒泣涕。虐使祥妻，覽妻亦趨之。母密使酖祥。覽取酒佯不與。漢末隱居三十餘年，母終，毁瘠杖而後起。徐州刺史吕虔檄爲别駕，政化大行。時人歌曰：海沂之康，猶賴王祥。郡國不空，别駕之功。

〔一〕今按：『簡齊』，即陳與義。陳與義，號簡齋，宋代詩人。齊，通『齋』。

以父死之非命，喪四十而不除。

魏王肅。高祖曰：『三年之喪，賢者不敢過。』命肅以祥禫之禮除喪。然肅猶素服，不聽樂終身。

嵇紹，王裒。

晋以嵇紹爲秘書丞，康之子也，屏居私門。山濤薦，徵之，欲不就。濤曰：『四時猶有消息，况於人乎？』乃應命。

東關之敗，文帝問：『近日之事，誰任其咎？』王儀對曰：『責在元帥。』文帝怒，斬之。儀子裒痛父非命，隱居教授，未嘗西向而坐。廬於墓側，攀柏悲呼。涕淚着樹，樹爲之枯。讀《詩》，至『哀父母生我劬勞』，未嘗不三復流涕。門人爲之廢《蓼莪》。家貧，計口而田，度身而蠶。人或饋之，不受。助之，不聽。諸生密爲刈麥，輒棄。不仕而終。

司馬公曰：『昔舜誅鯀，而禹事舜，不敢廢。至公也。嵇康、王儀死，皆不以其罪。二子不仕晋室，可也。嵇紹苟無蕩陰之忠，殆不免於君子之譏乎？』

孝至矣，一言而該。聖人不加焉。父母，子之天地與？無天何生？無地何形？事父母同知不足者，其舜乎？不可得而久者，事親之謂也。《新序》。

曾子，樂正子。

《詩·王風》：中谷有蓷。陸機云：《韓詩》及『三蒼』皆云『益母也』。故曾子見益母而感。《本草》。

曾子［攀柩車，引輴者爲之止也。《淮］〔二〕南》。曾子行孝，枯井涌泉。

樂正子春下堂而傷足，瘳而數月不出，猶有憂色。曰：『吾聞之曾子，曾子聞之仲尼，父母全而生之，子全而歸之，不虧其身，不損其形，可謂孝矣。君子無行咫步而忘之。余忘孝道，是以憂。』故曰：身者非其私躬也，嚴親之遺躬也。《呂》。

曾參，紀邁。

曾參食魚，甚美，因吐之，曰：『母在之日，不知生魚味。今我食味，故吐之。』遂終身不食。《孝子傳》。

紀邁，廬江人，本姓舒，以五月五日生，母棄之。村人紀淳妻趙氏養之。年十歲，傭力所得，輒分二母各半。淳亡，斬衰三年。本父母亡，齊衰，心喪三年。母齎酒米往昏家，逢醉人打趙，體悶，忽有一狗直至，銜邁衣，心動走赴，邁殺二醉人。趙歸得平，乃詣縣首，令宥之。乃誓不娶。邁寢，忽有一女，言姓衛，昨忽暴死。天神矜君無妻，故使相報。母子至

〔一〕今按：此處文字有殘缺。據《淮南子·説山訓》補十一字。

衛門送喪，上車，牛不肯動。主人開柩，女有氣息，且説始末，如趙所言。遂爲夫婦。趙卒，邁絶復蘇者日數四。邁五十，嘗病，幾死。夢神曰：君行至孝，延歷將得百歲。果九十七而卒。《孝子傳》。

梁武帝《孝思賦》：顧長沙之臨湘，有古初之道始。時父没而未葬，遇鄰火之卒起。乃伏棺而長號，雨暴至而火死。見《東觀記》。

又何琦其亦然，獨柩屋而令止。《晋中興書》。

《書》：恪慎克孝，惟爾令德孝恭。微子。

《詩》：永言孝思，孝思維則。遹追來孝。君子有孝子。孝子不匱，永錫爾類。有孝有德，綏予孝子。永世克孝。靡有不孝。

閔子騫之孝哉，盛彦之之至孝。

《論》：子曰：孝哉閔子騫。人不間於其父母昆弟之言。

吴中書郎盛彦之至孝。母王氏失明，婢取蠐螬蒸食之。母甚以爲美，不知是何物。既而問婢，婢曰：『蠐螬。』彦抱痛哭，母自〔一〕霍然立開。《志怪》。

〔一〕　今按：『自』，當爲『目』。《太平御覽・人事部・孝感》作『目』。

身體髮膚，受之父母，不敢毁傷，孝之始也。立身行道，揚名於後世，以顯父母，孝之終也。夫孝始於事親，中於事君，終於立身。自天子至於庶人，孝無終始。而患不及者，未之有也。

五刑之屬三千，罪莫大於不孝。

《孟》：世俗所謂不孝者五：惰其四肢，不顧父母之養，一不孝也。博奕，好飲酒，不顧父母之養，二不孝也。好貨財，私妻子，不顧父母之養，三不孝也。縱耳目之欲，以爲父母戮，四不孝也。好勇鬥狠，以危父母，五不孝也。

不孝有三，無後爲大。

趙氏曰：『於禮，有不孝者三事。阿意曲從，陷親不義，一也。家貧親老，不爲禄仕，二也。不娶無子，絶先祖祀，三也。』

務本莫貴於孝。人主孝則名章榮，下服聽，天下譽。人臣孝則事君忠，處官廉，臨亂死。士民孝則耕耘疾，守戰固，不罷北。夫孝，三皇五帝之本務，而萬事之紀也。夫執一術而百善至，百邪去，天下從者，其惟孝也。《吕覽》。

卿大夫孝曰譽。譽之爲言名也。卿大夫言行布滿，能無惡稱，譽達遐邇，則其親獲安，故曰譽也。士孝曰究。究者，以明審爲義，士始升朝，辭親入仕，能審事父事君之禮，則其親獲安，故曰究也。庶人孝曰畜。畜者，含畜爲義。庶人含情受樸，躬耕力作，以畜其德，則其親獲安，故曰畜也。《援神契》。

庶人孝則水出神魚。上。

和嶠生孝，王戎死孝。

趙雋之孝。蔡邕之孝。

趙雋，字伯奇，平陽人。父晡〔一〕嗜酒，横卧道中，雋迎之。時冱寒，脱衣覆之。山多熱獸，有豹，爲之岐〔二〕道而去。父卒，自营丘封。有白鵲遊冢棗樹。母卒，葬母，貧鬻其子。夜夢一人曰：『舍東有錢百萬。』及朝，手掘之，果得錢。《史》。

蔡邕，字伯喈。性篤孝。母病三年，自非寒暑節變，未嘗解襟帶，不寢寐者七旬。

直言之孝，周青之孝。

賈直言，父道冲，以伎術得罪，賜酖於路。直言僞令其父，拜四方辭上下神祇，即取其酖以飲，遂迷伏［而死。明日］，酖泄［於足而复］蘇。代宗［聞之，減父死］。直言自此病

〔一〕今按：『晡』，《太平御覽》卷四一一引《史系》作『聃』。

〔二〕今按：『岐』，《太平御覽》卷四一一引《史系》作『歧』。

躄。〔一〕《舊唐》。太和初，授絳郡太守。自云：始飲酖，志在必死。忽然覺毒沿五内至支節，其痛愈於鑽灼。［摩頂旋踵，不可名狀］〔二〕。

周青，東郡人。母疾積年，村里歛錢，營助湯藥。母痊，許女同郡周少君。少君疾病，未獲成禮，俄而命終。青往爲婦，十餘年中，公姑感之，勸令更嫁。誓以匪石。公姑自殺。女告青害。縣牧拷掠，遂以誣款。七月，刑青於市。青謂監殺曰：『乞樹長竿白幡，青若殺公姑，血入泉。不殺者，血上天。』血乃緣幡上天。王紹之《孝子傳》。

《漢書》：于公辨孝婦之冤。相傳行刑青，血上，復緣幡而下云。《搜神記》。

兖州曲阜縣高平鄉九原里至人蘭公，家族百口，精專孝行，感動乾坤。忽有斗中真人下降蘭公之舍，自稱孝悌王。云：『居日中爲仙王，月中爲明王，斗中爲孝弟王。夫孝至於天，日月爲之明。孝至於地，萬物爲之生。孝至於民，王道爲之成。吾於上清己下，託化人間，亦陳孝悌之教。後晉代嘗有真仙許遜，傳吾孝道之宗，是爲衆仙之長。』因付蘭公真仙至道秘旨傳。

〔一〕 今按：此條文字有殘缺，據《舊唐書》卷一百八十七補十三字。
〔二〕 今按：此處文字有殘缺，據《太平御覽》卷四百一十四補八字。

孔子行，聞哭聲甚悲。孔子曰：『驅之，前有賢者。』至，則皋魚也。被褐擁鎌，哭於道傍。孔子避車與之言曰：『子非有喪，何哭之悲也？』皋魚曰：『吾失之三矣。少而學，遊諸侯，以殁吾親，失之一也。高尚吾志，間吾事君，失之二也。車友厚而少絶之，失之三也。樹欲静而風不止，子欲養而親不待也。往而不可得見者，親也。吾請從此辭矣。』立槁而死。孔子曰：『弟子誡之。足以識矣。』於是門人辭歸而養親者十有三人。《韓詩外傳》。

杜詩：南登吟白華。《詩·白華》，歌孝子潔白。又：聖朝新孝理。

紐回之麻，士雄之槐。

紐回，字孝政，性至孝。周武成中，父母喪，廬於墓側。廬前生麻一株，高丈許，圍合拱，冬夏恒青。武帝表廬。子士雄，喪父，復廬於墓前。庭前一槐樹，先甚鬱茂，喪遂枯死。服闋還宅，死樹復榮。高祖下詔褒揚，號其所居爲累德里。《隋書》。

附：孝弟

《書》：立愛惟親，立敬惟長。

《記》：孔子曰：立愛自親始，教民睦也。立敬自長始，教民順也。教以慈睦，而民貴有親。教以敬長，而民貴用命。孝以事親，措諸天下。順以聽命，無所不行。《書》。

矧惟不孝不友。惟孝，友於兄弟。《書》。

侯誰在矣，張仲孝友。《詩》。

其爲人也孝悌，而好犯上者，鮮矣。入則孝，出則弟。《論》。

孝舜[一]之道，孝弟而已矣，是亦教之孝弟而已矣。《孟》。

孝者，所以事君也。弟者，所以事上也。上老老而民興孝，上長長而民興弟。《大》。

《祭義》：孔子曰：至孝近乎王，至悌近乎霸。至孝近乎王，雖天子必有父。至悌近乎霸，雖諸侯必有兄。孝悌之根本，立乎一家；王霸之功業，周乎天下。石梁：王孝霸弟，此非孔子之言。

朝廷同爵則尚[齒][二]，七十杖於朝，八十不俟朝，而弟達乎朝廷矣。行肩而不並，不錯則隨，見老者則車徒避，斑白者不以其任行乎道路，而弟達乎道路矣。居鄉以齒，而老窮不遺，强不犯弱，衆不暴寡，而弟達乎州巷矣。五十不爲甸徒，田獵卒徒。班禽隆諸長者，而弟達乎搜狩矣。軍旅作伍，同爵則尚齒，而弟達乎軍旅矣。孝弟發諸朝廷，行乎道路，至乎

[一] 今按：『孝舜』，《孟子・告子下》作『堯舜』。
[二] 今按：『齒』，原缺，據《禮記・祭義》補正。

州巷，放乎搜狩，修乎軍旅，衆以義死之，而不敢犯也。

《坊記》：子云：孝以事君，弟以事長，示民不貳也。

［杜詩］：群書萬卷常暗誦，［孝經］一通看在手。〔一〕王季友，孝友之美。

子

《内則》：大夫之子有食母，士之妻自養其子。子能食食，教以右手。能言，男唯女俞。二十博學不教，内而不出。三十而有室，始理男事。

《小儀》：問大夫之子長幼。長，則曰能從樂人之事矣。幼，則曰能正於樂人、未能正於樂人。問士之子長幼，長，則曰能耕矣。幼，則曰能負薪、未能負薪。

《哀公問》：孔子曰：『子也者，親之流也。敢不敬與？』

《周禮・大司樂》：以教國子。

《易・蒙》：子克家，剛柔接也。

〔一〕今按：此條有殘缺，據上海古籍出版社《全唐詩》卷二百二十二杜甫《可嘆》詩補『杜詩、孝經』四字。

《書》：啓呱呱而泣，予不子。

《詩》：有子七人，母氏勞苦。育子之憫斯，以弗無子。

《論》：才不才，亦各言其子也。又聞君子之遠其子也。

號之曰牛，豺狼之聲。

《昭四》：初，穆子及庚宗，魯地。遇婦人，使私爲食而宿焉。夢天壓己，顧而見人，黑而上僂，深目而猳喙，號之曰『牛』。魯人召之，不告而歸。所宿，庚宗之婦人。獻以雉，問其姓。對曰：『余子長矣。』未問其名，召而見之，則所夢也。號之曰『牛』，曰：『唯。』

《昭廿八》：叔向生伯石。姑視之，聞其聲而還。曰：『是豺狼之聲也。』

高陽高辛之子，帝鴻顓頊之子。

季文子曰：昔高陽氏有才子八人，蒼舒、隤敳、擣戭、大臨、尨降、庭堅、仲容、叔達，齊聖廣淵，明元篤誠，天下之民謂之八愷。高辛氏有才子八人，伯奮、仲堪、叔獻、季仲、伯虎、仲熊、叔豹、季狸，忠肅共懿，宣慈惠和，天下之民謂之八元。

昔帝鴻氏有不才子，掩義隱賊，好行凶德，頑嚚不友，是與比周。天下之民謂之渾敦。驩兜，渾敦，不開通之貌。少皞氏有不才子，毁信廢忠，崇飾惡言，靖譖庸回，服讒搜慝。天下之民謂之窮奇。共工，其行窮，其好奇。顓頊氏有不才子，不可教訓，不知話言，告之則頑，心不則德義；舍之則嚚，口不道忠信。天下之民謂之檮杌。鯀，頑凶，無疇匹之貌。縉雲氏有不才子，黄帝時官。貪於飲食，冒於貨賄，侵欲崇侈，聚斂積實，天下之民謂之饕餮。貪財爲饕，貪食爲餮。

鬥穀於菟，狼子野心。

《宣四》：初，若敖娶於䢵，國。生鬥伯比。若敖卒，從其母畜於䢵。淫於䢵子之女，生子文焉。䢵夫人使棄諸夢中。虎乳之，遂使收之。楚人謂乳『穀』，謂虎『於菟』，故名之曰『鬥穀於菟』。以其女妻伯比。實爲令尹子文。

楚司馬子良生子越椒。子文曰：『必殺之。是子也，熊虎之狀，而豺狼之聲。不殺，必滅若敖氏矣。諺曰：「狼子野心。」是乃狼也，其可畜乎？』

楚靈王之公子，季武子之悼子。

楚王聞群公子之死也，自投於車下。曰：『人之愛其子也，亦如余乎？』侍者曰：『甚焉。小人老而無子，知擠於溝壑矣。』王曰：『余殺人子多矣，能無及乎？』《昭十三》。

《襄廿三》：季武子無適子。公彌鉏。長，而愛悼紇。子，欲立之。臧紇召悼子，逆之。季氏以公鉏爲馬正，慍而不出。閔子馬曰：『爲人子者，患不孝，不患無所。敬共無常〔一〕，

〔一〕今按：『敬共無常』，《左傳・襄公二十三年》作『敬共父命』。

何常之有？若能孝敬，當倍季氏可也。奸回不軌，禍倍下民可也。』

其子已喪夫人之力，觸龍願補黑衣之缺。

《昭十》：昭子曰：『爲人子者，不可不慎也哉？子尾多受邑，而稍致諸君。君以爲忠，而甚寵之。其子不能任，是以在此。忠爲令德，其子不能任。喪夫人之力，棄德曠宗，以及其身，不亦害乎？』子良夏來奔。

左師觸龍見太后。曰：『老臣賤息舒祺，最少，臣切憐之。願補黑衣之缺。』后曰：『丈夫亦愛小子乎？』曰：『甚於婦人。』《戾太子傳》。

良弓之子必學爲箕，良冶之子必學爲裘。《記》。

□□□□□君子者，大夫及公子之嫡妻之子。□□□□□姑姊妹女公子〔一〕，已嫁而反。〔二〕

《内則》：子生，男子設弧於門左。女子設帨於門右。三日始負子，男射女負。三十而有室，始理男事。

〔一〕今按：『女公子』，《禮記・曲禮》及《禮記・坊記》篇均作『女子子』。
〔二〕今按：此條文字有殘缺。

十之年，猶必再娶。然此謂大宗之無子。父或子幼者，若有子有婦，可傳繼者，則祈矣，七十可不娶矣。愛小子，欲殺舜，立其子不爲比。〔一〕

[《禮記・曾子问》：孔子曰]：宗子雖七十，無主婦。非宗子，雖無主婦，可也。雖七

《詩》：父曰嗟，余子行役。母曰嗟，余季行役。

朱子曰：季，小子也。尤憐愛小子者，婦人之情也。

劉表，袁紹。

二子琦、琮，愛琮而惡琦。琦與諸葛亮謀自安之術。曰：『君不見申生在内而危，重耳在外而安乎？』見『繼母』。琦意感悟。

袁紹有三子，譚、尚。紹後妾劉氏愛尚，紹欲以爲後。乃以譚繼兄後。沮授諫曰：『世稱萬人逐兔，一人獲之，貪者悉止，分定故也。譚當爲嗣而斥使居外，禍其始此矣。』紹薨，審配等矯紹命，奉尚爲嗣。譚自稱車騎將軍。曹操攻譚，尚自將助之。發明：紹既敗亡，初不足道，然必書。幼子襲州，長子出屯者，所以爲後世廢長立幼之戒，且以見譚尚交攻之由耳。

〔一〕今按：此條文字有殘缺，據《禮記・曾子問》補八字。

杜詩《徐卿二子歌》：君不見，徐卿二子生絶奇，感應吉夢相追隨。孔子釋氏親抱送，並是天上麒麟兒。大兒九齡色清澈，秋水爲神玉爲骨。小兒五歲氣食牛，滿堂賓客皆迴頭。吾知徐公百不憂，積善衮衮生公侯。丈夫有如此二子〔一〕者，名位豈肯卑微休？

杜詩《貽主客郎賢子棐》：鍊金歐冶子，噴玉大宛兒。符彩高無敵，聰明達所爲。夢蘭他日應，折桂小年知。爛熳通經術，光芒刷羽儀。謝庭瞻不遠，潘省會於斯。唱和將雛曲，田翁號鹿皮。

《遣興》：驥子好男兒，前年學語時。問知人客姓，誦得老夫詩。世亂憐渠小，家貧仰母慈。鹿門携不遂，雁足繫難期。天地軍麾滿，山河戰角悲。儻歸免相失，見日敢辭遲。

《示宗武》：覓句新知律，攤書解滿床。試吟青玉案，莫帶紫羅囊。假日從時飲，明年共我長。應須飽經術，已似愛文章。十五男兒志，三千弟子行。曾參與游夏，達者已升堂。

騄驥皆良馬，麒麟帶好兒。

〔一〕今按：『二子』，上海古籍出版社《全唐詩》卷二百一十九杜甫《徐卿二子歌》作『二雛』。

雙生子

《公羊》：古人生子，以後生爲兄。

《戰國策》：孿子之相似，惟其母知之。孿，雙生也。

《西京記》：霍將軍産二子。光曰：殷王祖甲生二子，以卯生囂，巳生良。以囂爲兄，以良爲弟。許莊公産二女，曰妜，曰茂。楚唐勤産二子，男曰貞夫，女曰瓊華。皆以先生爲長。近代鄭昌時文長倩並生二男。滕公二生二女。李黎生一男一女。並以前生爲長。霍氏亦以前生爲兄。《西京雜記》。

男

《記》：男子生，以桑弧蓬矢，以射天地四方。

《易》：家人，彖，男正位乎外。男女正，天地之大義也。震一索而得男，故謂之長男。坎再索而得男，故謂之中男。艮三索而得男，故謂之小男。震爲長男。

《孟》：帝使九男以事舜於畎畝之中。

《史》：九男事之，以觀其外。使九男與處，以觀其外。堯九男皆益篤。

《詩》：不見子都，乃見狂且。不見子充，乃見狡童。

維熊維羆，男子之祥。乃生男子，載寢之牀。載衣之裳，載弄之璋。其泣喤喤，朱芾斯皇，室家君王。

太姒嗣徽音，則百斯男。

杜詩：驥子好男兒。

十里香風五里花，弄璋消息報天涯。

喚婦推窗索錦牋，山翁要賦弄璋篇。

鬱葱佳氣夜充閭，始見徐卿第二雛。

抱送曾聞是仲尼，精神肌骨迥然奇。

屈指春歸三月餘，葱葱佳氣夜充閭。

詩人活計未全遷，德騎新生汗血駒。

犀插龍顱玉作肌，名郎風骨見來奇。

丹山生彩鳳，洼水産神駒。

天上星飛昴，人間岳降神。
石麟天上種，丹鳳穴中雛。
得來真虎子，攀處必龍鱗。
海上蟠桃[方結子]，月中仙桂[欲生枝]。[一]
[從來]老蚌珠成晚，[豈是長庚]夢到遲。[二]
老鳳得雛休恨晚，蟠桃結實不妨遲。
得得掌珠光合浦，磽磽頭玉絶崑岡。
終夕壽星騰瑞彩，今朝海蚌産明珠。
□□□□□□□，□□□頂試啼聲。[三]
君家積善由來久，當繼公侯袞袞傳。
《莊廿四》：御孫曰：『男贄，大者玉帛，小者禽鳥，以章物也。』
公侯伯子男執玉，諸侯世子附庸孤卿執帛，卿執羔，大夫執雁，士執雉。

[一] 今按：此處有殘缺，據北宋范祖禹《同安誕日賦小詩祝延》詩補『方結子、欲生枝』六字。
[二] 今按：此處有殘缺，據南宋李劉《賀晚生子》詩補『從來、豈是長庚』六字。
[三] 今按：此處殘缺十字。《百癡禪師語録》中有詩句云：『半夜石麟天上至，何須摩頂試啼聲。』録此備考。

子蓋父愆

《書》：王若曰：小子，胡惟爾率德改行，克慎厥猶，爾尚蓋前人之愆，惟忠惟孝，率乃祖文王之彝訓，無若爾考之違王命。

陳氏曰：有禹，故鯀得以郊。有安世延年，故張湯、杜周得不列於酷吏。

晋沈充之子，漢延年之子。

沈充之子勁，以其父死於逆亂，志欲立功，以雪父耻。見父子之親。元鳳元年，以張安世爲右將軍。杜延年爲太僕。書法：湯，周子也。二子可謂能蓋前人之愆矣。《綱目》書之，所以示勸也。

命郤缺而爲卿，舉蔡仲以爲卿。

《左》：臼季見冀缺耨，言諸文公曰：君請用之。公曰：『其父有罪，可乎？缺父冀芮欲殺文公。』對曰：『舜之罪也殛鯀，其舉也興禹。』文公以爲下軍大夫。反自箕，以二命命郤缺爲卿，復與之冀。還其父故邑。

《定四》：衛子魚曰：『管蔡啓商，惎毒。間王室。王於是乎殺管叔而蔡蔡叔。其子蔡仲，改行率德，周公舉之，以爲己卿士，見諸王而用之。』見上。

《論》：子謂仲弓曰：『犁牛之子騂且角，雖欲勿用，山川其舍諸？』

范氏曰：以瞽瞍爲父，而有舜。以鯀爲父，而有禹。古之聖賢，不繫於世累尚矣。子能改父之過，變惡以爲美，則可謂孝矣。

賀生子 麟兒，驥子，懸鈴投燕，騏驎子，鳳凰雛

充閭，弄璋。

晋賈充始生，其父逵曰：『後當有充閭之慶。』命其名曰充，字公閭。

《詩》：乃生男子，載弄之璋。

玉燕，石麟。

《開元遺事》：張説母夢一玉燕飛入懷中，因而有孕，生説。故人有『飛燕投懷』之句。

齊徐陵母夢五色雲化爲鳳，集左肩上，已而誕陵。寶誌摩其頂曰：『天上石麒麟也。』

杜牧詩曰：『骨清年少眼如冰，鳳羽参差五色層。天上麒麟時一下，人間不獨有徐陵。』是也。

望聰明，真英物。

坡詩：人家養子望聰明，我被聰明誤一生。惟願孩兒愚且魯，無灾無難到公卿。

桓温生未期，温嶠見之，曰：『此真有奇骨，可試啼。』及聞其聲，曰：『真英物也。』爲嶠所賞，故名曰温。

頭玉，掌珠。

李賀：頭玉磽磽眉刷翠，骨重神寒天廟器。一雙瞳子剪秋水，竹馬梢梢摇翡翠。

馬梵賀人得子，曰：『欣得掌中之一珠。』

盧朗溪詩：千載重逢泰運開，杲符蘭夢産英才。九苞彩鳳雲間現，半夜石麟天上來。皇國又添扶月手，儒林須築讀書臺。驗啼知是青雲器，囑付姮娥桂早栽。

無子

肸又無子，草不宜男。

《昭三》：叔向曰：『肸又無子，豈其獲祀？』

庾信賦：草不宜男。

絳人老而無子，揚雄老而無子。

《左》：絳縣人老而無子。

坡：揚雄老無子。

喪愛子而不憂，喪其子而喪明。

魏人有東門吴者，年四十一，愛子喪而不憂。曰：『吾無子時不憂，今與向日無子同，何憂焉？』

《檀弓》：子夏喪其子，而喪其明。曾子怒曰：『商！汝何無罪也？使西河之民疑汝於夫子，爾罪一也。喪爾親，使民未有聞焉，爾罪二也。喪爾子，喪爾明，爾罪三也。』

喪其子於嬴博，書莒人之滅鄫。

延陵季子適齊，於其反也，其［長］〔一〕子死，［葬］〔二〕於嬴博之間。［其坎深不至於泉，其殮以時服］〔三〕。既葬而封，廣輪掩坎，其高可隱也。横曰廣，直曰輪，下則僅掩坎，上則纔可隱。既封，左袒，右還其封，且呼者三，曰：『骨肉歸復於土命也。若魂氣，則無不之也，無不之

〔一〕今按：『長』，據《禮記・檀弓》補正。
〔二〕今按：『葬』，據《禮記・檀弓》補正。
〔三〕今按：此處原殘缺，據《禮記・檀弓》補十二字。

也。』而遂行。孔子曰：『延陵季子之於禮也，其合矣乎！』

《春秋·襄公六年》：莒人滅鄫。

《穀梁傳》：莒人滅鄫，非滅也，立異姓以莅祭祀，滅亡之道也。注：莒是鄫甥，立以爲後。

郭槐世孫，於氏養子。

賈充卒，無嗣。妻郭槐欲以外孫韓謐爲世孫。曹軫諫曰：『《禮》無異姓爲後之文。』帝許之，仍詔：『自非功如太宰，始封，無後者不得以爲比。』秦秀曰：『昔鄫養外孫，莒公子爲後。《春秋》書莒人滅鄫，絶父祖之血食，開朝廷之亂原。』

晋袁喬妻於氏，上表論養子。議曰：『鄙諺有之：「黄鷄生卵，烏鷄覆之。」但知爲烏鷄之子，不知爲黄鷄之兒。』小可以喻大。《通典》。

附：女

女者，未嫁之稱。《禮》曰：女者，如也。如男子之教。

《内則》：女子十年不出，母教，婉娩聽之。十有五年而笄，二十而嫁。有故，二十三年而嫁。

《易·屯二》：女子貞不字，十年乃字。象曰：十年乃字，反常也。

《蒙》：六三，勿用，取女。見金，夫不有躬。象曰：勿用，取女，行不順也。

《觀》：六二，窺觀，利女貞。象曰：窺觀女貞，亦可醜也。

《咸》：亨，取女，吉。男下女，是以取女吉也。

家人，利女貞。象曰：家人，女正位乎内。男女正，天地之大義也。

《姤》：女壯，勿用，取女。象曰：勿用，取女，不可與長也。

《睽》象：二女同居，其志不同行。

《革》象：二女同居，其志不相得曰革。

《漸》：女歸，吉。利貞。象曰：漸之進也，女歸吉也。

《書》：帝曰：女於時觀厥刑於二女，釐降二女於嬀汭，嬪於吴。帝曰：『欽哉！』

《孟》：帝使二女以事舜於甽畝之中，二女妻之，以觀其内。舜居嬀汭，内行彌謹，堯二女不敢以貴驕事舜親戚，甚有婦道。

《孟》：妻帝之二女，而不足以解憂。

《詩》：窕窈淑女，君子好逑。窈窕淑女，寤寐求之。窈窕淑女，琴瑟友之。窈窕淑女，鐘鼓樂之。

誰其尸之，有齊季女。

有女懷春，吉吉[一]誘之。白茅純束，有女如玉。

女子有行，遠父母兄弟。

静女其姝，俟我於城隅。静女其孌，貽我彤管。

女子善懷，亦各有行。

有女仳離，啜其泣矣。有女仳離，條其嘯矣。

於嗟女兮，無與士耽。女之耽兮，不可說也。

女曰鷄鳴，子興視夜。

有女同車，顔如舜華。有女同車，顔如舜英。

士與女，方秉蕳兮。女曰觀乎，士曰既且。維士與女，伊其相謔。贈之以芍藥。

摻摻女手，可以縫裳。

[一] 今按：『吉吉』，《詩經·召南·野有死麕》作『吉士』。

女執懿筐。女心傷悲。

女心傷止，征夫遑止。女心悲止，征夫歸止。

維虺維蛇，女子之祥。乃生女子，載寢之地。載衣之裼，載弄之瓦。無非無儀，維酒食是議。無父母詒罹。

巽一索而得女，故謂之長女。離再索而得女，故謂之中女。兑三索而得女，故謂之小女。

如宋致女，風無少女。

《成九》：季孫行父如宋致女。女嫁三月，又使大夫隨。加聘問，謂之致女，所以致成婦女，篤昏因之好。

庾信賦：風無小女。

出其東門，有女如雲。雖則如雲，匪我思存。出其闉闍，有女如荼。雖則如荼，匪我思且。

爰及姜女，聿來胥宇。

鄭吾犯之妹，齊兩祖之女。

《左》：鄭徐吾犯之妹美，公孫楚聘之矣。公孫黑，又使强委禽焉。犯請於二子，請使女擇焉。女自房觀之，曰：『子哲信美矣。抑子南夫也。夫夫婦婦，所謂順也。』適子南氏。

［齊有一女，二家求之。其家語其女曰：『汝］〔一〕欲東家則左袒，欲西家則右袒。』其女兩袒，曰：『願東家食而西家宿。』以東家富而醜，西家貧而美也。

自投堂下，推領州事。

［上柱國竇毅之女聞隋受禪，自投］〔二〕堂下，撫膺太息曰：『恨我不爲男子，救舅氏之患！』毅及襄陽公主掩其口，曰：『汝勿妄言，滅吾族。』及長，適唐公李淵。

晋惠光熙元年，五苓夷叛。寧州刺史李毅卒。女秀明達，有父風，衆推領州事。秀獎厲戰士，嬰城固守。城中粮盡，炙鼠拔草而食之。伺夷稍退，出兵掩擊，破之。

齊之女侍中，漢之女侍中。

齊天光五年，以陸女宣女侍中。書法：書之，爲後戒也。南漢以宫人盧瓊仙、黄瓊芝爲女侍中。

燕有女子之爲男，交趾女子之謀反。

〔一〕　今按：此處原有殘缺，據《太平御覽》卷三八二補十五字。

〔二〕　今按：此處有殘缺，據《太平御覽》卷一百七十五補十三字。

宋元嘉二年乙丑二月，燕有女子化爲男。魏主問群臣。傅權對曰：『西漢之末，雌鷄化雄，猶有王莽之禍。况今女化爲男，臣將爲君之兆也。』書法：燕之不能一紀，宜矣！

雌鷄化爲雄。書法：雌鷄化爲雄，異也。女化爲男，甚哉！

交趾女子徵側、徵貳反，略六十五城，自立爲王。馬援破斬之。

送姜氏於讙，棄女子於堤。

《穀梁·桓三》：《禮》，送女，父不下堂，母不出祭門，諸父兄弟不出闕門。父戒之曰：『謹慎從爾舅之言。』母戒之曰：『謹慎從爾姑之言。』諸母般申之曰：『謹慎從爾父母之言。』送女逾境，非禮也。

《襄二十六》：宋芮司徒生女，赤而毛，棄諸堤下。共姬之妾取以入，名之曰棄。長而美。平公入夕，共姬與之食。公見棄也而視之，尤。姬納諸御，嬖。

淳於意之女，沈氏子之女。

齊太倉令淳于意有罪，當刑。意有五女，隨而泣。意怒罵曰：『生女不生男，緩急，無可使者。』小女緹縈上書曰：『妾父爲吏，齊中稱其廉平。今坐法當刑，妾願入身爲官婢，以贖父刑罪。』上悲其意，除肉刑法。

吴興餘不鄉有女囚山，又曰女獄山。漢沈恢以柯田山水嘉甚，謀居。其女泄之於姻。

沈戎家奪之。恢憤其女，賺女歸寧，囚之苧溪之北山墟間。至死不悔，仍戒其後，三世不舉女。《圖經》。

孝女趙絡，孝女曹娥。

符縣長趙祉遣吏先尼和，永建元年。詣巴郡，没死成濡灘。子賢求喪不得。女絡，年二十五，乃乘小船至父没處，哀哭自沉。見夢告賢曰：至二十一日，與父俱出。至日，父子俱出。江上爲之立碑，以旌孝誠也。《水經》。

《後漢》作『叔先雄』。

孝女曹娥，上吴人。父盱，爲巫祝。漢安二年，迎伍君，逆濤而上，爲水所淹，不得其尸。娥年十四，投衣於水。祝曰：父尸所在，衣當沉。衣隨流至一處而沉，娥遂隨衣投江死。《列女傳》。經五日，抱父尸出。縣長度尚爲之改葬，邯鄲子禮爲之立碑。《會稽典録》。

緱氏女玉，子雅三女。

申屠蟠，字子龍。同郡緱氏女玉，爲父報讎，殺夫氏之黨。吏執玉，以告令。梁配欲論殺之。蟠諫曰：『玉之節義，足以感無耻之孫，激忍辱之子。』配乃爲讞減死。《後漢》。

蜀郡太守王子雅，有三女，無男，而家累千金。父没當葬，女自相謂曰：『今當安身玄宅，翳靈后土。冥冥絶後，何以彰吾君之德？』各出錢五百萬。一女築墓，二女各建石樓，以表孝思。《水經注》。

孝女李娥，荀崧小女。

宣城郡青陽縣有梅根冶孝女李娥。娥父，吴人，大帝時爲鐵官，冶以鑄軍器。一夕鍊金，竭鑪而金不出。娥父所損折，數過千萬。娥年十五，遂自投於鑪中。於是金液沸涌。娥所躡二履，浮出於鑪，身則化矣。溢於鑪口，其金汁塞鑪，而遂成溝渠。其所收金，凡億萬斤。吴俗，每冶銅鐵，必先爲娥立祠，享而祈福。《紀聞》。

荀崧小女灌，幼有奇節。崧爲襄陽太守，爲杜曾所圍。灌年十三，乃率勇士數十人，逾城突圍夜出，得入魯陽山獲免。[自詣平南將軍]〔一〕石覓乞師，[又爲崧書，與]〔二〕中郎將周訪請援。賊聞散走，灌之力也。《華陽國志》〔三〕。

謝女叫絶於被髮，張女先卒於父刃。

宋謝晦[女]爲彭[城王義康妃，聰明有才]貌，[被]髮徒跣，與晦訣曰：『阿父，大丈夫

〔一〕今按：此處有殘缺，據《晋書》卷九十六『列女傳』補『自詣平南將軍』六字。
〔二〕今按：此處有殘缺，據《晋書》卷九十六『列女傳』補『又爲崧書、與』五字。
〔三〕今按：出處有誤。此條見於《晋書》，不見於《華陽國志》。

當橫死戰場，奈何狼藉都市？』言訖叫絶，行人爲落泪。《南史》〔一〕

張稷長女楚瑗，適會稽孔氏，無子歸宗，至稷見害，女以身蔽父刃〔二〕，先父卒。《梁書》。

趙鏻之女，鄭路之女。

咸通六年，滄州鹽院吏趙鏻犯罪至死。有女，請隨父死。詔嘉之，兼減父之死。女又泣曰：『昔爲父所生，今爲官所賜。誓落髮奉佛，以報君王。』《文苑》。

鄭路昆仲，有爲江外官者。一夕，維舟江渚，群盜掩至。鄭即以金帛羅列岸上。賊云：『得侍御小娘子足矣。』女欣然請行。其賊具小舟載之而去。女謂賊曰：『吾家衣冠族，既爲汝妻，豈可無禮？』又指偕來二婢：『不若歸吾家。』賊自鼓棹載二妃而去，女即赴江死。《青瑣高議》〔三〕。

王蜀相周庠，在邛南幕中。時臨邛縣送失火人黄崇嘏下獄，便貢詩一章曰：『偶離幽隱住臨邛，行止堅貞比㵎松。何事政清如水鏡，絆他野鶴向深籠。』周覧詩，召見，稱鄉貢進

〔一〕今按：此條有殘缺，據《南史》卷十九《列傳第九》補正『女、城王義康妃、聰明有才、被』等十一字。

〔二〕今按：『女以身蔽父刃』，據《梁書》卷十六及《南史》卷三十一『父』爲衍文。

〔三〕今按：此條脱漏文字較多，致使文義大相徑庭。《青瑣高議》卷之三：『又指所偕來二婢曰：「公即以偷爲名，此婢不當有。我爲公計，不若歸吾家。」賊……即棄二婢，挾女鼓棹而去。女即赴江死。』

士，薦攝府司户參軍，遂欲以女妻之。崇嘏貢詩一篇曰：『一辭拾翠碧江涯，貧守蓬茅但賦詩。自服藍衫居郡椽，永抛鸞鏡畫蛾眉。立身卓爾青松操，挺志鏗然白璧姿。幕府若容爲坦腹，願天速變作男兒。』周驚駭詰問，乃黄使君之女，元未從人。《玉溪編事》。

荆棺峽壁隙有棺，以荆爲之。昔人有九子，父死不能葬。一女編荆爲棺。諺曰：九子不葬父，一女打荆棺。《古今注》。

《世説》：趙母嫁女，母敕之曰：『慎勿爲好。』女曰：『不爲好，可爲惡耶？』母曰：『好尚不可爲，而况惡乎？』

《淮南子》：人有嫁其女而教之者，曰：『爾爲善，善人疾之。』對曰：『然則當爲不善乎？』曰：『善不可爲，而况不善乎？』

《韓詩外傳》：孔子南遊，適楚，至於阿谷之隧。有處子佩瑱而浣者。孔子抽觴以授子貢曰：『善爲之辭。』子貢曰：『願乞以飲，以表我心。』婦人受子貢觴，迎流而挹之，奂然而棄之。從流而挹之，奂然而溢之。置之沙上，曰：『禮不親授。』子貢以告。孔子曰：『某知之矣。』抽琴去軫以授子貢，曰：『善爲之辭。』子貢曰：『願借子以調其音。』婦人曰：『吾鄙野之人也。僻陋而無心，五音不知，安能調琴？』子貢以告。孔子曰：『吾知之矣。』抽絺綌五兩以授子貢，曰：『善爲之辭。』子貢曰：『吾不敢以當子也，敢置之水浦。』婦人曰：『吾年甚少，何敢受子？子不早去，今竊有狂夫守之者矣。』詩曰：『漢有游女，不可求思。』此之謂也。

梁武帝《河中之水歌》：洛陽女子名莫愁，十五嫁爲盧家婦。

李商隱詩：如何四紀爲天子，不及盧家有莫愁？

唐詩：南國佳人字莫愁。

杜詩：越女天下白。

絶代有佳人，幽居在空谷。合昏尚知時，鴛鴦不獨宿。自恨不如。摘花不插髮，採動柏盈掬。節如柏不變。天寒翠袖薄，日暮倚脩竹。亦採柏之意。

《負薪行》：夔州處女髮半華，四十五年[一]無夫家。更遭喪亂嫁不售，一生抱恨堪咨嗟。土風坐男使女立，應當門户女出入。十有八九猶負薪[二]，賣薪得錢應供給。至老雙鬟只垂頭[三]，野花山葉銀釵並。筋力登危集市門，死生射利兼鹽井。面妝首飾雜啼痕，地

[一] 今按：『四十五年』，上海古籍出版社《全唐詩》卷二二一杜甫《負薪行》作『四十五十』。

[二] 今按：『十有八九猶負薪』，上海古籍出版社《全唐詩》卷二二一杜甫《負薪行》作『十猶八九負薪歸』。

[三] 今按：『頭』，上海古籍出版社《全唐詩》卷二二一杜甫《負薪行》作『頸』。

褊人〔一〕寒困石根。若道巫山女粗醜，何得此有昭君村？

烈女

截耳斷鼻。

曹爽從弟文叔妻，夏侯令女。早寡，無子，其父欲嫁之。令女截耳自誓。爽誅，其家上書絶昏，强迎以歸，復嫁之。令女又斷其鼻。曰：『吾聞，仁者不以盛衰改節，義者不以存亡易心。』［司馬懿聞而賢］之，［聽使乞子字養爲曹氏后］。〔二〕

梁緯之妻，秦主之后。

漢主聰獲魯充、梁緯，飲之酒，曰：『吾得子，天下不足定也？』充曰：『身爲晋將，國家喪敗，不敢求生。』曜曰：『義士也。』與之劍，令自殺。［梁纬妻辛氏，美色，曜召見，將妻之，

〔一〕今按：『人』，上海古籍出版社《全唐詩》卷二杜甫《負薪行》作『衣』。

〔二〕今按：此條有殘缺，據《資治通鑑》卷七十五補十六字。

辛氏大哭曰：『妾夫已死，义〔一〕不独生！』曜曰：『貞女也。』亦令〔二〕自殺。皆以禮葬之。毛氏罵且哭，萇殺之。

秦主登后毛氏，美而勇，善騎射。力戰，殺七百餘人。爲後秦所執。萇將納之。毛氏

書法：秦世氏耳，始書王兖，繼書徐嵩，此書毛氏，死節者凡三人。世亂識忠臣，信哉！終《綱目》，書烈婦二：孫翊妻徐氏，毛氏。

引斧斷臂，厲然不回。

歐陽公曰：五代時有王凝者，家青齊之間。爲虢州司户參軍以卒。妻李氏負其遺骸以歸。東過開封，止於旅舍，主人不納，牽其臂以出之。李氏仰天痛曰：我爲婦人，不能盡節，而此手被人所執耶？即引斧自斷其臂。見者爲之嗟嘆。開封尹聞之，白其事於朝。厚卹李氏，笞其主人。

晋陳氏女，名琬，家在查浦。年十六，饑疫之歲，父母相繼死没，唯有一兄傭賃自活。女容色絶美，士庶竟以金帛要之。女力操貞氣，未嘗有許。後值盧循之亂，賊衆將加凌逼，

〔一〕今按：此處有殘缺，據《資治通鑒》卷八十九補二十三字。

〔二〕今按：『令』，《資治通鑒》卷八十九作『聽』。

女厲然不回，遂以被害。《述異記》。

《詩・柏舟》：共姜。之死矢靡他。之死矢靡慝。

公無渡河，朝鮮津卒霍里子高麗玉所作。有一狂夫，亂流溺死。妻歌曰：『公無渡河！公終渡河。公墮而死，當奈公何？』曲終，亦投河而死。麗玉寫其聲。

李白《東海有勇婦》：東海有勇婦，何慚蘇子卿。學劒越處子，超然若流星。捐軀報夫讎，萬死不顧生。白玉耀素雪，蒼天感精誠。十步兩躩躍，三呼一交兵。斬首掉國門，蹴踏五藏行。割此伉儷憤，粲然大義明。北海李使君，飛章奏天庭。捨罪警風俗，流芳播滄瀛。名在烈女籍，竹帛已光榮。淳於免詔獄，漢主爲緹縈。津妾一棹歌，脱父於嚴刑。十子若不肖，不如一女英。

王蠋曰：烈女不更二夫。

賀生女

夢蛇，弄瓦。

設帨，光門。

《記》：生女則設帨於門右。
《詩》：乃生女子，載光之門。
門楣，閨秀。
《天寶遺事》：君看生女作門楣。言閨房之秀。
夢虺，夢月。
《詩》：維虺維蛇，女子之祥。
《漢》：元后母生政君，夢月入懷，政君，元后小字也。
出群，英詩。
喜溢門楣弄瓦詩，夢看寶月入懷時。姮娥降駕離金闕，婺女呈祥下綉帷。嬌奪春風花似質，纖拖曉霧柳如眉。他年豈是凡間婦？定入金門作貴妃。丹桂芬芳已兩枝，君看生女作門楣。巽索休言未足奇，門楣生彩應他時。昨夜祥光騰婺女，他時喜氣應門楣。屏雀他年看射中，想應金屋貯嬌娥。

僚婿

《爾雅》：兩婿相謂爲亞。

《詩》曰：瑣瑣姻亞。今江東人呼同門爲僚婿。《注》。

兩婿相謂爲亞者，每一人取姊，相亞次也，一人取妹，又並來，女氏，則姊夫在前，妹夫在後，亦相亞也。《釋名》。

爲友婿之所辱，怒蔡侯之不賓。

嚴助，漢武時爲中大夫。問居鄉里時，對曰：『家貧，爲友婿富人所辱。』上問所欲，對：『願爲會稽太守。』於是拜爲會稽太守。《漢書》。

蔡侯娶於陳，息侯亦娶焉。息嬀過蔡侯曰：『吾姨也。』止而見之，不賓。息侯怒，使謂楚文王曰：『伐我，吾求救於蔡而伐之。』楚子從之。《莊十一》。

叔隗季隗，大橋小橋。

重耳奔狄，翟人伐廧咎如，獲其二女叔隗、季隗。公子取季隗，以叔隗妻趙衰。《僖廿二》。

周瑜從孫策攻皖，得橋公兩女，皆國色。策納大橋，瑜納小橋。杜牧所謂『東風不與周郎便，銅雀春深鎖二橋』是也。

謝晦爲荆州刺史，登之爲衛軍長史。

庾登之。謝晦爲荆州刺史，仍爲衛軍長史。登之與晦俱曹氏婿，名位本同，一朝爲之佐，[意甚不愜。到廳唯言]：『即日恭到。』[初無感謝之]言。嘗於晦坐，誦《西征賦》云：『生有脩短之命，位有通塞之遇。』[一]

[《史記·滑稽列傳》：淳于]〔二〕髡者，齊之贅婿也。師古曰：謂之贅婿者，言其不當出在妻家，亦猶人身體之有肬贅，非應所有也。

《世説》：贅婿爲布袋。謂如入布袋，氣不得出也。或云：人家有女無子，恐世代自此絶，不肯嫁出，招婿以補其世代。

畫孔雀於屏，使其婿而殺。

隋長孫晟畫二孔雀於屏，令射，中目者爲婿。杜詩曰『屏開金孔雀』，謂此。

〔一〕今按：此條文字有殘缺，據《南史》卷三十五補十三字。
〔二〕今按：此處殘缺，據《史記·滑稽列傳》補八字。

《桓十五》：祭仲專，鄭伯使其婿雍糾殺之。將享諸郊，雍姬知之。謂其母曰：『父與夫孰親？』其母曰：『人盡夫也，父一而已。』遂告。祭仲殺雍糾。

婦翁冰清，女婿玉潤。

樂廣、衛玠語曰云云。

杜詩曰：『玉潤終孤立』，謂此。

《孟》：舜尚見帝，館甥於貳室。別宮。亦饗舜，迭爲賓主。

《禮》，妻父曰外舅。謂我舅者，吾謂之甥。堯以女妻舜，故謂之甥。

撫掌，坦腹。

温嶠曰：佳婿難得，但得如嶠。女撫掌大笑曰：『我固疑是老。』

郤鑑使門生求婿於王導。門生歸，謂鑑曰：『王氏諸年少并佳。然聞信至，咸自矜。唯一人，在東牀坦腹，獨若不聞。』曰：『此正佳婿也。』遂以女妻之。

杜詩《送大理封主簿五娘，親事不合，却赴通州。主簿前閬州賢子，余與主簿平章鄭氏女子，垂欲納采，鄭氏伯父京書至，女子已許他族，親事遂停》：禁臠去東牀，趋庭赴北堂。風波空遠涉，琴瑟幾虚張。渥水出騏驥，崐山生鳳凰。兩家誠款款，中道許蒼蒼。頗謂秦晋匹，從來王謝郎。青春動才調，白首缺輝光。玉潤終孤立，珠明得暗藏。餘寒折花卉，恨別滿江鄉。

徐廣曰：『倩，女婿也。』

漢高之婿，華譚之婿。

張耳子敖，立爲趙王。高祖長女爲趙王敖后。高祖過趙，趙王上食，有子婿禮。高祖過趙，詈甚慢易。《史》。

戴若思弟迫〔一〕，華譚女婿也。譚平生常抑淵而進[邈]〔二〕，若思每銜之。及用事，常毁譚於帝。《晋書》。

謝萬，王藍田之女婿；謝朓，王敬則之女婿。

謝中郎萬，王藍田女婿。嘗着白綸巾，至揚州廳事，見王，直言曰：『人言君侯癡，君侯信自癡。』《世説》。

齊謝朓爲王敬則婿，曾告敬則。其女常懷刃，欲報朓。及臨誅，嘆曰：『我雖不殺王公，王公因我而死。』

〔一〕 今按：『迫』，《晋書·華譚傳》作『邈』。

〔二〕 今按：『邈』，據《晋書·華譚傳》補。

楊玠之捫腹，鄭鎰之賜緋。

楊玠娶博陵崔季讓女。成昏之後，崔家圖籍殆將萬卷，遊其書齋。既而告人曰：『崔氏書被人盜盡。』崔遽令檢之。玠捫腹曰：『已藏之經笥矣。』

張説女婿鄭鎰，本九品官，驟遷五品，兼賜緋服。玄宗怪而問之。黄幡綽曰：『此乃太山之力也。』《酉陽雜俎》。自此遂目丈人爲泰山。或謂泰山有丈人峰，故名。蘇鶚《衍義叢書》。

青城山爲五岳之長，故名丈人山。今世俗呼人婦翁爲令岳，妻之伯叔父爲列岳。《青城山記》。

太公少爲人婿，老而見去，賃於棘津，釣於磻溪。《韓外》。

舅姑 當在下門之下

諺曰：臘月煮筍羹，大人道便是。昔有新婦，不得舅姑意。姑一日歲暮而索筍羹。婦答『即煮供上』。姑聞而後悔，倍憐新婦。

又諺曰：『恭敬不如從命，受訓莫如從順。』見筍門。

諸子 主公卿大夫士之子者，右曰庶子

諸子掌國子之倅讀，如副倅之倅。掌其戒令與其教治，辨其等，正其位。國有大事，則帥國子，而致於太子，唯所用之。若有兵甲之事，則授之車甲，合其卒伍，置其有司，以軍法治之。司馬不征。大喪，正群子之服位。會同、賓客，作群子從。從於王。凡國之政事，國子存遊倅。倅之未仕者。使之修德、學道，春合諸學，秋合諸射，以考其藝而進退之。《周禮》。

外祖

王符無外家而爲鄉人所賤，劉𩆝鞠外祖而未嘗不流涕。

王符，字節信，少好學，有志操。安定俗鄙，庶孽而爲鄉人所賤。

劉顯，字嗣芳。父𩆝，字仲翔。幼爲外祖減質所鞠養。既富盛，恒有音樂。質亡，母没，𩆝聞絲竹之聲，未嘗不歔欷流涕。《南史》。

延之之爲寶，張岱之所異。

范岫，字懋賓，幼而好學。外祖顔延之早相題目，以爲中外之寶。《梁書》。

陸倕，少爲外祖張岱所異。謂諸子曰：『此汝家陽元也。』上。

皇甫績之外祖，楊嗣復之外祖。

皇甫績三歲而孤，爲外祖韋孝寬所鞠養。嘗與諸外兄博奕，孝寬督以嚴訓。績嘆，命左右自杖。孝寬聞而流涕。於是博涉經史。《隋書》。

楊於陵生子嗣復。外祖韓滉撫其背曰：『名與位皆逾其父。此楊氏之慶也。』《本傳》。

鎮西之孫，吴兢之孫。

殷顗、庾恒並是謝鎮西外孫。殷少而率悟，庾每不推。嘗俱詣謝公。謝公熟視殷曰：『阿巢故似鎮西。』於是庾下聲語曰：『定何似？』謝公復云：『巢頰似鎮西。』庾復云：『頰似，足作健不？』

蔣乂外祖吴兢，綜核群籍。

跋外祖存誠子帖。《簡齋》。

張友正，字義祖。神宗評其草書，爲本朝第一，號存誠子。

亂眼龍蛇起平陸，後身羲獻已黄墟。客來空認袁公額，泪盡慚無楊惲書。王筠，袁粲外孫。

沈約曰：非徒額似，風韵都似。楊惲母，司馬遷女也。始讀外祖《太史公記》，頗爲《春秋》，以才能稱。《漢書》。

君臣之義

《文子》：聖人師蜂，立君臣。

《論》：定公問：『君使臣，臣事君，如之何？』孔子曰：『君使臣以禮，臣事君以忠。』

《孟》：孟子告齊宣王曰：『君之視臣如手足，則臣視君如腹心。君之視臣如犬馬，則臣視君如國人。君之視臣如草芥，則臣視君如仇讎。』

真德秀曰：魯繆公問於子思曰：『爲舊君反服古與？』子思曰：『古之君子，進人以禮，退人以禮。故有舊君反服之禮。今之君子，進人，君將加諸膝；退人，君將墜諸淵。又何反服之有？』然孟子爲齊王言，則然也。而所以自處，則不然也。千里見王，不遇故去。而三宿出晝，未嘗有悻悻之心。總言君臣交際之禮。

《易·泰》象：天地交而萬物通也，上下交而其志同也。

《睽》：九二：象遇主於巷，未失道也。

上九，象遇雨之吉，群疑亡也。

《姤》彖：天地相遇，品物咸章也。

《書》：帝庸作歌曰：『股肱喜哉！元首喜哉！百工熙哉！』皋陶乃賡載歌曰：『元首明哉！股肱良哉！庶事康哉！』又歌曰：『元首叢脞哉！股肱惰哉！萬事墮哉！』

居上克明，爲下克忠。后德惟臣，不德惟臣。股肱惟人，良臣惟聖。穆穆在上，明明在下。

《論》：爲君難，爲臣不易。君臣之義，如之何其廢也？

《孟》：未有義而後其君者也。外則君臣，君臣主敬。欲爲君，盡君道。欲爲臣，盡臣道。

《中》：居上不驕，爲下不倍。

《揚子》：或問『君』，曰：『明光。』問『臣』，曰：『若禔。』順安。『敢問何謂也？』曰：『君子在上，則明而光其下，在下，則順而安其上。』

李《君道曲》：大君若天覆，廣運無不至。軒后爪牙常先泰山稽，如心之使臂，小伯鴻翼於夷吾，劉葛魚水本無二。

《梁甫吟》：君不見，朝歌屠叟辭棘津，八十西來釣渭濱。寧羞白髮照清水，逢時吐氣思經綸。［廣張三千六］〔一〕百釣，［風期暗與文王親］〔二〕。又〔三〕不見，高陽酒［徒］〔四〕起草中，長揖山東隆准公。入門〔五〕不拜騁雄辯，兩女輟洗來趨風。東下齊城七十二，指揮楚漢如旋蓬。

群才屬休明，乘運共躍鱗。

［徵起適遇風雲會，扶顛始知籌］策良。〔六〕

風雲際會期。

洒落君臣契。

慘澹風雲會。

風雲隨絶足。

〔一〕今按：此處有殘缺，據上海古籍出版社《全唐詩》卷一六二李白《梁甫吟》詩補五字。

〔二〕今按：此處有殘缺，據上海古籍出版社《全唐詩》卷一六二李白《梁甫吟》詩補七字。

〔三〕今按：「又」，上海古籍出版社《全唐詩》卷一六二李白《梁甫吟》詩作「君」。

〔四〕今按：「徒」，原本缺，據上海古籍出版社《全唐詩》卷一六二李白《梁甫吟》詩補。

〔五〕今按：「問」，上海古籍出版社《全唐詩》卷一六二李白《梁甫吟》詩作「門」。

〔六〕今按：此處有殘缺，據杜甫《洗兵馬》詩補十二字。

驊騮開道路，喻會遇。鵰鶚離風塵。喻飛騰。

交合丹青地，恩傾雨露辰。

《鹽鐵論》：公卿神化之丹青。

李《鞠歌行》：聽曲知甯戚，夷吾因小妻。妾倩。秦穆五羊皮，買死百里奚。洗拂青雲上，當時賤如泥。朝歌鼓刀叟，虎變磻溪中。一舉釣六合，遂荒營丘東。平生渭水曲，誰識此老翁。

王褒《聖主得賢臣頌》：世必有聖智之君，而後有賢明之臣。故虎嘯而風冽，龍興而致雲。蟋蟀俟秋吟，蜉蝣出以陰。明明在朝，穆穆布列。聚精會神，相得益章。故聖主必待賢臣而弘功業，俊士必竢明主以顯其德。上下俱欲，歡然交歡。千載一合，論說無疑。翼乎如鴻毛遇順風，沛乎若巨魚縱大壑。

劉備曰：孤之有孔明，猶魚之有水。

符堅招王猛，一見如舊友。自謂如玄德之遇孔明。

發明：宜乎後人謂爲符堅之管仲也。

王肅見魏主於鄴，陳伐齊之策。魏主與之言，不覺促席移晷，自是器遇日隆。威儀文物，皆肅所定。

尹起莘發明：劉備見諸葛於隆中，其與聘莘野、訪渭濱者，越千載而如出一轍。

《淮南子》：是故輿馬不調，王良不足以取道。君臣不和，唐吴〔一〕不能以爲治也。

《禮運》：諸侯非問疾吊喪，而入諸臣之家，是謂君臣爲謔。

《坊記》：子云：『天無二日，土無二王，家無二主，尊無二上。示民有君臣之别也。

《春秋》不稱楚越之王喪。禮：君不稱天，大夫不稱君，恐民之惑也。』

《緇衣》：子曰：『下難知則君長勞。故臣儀行，不重辭。不援其所不及，不煩其所不知，則君不勞矣。』

事君不以忠，則爲下之人難知。難知，則君長其有不勞者乎？臣有可儀之行，而所重者，不在乎辭。則凡有所行者，無僞行矣。苟有所言者，無虚辭矣。以君之力所不能及，而援其君，則君難從。以君之智所不能知，而煩其君，則君難聽。徒爲難從難聽以勞其君，而無益，非所以事君也。

杜詩：下云風雲合，龍虎一吟吼。

唐・賈公彦《序》：政教君臣，起自人皇之世。

〔一〕今按：『吴』，通『虞』。

君使臣之禮

《鹿鳴》，宴群臣嘉賓也。既飲食之，又實幣帛筐篚，以將其厚意，然後忠臣嘉賓得盡其心矣。

真德秀曰：於朝則曰君臣，於燕則曰賓主。先王以禮使臣之厚也。昏因不備，則貞女不行。禮樂不備，則賢者不處。故必如是，然後示我以道焉。

《中庸》曰：敬大臣則不眩，體群臣則士之報禮重。

《禮記》：君子人君式〔一〕黄髮，下卿位。卿之朝位。

真德式秀曰：式黄髮所以敬老，下卿位所以尊賢。漢世待宰相，御坐爲起，在輿爲下，或其遺意耳。

國君不名，卿老上卿，世婦兩媵。

真德秀曰：皆其臣妾，而不名之，所以示敬也。漢世，待大臣之有勳德者，贊拜不名。

〔一〕今按：『式』，通『軾』。

五官之長曰伯，三公。其擯擯相於天子，曰天子之吏。天子同姓，謂之伯父。異姓，謂之伯舅。九州之長入天子之國曰牧。

《記》：卿大夫疾，君問之無算。士一問之。君於卿大夫，比葬不食肉，比卒哭不舉樂，爲士比殯不舉樂。

真德秀曰：《儀禮》：坐撫當心，要節而踊，君臨臣喪之儀。《春秋》：晉荀盈卒，未葬，晉侯飲酒樂。膳宰屠蒯趨入曰：『君之卿佐，是謂股肱。股肱或虧，何痛如之！』《鄉黨》亦有君視臣疾之文曰：『東首，加朝服，拖紳』，則疾而見君之禮也。衛有大史柳莊，社稷之臣也。獻公聞之死，釋祭而吊之。春秋之間，愛且敬猶若此，三代之盛，從可知矣。古道既淪，斯禮掃地。然唐太宗之於房、杜、魏三臣，其疾也，憂惻之。其亡也，愍悼之。張公謹之没，雖辰日不爲之輟哭，視古蓋庶幾焉。玄齡疾篤，肩輿上殿，相對流涕，握手與訣，悲不自勝。如晦疾篤，上自臨視。既薨，每得佳物，遺賜其家。語及流涕，夢敕饌往祭。魏徵寢疾，上與太子同至其第，撫之流涕。

賈誼疏：君之寵臣，刑戮不加，黥劓之辠，不及大夫。大臣坐不廉者，不曰『不廉』，曰『簠簋不飾』。坐淫亂者，不曰『污穢』，曰『帷薄不修』。坐罷軟者，不謂『罷軟』，曰『下官不職』。

真德秀曰：皋陶賡歌，而舜［拜之］；益進昌言，而禹［拜之］；周公獻卜，而成王［拜之］。自秦］而後，［尊君卑臣］之禮［日以益甚。於是］君亢然自尊於上，如天地神明之不可親。臣退焉自卑於下，如僕隸趨走之猶恐後。〔一〕

《論》：君使臣之〔二〕禮，［臣事君以忠］〔三〕。［大臣不亲，百姓不寧，则］〔四〕忠敬不足，而富貴已過也。大臣不治，而邇臣比矣。故大臣不可不敬也，是民之表也。邇臣不可不慎也，是民之道也。毋以小謀大，毋以遠言近，毋以內圖外。則大臣不怨，邇臣不疾，而遠臣不蔽矣。注：遠臣，間近臣。內臣，圖四方之臣。

呼右相而不名，呼令公而不名。

後趙石勒加張賓大執法。魏主重高允。

拜王導，禮高穎。

〔一〕今按：此條文字有殘缺。據真德秀《大學衍義·卷九》補十八字。

〔二〕今按：『之』，《論語·八佾》篇作『以』。

〔三〕今按：此處文字有殘缺。據《論語·八佾》篇補五字。

〔四〕今按：此處文字有殘缺。據《禮記·緇衣》篇補九字。

晋成帝。導羸疾，不堪朝會。帝幸司徒導府。與於内室，拜導及其妻曹氏。侍中孔坦密諫，以爲初加元服，動宜顧禮。

隋文帝親禮高熲，曰：『公猶鏡也。每被磨瑩，皎然益明。』

幸司徒府。見上。

幸玄齡第。嘗以微譴歸第，褚遂良諫。

上幸芙蓉園，幸其第，因載玄齡還宫。書法：書，美之也。若帝，可謂能念功矣。

魏蔣濟疏曰：『臣聞，大臣太重者國危，左右太親者身蔽，古之至戒也。』叡不聽。

李泌固請還山，裴度一入中書。

李泌固請曰：爲國有九經，以勸賢、敬大臣爲重。勸賢有四事，以去讒、遠色爲首。

胡氏曰：張后寵於内，輔國寵於外，則賢者必自保。

文宗太和三年，裴度以老疾辭位。以度爲司徒，平章軍國重事，仍詔三五日一入中書。

備几杖，與同席。

魏高允雖篤老，詔以允家貧養薄，志識不衰，令樂部十人五日一詣允，以娱其志。朝晡給膳，朔望致牛酒，月給衣服綿絹。入見，備几杖，問以政治。

周儀同三司寇儁，少有學行。家人嘗賣物，得絹五匹。儁曰：『得財失行，吾所不取。』

訪主還之。敦睦宗族，教訓子孫。自大統中，稱老疾，不朝謁。周主欲見之。儁不得已入見，王引與同席，問以舊事，以御輿返。

敬臣 林馴

古之待臣也，貌敬而心亦孚。後之待臣也，貌親而心實疏。外有出門見賓之禮，而内懷疑忌之心。古者改容而見，王公無矯情也。下車而拜，昌言無薄心也。臣鄰賡歌，温乎家人之唯諾；詩書助戒，甚於師弟之告語。陽爲盥手納疏之誠，而陰有沮抑之意。自尊君卑臣之分嚴，而情不通；自騎項踞鞍之意形，而禮愈薄。漢高祖騎周昌項。劍履上殿，非不誠也，而械繫之，辱且不能免；蕭何。朝禮益莊，非不重也，而詔獄之嫌，至不能脱。周勃。長沙之謫已行，而前席之問徒切；賈誼。淮陽之駟既遣，而避帷之敬徒施。汲黯。麟閣不名，大臣之禮厚矣，胡爲有赤族之慘？・霍光。凌烟賦詩，諫臣之寵至矣，何爲有仆碑之咎？・魏徵。

山南夜召，喜見顔間，卒莫去其追仇盡言之恨；陸贄。曲江召宴，愛形詩章，終無逭其信讒投閑之譴。裴度。

嗚呼！尊事黄耇，《行葦》有詩。敬禮臣下，《中庸》有訓。我朝曹彬諸公，終始眷禮，其視狗烹就戮者遠矣；魏公兩朝，略無疑隙，其視驂乘致疑者異矣。

趙中令小臣，劾奏則黜之左遷，曰：不如是，非所以尊國政也；文潞公廷臣，輕毁則出之外郡，曰：不如是，非所以重元臣也。

一疾之瘳，則爵賞醫者；一疾之療，則親剪其鬚。吕夷簡。建隆三年，王溥、范質病愈，以醫爲光禄。以君見臣，有定儀也，而肅然拱揖，敬之不亦至乎？吕端，真宗。以臣拜君，有常禮也。而特命毋拜，愛之不亦篤乎？《治平詔》。

呼學士而不名，重經筵也；丁度，仁宗。呼侍中而不名，重宰臣也。韓琦見。半夜親幸，示殊恩也；太宗即普室。三日一朝，示異禮也。吕申公。

任舊臣 林馴

貽厥孫謀，以燕翼子，此前人儲才之意也；不愆不忘，率由舊章。此後人仍舊之意也。高帝重念安劉之計，特拳拳於勳舊之絳侯；武帝以遺詔而任霍光，以爲擁昭立宣之地。其儲才之意深矣。文帝之用將相，莫非舊臣；太宗之用房杜，秦府舊人。其任舊之禮至矣。其閱世也久，其曆事也熟。則智老［識遠有］耆龜之見。其受恩也深，其感德也厚。則與國［終始有歲寒］之操。曾子有言，孝可能也。其不改父之臣，爲難能也。我藝祖之開基也，柴周三相保全［寵禮］，心腹相孚，边幅［盡略，此與成湯之相伊尹，武王之待箕］子，［蓋同一］意。〔一〕范質、王溥、魏仁浦。

太宗。沈薛並任，不廢舊職。沈倫，薛居正。

中令三入，追念故績。趙普。

張齊賢之相，以『輔汝爲相』之言而相之也。盧多遜之相，以『儒者宰相』之言而相之

〔一〕今按：此條文字有殘缺。據《古今源流至論・卷八・任舊臣》補二十八字。

也。太祖曰：宰相不可無儒者。

真宗。齊賢之復入也，凡二年。蒙正之復入也，凡三年。吕端之居相位也，亦一年。

仁宗景祐之相李迪，即天禧之相也。天聖之相王欽若，亦天禧之相也。

英宗。韓公親扶日轂，晏然泰山；曾公謹畏周密，内外無隙。

繪功臣同人

《昭勛崇德閣記》：寶慶元年八月，申命奉常闡基開閣，自趙韓王普。而二十有三人，悉登繪。而表異之。親灑宸翰，寵以隆名，曰『昭勛崇德之閣』。雲章炳焕，下飾萬物。陛下欽承前志，邃宇聿新。扁揭昭回，輝映層漢。龍吟虎嘯，事業益閎。乾清坤夷，邦家永輯。臣等虔奉宸翰，刻之翠珉。元祐初，我哲宗嗣服之始也，首行鄭公配享之禮。富弼。隆興初，我孝宗即政之初也，首從岳侯祠宇之典。孝宗初年，江西守臣乞建岳侯祠，宇從之。傑棟峥嶸，麗筆黼藻。聳人瞻視，示世典刑。夫圖繪之典，漢唐非不講也。甘露之麒麟，漢宣。永平之雲臺，光武。貞觀之凌烟，太宗。侈然於史牒之間，亦一代之偉觀。又孰若今日前後之輝映哉？衣冠冕旒之儀，洋洋如在也；功勛庸多之美，凛凛不忘也。

《周禮》：司勛掌六鄉賞地之法，以等其功。王功曰勛，國功曰功，民功曰庸，事功曰勞，治功曰力，戰功曰多。凡有功者，銘書於王之太常，祭於大烝，司勛詔之。大功司勛藏其貳，副。掌賞地之政令。凡賞無常，輕重視功。凡頒賞地，參之一食。王食其一，二入於臣。唯加田，無國征。既賞又賜，所以示恩。

杜詩：功名造化爐。

高義在雲臺。

功蓋三分國。

千秋汾晋間，事與雲水白。《王思禮》。

卿家兄弟功名震。

麒麟閣畫鴻雁行。

尚書勛業超千古。《衛伯玉》。

休作畫麒麟。

南宫載勛業。

丹青照臺閣。

功名圖麒麟。

觀圖憶故人。
志在麒麟閣。
雲臺終日盡。
雲臺畫形像。
皆爲掃氛埃。
丹青憶老臣。
茅土加名數。
無勛溢鐘鼎。
吾慕寇鄧勛。
圖畫在雲臺。
功臣甲第高。
勳業青冥上。

《書》：明試以功，車服以庸。功疑惟重。丕視功載。記功宗，以功作元祀。王曰：公功棐迪篤。

全功臣同人

龍蛇一章，君子所悲。介子推。

狗兔數語，識者憾焉。韓信。

蓋君之視臣，固不可有始敬終慢之心，而臣之保身，亦不可無急流勇退之節。爲君者促席而問謀，握手而畫策，迨夫禍亂既平，小則爲介之推之不及禄，大則爲蕭相國之械繫。爲臣者冒矢石而不辭，處風波而自任，迨夫稍有微勞，輕則爲光弼之不朝，重則爲黥布之怨望。勾踐卧薪嘗膽，誓雪吴耻；種蠡相與戮力，吴國既治。之後蠡扁舟五湖，蕭然遠逝；種不能見幾，卒至一死而後已。高祖[百戰間關，]誅秦殱項，[韓張比肩漢庭，南宫行]封之後。張尋盟黄石，從遊赤松；韓不能斂隱，卒致僞遊之劫。文帝詔獄於木强之周勃，宣帝赤族於驕蹇之霍氏。[而不能加於謹重之安世，豈獨其君之失耶？]石守信斬艾蓬蒿，芟夷根據，我太祖眷留邸第，老死無憾焉。趙中令金匱藏書，鼎鐺有耳，我太宗召居揆席，終始無怠焉。曹彬平江南之功偉矣，寧賜數萬緡之鏹，無寧除使相之職，抑之，所以全之也。彬亦謹畏自喜，不敢過望，終三子將壇之登。狄青破嶺南之績厚矣，寧賜諸子之官，毋寧任樞使之寵，靳之所以愛之也。青亦晚節喜書，尤好節義，終不爲童謡之惑。張魏公走兀术，平湖寇，和議一唱，百計中傷，而高宗曰：『朕待魏公有加，終不爲浮議所惑。』韓忠武王，殲苗劉，鏖大儀，權臣當國，舉朝數彈，而高宗召讌禁苑，情同家人，歲時賜予，相踵不絶。〔一〕

君恩

《玉藻》：君賜，稽首，據掌，致諸地。酒肉之賜不再拜。凡賜，君子與小人不同日。

杜詩：紱冕已殊恩。

新渥照乾坤。

内帛擎偏重，宫衣着更香。

君恩北望心。

樗散尚恩慈。

宴引春壺滿，恩分夏簟冰。

〔一〕今按：此條文字有殘缺，據《古今源流至論·卷六·全功臣》補三十字。

恩傾雨露辰。
恩承雨露低。
開元之中常引見，承恩數上南薰殿。
慚紆德澤私。
昔承推奬分。
合分雙賜筆。
殊私再直廬。
萬一皇恩下玉墀。
寒待翠華春。望天子之沛澤。
共沐恩波鳳池裏。
一物自荷皇天慈。
聖情常有眷。
皇恩斷若神。
恩波起涸鱗。
仙醴來浮蟻。

招要恩屢至。
空慚雨露私。
此行入奏計未疏[一]，密奉聖旨恩應殊。
恩榮錯與權。
雨露偏金穴。
天子多恩澤。
莫怪恩波隔。
榮枯雨露偏。
向時禮數隔。

臣事君之忠

子曰：君子之事君也，進思盡忠，退思補過。將順其美，匡救其惡。故上下能相親。

[一] 今按：『疏』，上海古籍出版社《全唐詩》卷二一九杜甫詩《入奏行，贈西山檢察使竇侍御》作『小』。

子路問『事君』。子曰：『勿欺也，而犯之。』

《記》：事君，有犯而無隱。子曰：『所謂大臣者，以道事君，不可則止。』

《孟》：我非堯舜之道不敢以陳於王前。責難於君謂之恭，陳善閉邪謂之敬。惟大人爲能格君心之非，一正君，而國正矣。君子之事君，務引其君以當道。

《中》：所求乎臣以事君，未能也。

《表記》：子曰：事君不下達，不尚辭。下達趨乎污下，尚辭利口捷給。

《緇衣》：子曰：下之事上也，身不正，言不信，則義不一。行無類也，或從或違，或善或否。

《春秋傳》：齊景公曰：『惟據梁丘據。與我和夫！』晏子曰：『據亦同也，焉得爲和？君所謂可而有否焉，臣獻其否，以成其可。君所謂否而有可焉，臣獻其可，以成其否。今據不然。君所曰可，據亦曰可。君所曰否，據亦曰否。』

真德秀曰：古者，曰都曰俞者，相可之謂也；曰吁曰咈者，相否之謂也。

《左・昭廿八》：成鱄曰：戊之爲人也，遠不忘君。

《漢・汲黯》：上曰：『甚矣！汲黯之戇也。』古有社稷之臣，如黯，近之矣！臣事君之忠。

《少儀》：事君者，量入而後入，不入而後量。故上無怨，而下遠罪也。

《宣十二》：士貞子諫曰：『林父之事君也，進思盡忠，退思補過。社稷之衛也。』

《成十六》：晋人執季文子。公使子叔聲伯請季孫於晋。郤犫曰：『苟去仲孫蔑而止季孫行父，吾與子國親於公室。』親魯甚於晋公室。對曰：『夫二人者，魯國社稷之臣也。』范文子曰：『季孫於魯，相二君矣。妻不衣帛，馬不食粟，可不謂忠乎？』

□……□也，□……□也。〔一〕

范武子之德，子家子之辭。

《襄廿七》：楚子木曰：『范武子之德何如？』士會。趙孟曰：『夫子之家事治，言於晋國無隱情。其祝史陳信於鬼神，無愧辭。』［子木歸，以語王。王曰：『尚矣哉！能歆神人，宜其光輔］五君［以爲盟主也］。』□……□〔二〕

《定元》：叔孫成子逆公之喪於乾侯。子家子不見叔孫，易幾而哭。幾哭，會哭不同會。叔孫請見子家子，子家子辭曰：『羈未得見，而從君以出。君不命而薨，羈不敢見。』

〔一〕 今按：此處文字殘缺約二十字。

〔二〕 今按：此處文字殘缺，據《左傳・襄公二十七年》補二十四字。

良臣將死，天命不祐。

晋侯有疾，秦醫和視之。曰：『良臣將死，天命不祐。』趙孟曰：『誰當良臣？』對曰：『主是謂矣。主相晋國於今八年，晋國無亂，諸侯無闕，可謂良矣。今君至於淫以生疾，主不能禦，吾是以云也。』

祖而示之曰：『此余所能也。脾泄之事，余亦不能也。』[一]

《定五》：楚王之在隨也，子西爲王輿服，以保路國於脾泄。楚邑。失王，恐國人潰散，故僞爲王車服，立國脾泄，以保安道路人。王使由於城麇復命。子西問高厚焉。不知。子西曰：『不能如辭。自知不能，當辭勿行。城不知高厚，小大何知？』對曰：『人各有能有不能。王遇盗於雲中，余受其戈，其所猶在。』祖而示之[背][二]，曰：『此余所能也。脾泄之事余，余亦不能也。』

《傳》言昭王所以復國，有賢臣也。

自毁其家，以紓楚國之難。

[一] 今按：此條内容又見於下文中，疑爲重複抄録所致。

[二] 今按：『示之』，當作『示之背』，據《左傳・定公五年》補正。

《莊卅》：楚鬥穀於菟爲令尹，自毀其家，以紓楚國之難。楚國之難，由家强而國弱。故自毀其家，以紓楚國之難。臣無二心，天之制也。鄭原繁曰，云云。

君子謂：華元、樂舉，於是乎不臣。臣治煩去惑者也。是以伏死而争。《成二》。

定策大臣

召公之託聞顧命，漢相之謀應大横，此非韓魏公之制乎？制曰：惟召公之託，嘗聞顧命之言。惟漢相之謀，終應大横之兆。子孟之承先帝，召公之保三朝，非曾魯公之制乎？制曰：大火基宋，實開五聖之符；六龍承乾，遂致中天之運。又，子孟之承先帝，預定大謀；召公之保三朝，率窮一德。乘雁雙鳧，無關多寡；毛髮絲粟，僅效微勞。吴起，齊之名將也，東征西討，動塞一時盛矣。然當國疑主少之初，扶持社稷，遂不若田文之功。陳平，漢之謀臣也，誅秦蹙項，出漢庭之右盛矣。然當代邸奉立之時，親握天子璽，不及周绛侯之動。有宋金匱之藏，首禪國論，慈闈之訓，仰决聖謨。弼亮之美，對越穹壤。趙普。

三朝元老乃心王室，首唱大義扶翊日月。韓琦。

定策亞傅，責重節堅，謹畏周密，有始有卒。曾公亮。

二三君子，身佩安危，忠扶宗社，然定一時之大策固難，正異日之君心尤難。周召訪落之時，作書誦詩；平勃錢穀之間，汗背莫對。噫！吕端顧命大臣，奏事雍容，未嘗喜懼；韓公定策元老，新法之疏，懇切再三。

杜詩：定策神龍後，宫中翕清廓。郭元振。

宫禁絲綸〔一〕密，台階翊戴全。

狄公執政在末年，濁河終不污清濟。國嗣初將付諸武，公獨廷争守丹陛。禁中策决詔房陵。前朝長老皆流涕。

臣

臣，伏也。男子賤稱。唐賈公彦序：降自燧皇，方有臣矣。

〔一〕今按：『絲綸』，上海古籍出版社《全唐詩》卷二三〇杜甫《秋日夔府咏懷奉寄鄭監李賓客一百韵》詩作『經綸』。

《檀弓》：君子曰：謀人之軍，師敗，則死之。謀人之邦，邑危，則亡之。《表記》：子言之：事君先資其言，拜自獻其身，以成其信。是故君有責於其臣，臣有死於其言。故其受禄不誣，其受罪益寡。自獻者，如《書》之『自靖自獻』。畎畝幡然之數語，説命對揚之三篇。伊傅先資之言也。齊桓問答而爲書，燕昭命下而有對。管樂先資之言也。後世，登壇東向之［答］，草廬三顧之［策］，亦庶幾。〔一〕［君子可貴可賤，可刑可］殺〔二〕，而不可使爲亂。以我爲賢，則可處之以富貴；以我爲不肖，則可處之以貧賤；以我爲無罪，則可生；以我爲有罪，則可殺。子曰：事君，軍旅不避難，朝廷不辭賤〔三〕。處其位而不履其事，則亂也。故君使其臣，得志則慎慮而從之，否，則熟慮而從之。從事而退，臣之厚也。

《易》曰：不事王侯，高尚其事。

〔一〕今按：此條文字殘缺，據陳浩《禮記集説》卷九補『答、策』二字。

〔二〕今按：此處文字殘缺，據桓寬《鹽鐵論》補九字。

〔三〕今按：此處文字殘缺約二十字。

《周禮》：大宰之職，以八柄詔王，馭群臣。一曰爵，以馭其貴；二曰禄，以馭其富；三曰予，以馭其幸；四曰置，以馭其行；行合於善以賜予之。五曰生，以馭其福；六曰奪，以馭其貧；七曰廢，以馭其罪；八曰誅，以馭其過。

子貢問『大臣』。《韓外》。子曰：『齊有鮑叔，鄭有子皮。』子貢曰：『否。齊有管仲，鄭有子產。』孔子曰：『產，薦也。』子貢曰：『然則薦賢，賢於賢？』曰：『知賢，智也。推賢，仁也。引賢，義也。』

《左·昭六〔一〕》：楚芋尹無宇曰：『天有十日，甲至癸。人有十等。王至臺。下所以事上，上所以共神也。故王臣公，公臣大夫，大夫臣士，士臣皁，皁臣輿，輿臣隸，隸臣僚，僚臣僕，僕臣臺。』

臣者，服屬之以爲臣也。

《揚子》：或問臣之自得，曰：『忠而正。』

石太僕之對，金將軍之謹。

石慶以策數輿中馬，曰六匹。金日磾目不忤視。

〔一〕　今按：『六』，據《左傳·昭公七年》應爲『七』。

張衛將軍之善惧安世，丙大夫之不伐善。

請問臣之自失，曰：『邪而私。』

李貳師之執二，田祈連之濫帥。

廣利二心。宣帝時，廣明擊匈奴不利，質淫婦人。

韓馮翊之愬蕭，趙京兆之犯魏。

延壽愬望之，廣漢疑魏丞相夫人殺侍婢，圍捕之，而無實，反獲其罪。

或問近世社稷之臣。曰：『若張子房之智，陳平之無忤，絳侯勃之果，霍將軍之勇，終之以禮樂，則可謂社稷之臣矣。』

或問公孫弘、董仲舒孰邇。近社稷臣。曰：『仲舒欲爲而不可得，武帝外之故。弘容而已矣。取容。』

貴臣常病，傷於寵也。

杜詩：退臣〔一〕吟大庭，何心記榛梗。大庭氏，至治之世。九齡，雖退食之暇，未忘致君，而不以人之猜忌爲念也。

〔一〕今按：『退臣』，上海古籍出版社《全唐詩》卷二二二杜甫《八哀詩·故右僕射相國張公九齡》作『退食』。

致君唐吳〔一〕際，純樸憶大庭。

忠

盡己之謂忠。程叔子。

發己自盡謂忠。程伯子。

無私也。敬也。直也。厚也。

子曰：主忠信。曾子曰：『爲人謀而不忠乎？』

季康子問使民敬忠。子曰：『臨之以莊則敬，孝慈則忠。』朱子曰：『孝於親，慈於衆，則民忠於己。』

子張問曰：『令尹子文三仕爲令尹，無喜色。三已之，無愠色。舊令尹之改，必以告新令尹。何如？』子曰：『忠矣。』

子曰：『十室之邑，必有忠信如集者矣。』

〔一〕今按：『吳』，通『虞』。

子張問崇德。子曰：『主忠信，崇德也。』朱子曰：『主忠信則本立。』

子張問政。子曰：『行之以忠。』朱子曰：『以忠，則表裏如一。』

樊遲問仁。子曰：『與人忠。雖之夷狄，不可棄也。』

子曰：『忠焉，能勿誨乎？』蘇氏曰：『忠而勿誨，婦寺之忠也。』

子張問行。子曰：『言忠信，行篤敬，雖蠻貊之邦行矣。言不忠信，行不篤敬，雖州里行乎哉？立，則見其參於前也；在輿，則見其倚於衡也。』朱子曰：『其者，指忠信而言。』

孟子曰：『我必不忠。』

叔向曰：『誨之以忠。』

昭子曰：『忠爲令德。』

士貞子曰：『進思盡忠。』見上。

趙孟曰：『臨患不忘國，忠也。』

子淵不忠，叔申爲忠。

《定九》：鄭駟歂殺鄧析，而用其竹刑。君子謂子淵，於是不忠。

《成九》：晋人伐鄭。鄭伯歸，討立君者，殺叔申。君子曰：『忠爲令德，非其人，猶不可。況不令乎？』言叔申爲忠不得其人，還害身。

文子之忠，鉏麑之忠。

《襄五》：季文子卒，無衣帛之妾，無食粟之馬。君子是以知季文之忠於公室也。相三君矣，而無私積，可不謂忠乎？

《宣二》：宣子驟諫。公使鉏麑賊之。晨往，寢門闢矣。盛服將朝，尚早，坐而假寐。鉏麑退而嘆曰：『不忘恭敬，民之主也。賊民之主，不忠。』

《昭元》：趙孟曰：『臨患不忘國，忠也。』重出。

王蠋曰：『忠臣不事二君。』

周市曰：『天下昏亂，忠臣乃見。』

鄭昌訟。寬饒曰：『山有猛獸，藜藿爲之不采。國有忠臣，奸邪爲之不起。』

王敦陷長沙。魏又等〔一〕殺吴〔二〕悝，子弟對之號泣。悝曰：『人生會當有死，闔門爲忠義之鬼，亦復何[恨]〔三〕？』

庾信賦：濟陽忠壯，身參末將。兄弟三人，聲義俱唱。主辱臣死，名存身喪。敵人歸

〔一〕今按：『又等』，《資治通鑒》卷第九十二作『乂將』。

〔二〕今按：『吴』，通『虞』。

〔三〕今按：此處殘缺，據《資治通鑒》卷第九十二補『恨』字。

元，三軍淒愴。

濟陽人江子一、子四、子五，□……□處死□……□爲忠義之鬼。[一] 侯景之變。

周李遠曰：『大丈夫寧爲忠鬼，安可作叛臣？』

秦王堅入鄴，燕主暐出城。

衛士□……□，惟將□……□，與□……□。

□……□釋之。□……□高朗之忠。□……□歛葬。□……□郎中。

堅聞，悅[維]之忠，拜其子爲郎中。

秦王堅嘆曰：『周孟威虓字。不屈[於前]，丁彥遠穆字。[潔]己[於]後，吉祖沖挹字閉口而死。[何晉氏之]多忠臣也！』[二]

建康平，梁主衍敕曰：袁昂道素之門，世有忠節，勿以兵威陵辱。

令狐潮攻雍丘。潮與張巡有舊，潮說巡。巡曰：『足下平生以忠義自許，今日之舉，忠義何在？』潮慚而退。

[一] 今按：此條文字殘缺十餘字。

[二] 今按：此條文字有殘缺，據《資治通鑒》卷第一百四補此八字。

顏杲卿之忠節，段秀實之忠烈。

乾元元年，贈顏杲卿太子太保，謚曰忠節。贈段秀實太尉，謚忠烈。

唐之忠臣，激以忠義。

史思明陷河北諸郡，饒陽裨將張興死之。思明擒興。興曰：『興，唐之忠臣，固無降理。今數刻之人耳，願一言而死。』思明鋸殺之，駡不絶口，以至於死。

李晟拜哭受命，徒以忠義感激將士。泚使晟親近以家書遺晟。晟怒，立斬之。

李斯之忠，蒙恬之忠。

或問：『李斯盡忠，胡亥極刑。忠乎？』太史公語。曰：『斯以留客，至作相，用狂人之言，從浮大海。浮東海。立趙高之邪説，廢沙丘之正，阿意督責，焉用忠？』

霍光曰：『始元之初，擁少帝之微，摧燕上官之鋒，處興廢之分，堂堂乎忠，難矣哉。至顯不終矣！』。夫人名。

或問蒙恬：『忠而被誅，忠奚可爲也？』曰：『塹山堙谷，起臨洮，擊遼水，力不足而死有餘，忠不足尚也。』

孟子曰：『教人以善謂之忠。』

我心不忠。見上。

自反而忠矣。

《伊訓》：爲下克明。

《僖廿八》：衛侯與元咺訟，衛侯不勝。謂甯俞忠而免之。

楚子曰：『晉公子從者，忠而能力。』

杜詩：自古求忠孝，名家信有之。

推忠忘寢興。

忠臣氣不平。

忠臣辭憤激。

晉卞壺戰死，三子同害。翟陽曰：『臣死於君，子死於父，忠孝之道，萃於一門。』

《管子》：忠者，臣下之高行。忠之道有三：有大忠者，以道覆君而化之，是謂大忠也。有次忠者，以德調君而輔之，是謂次忠也。有下忠者，以是諫非而怨之，是謂下忠也。若周公之於成王，可謂大忠也。管仲之於桓公，可謂次忠也。子胥之於夫差，可謂下忠也。《韓詩外傳》。

卑身賤體，夙興夜寐，以安國家社稷宗廟。如此者，忠臣也。

鴟夷子皮對陳成子曰：『逆命利君謂之忠。』上。

荀息之忠，弘演之忠。

獻公使荀息傅奚齊。公疾，召之曰：『以是藐諸孤，辱在大夫。其若之何？』稽首而對曰：『臣竭其股肱之力，繼之以忠貞。其濟，君之靈也。不濟，則以死繼之。』公曰：『何謂忠貞？』對曰：『公家之利，知無不爲，忠也。送往事居，耦俱無猜，貞也。』《僖九》。

狐突之子毛及偃從重耳。懷公執狐突，曰：『子來則免。』對曰：『子之能仕，父教之忠，古之制也。策名委質，貳乃辟也。』《十二》。

子囊之忠，叔詹之忠。

《襄公十四》：楚子囊還自伐吴，卒將死，遺言必成郢。君子謂子囊忠。君薨不忘增其名，將死不忘衛社稷，可不謂忠乎？忠，民之望也。

文公伐鄭。鄭人以名寶行成。公弗許，曰：『予我詹。』鄭人以詹予之。詹曰：『殺身贖國，忠也。』乃就烹。據鼎耳，而疾號曰：『自今以往，知忠以事君者，與詹同。』乃命不殺。《國語》。

夙沙釐之聞，逢丑父之呼。

夙沙釐曰：『臣聞之，委質爲臣，無有二心。委質而策死，古之法也。』《國語》。

鞌之戰，《成二》。晋韓厥逐齊侯。逢丑父與公易位，載齊侯以免。韓厥獻丑父，郤獻子將戮之。呼曰：『自今無有代其君任患者，有一於此，將爲戮乎？』郤子曰：『人不難[以死免其君]，我戮之不[祥，赦之，以勸事君者]。』乃免之。齊侯免，求丑父，三入三出。〔一〕

大心之忠，勃蘇之忠。

吴與楚戰於柏舉。[故斷脰決腹，一瞑而萬世不]〔二〕視，不知所益，以憂社稷者，莫敫大心是也。

吴與楚戰於柏舉。[故勞其身，愁其思，以]〔三〕憂社稷者，棼冒勃蘇是也。《戰國策》。

申包胥逃賞，士申鳴逃賞。

[吴師既退，昭]〔四〕王復國而賞，始於申包胥。胥曰：『輔君安國，非爲身也。救急除害，非爲名也。功成而受賞，是賣勇也。』遂逃賞。君子曰：『申子之不受命，赴秦，忠矣。七日七夜不絶聲，厚矣。不受賞，不代矣。』《新序》。

楚有士申鳴者，孝聞於楚國。王欲授之相，申鳴辭不受。其父曰：『王脅相汝，汝何不

〔一〕今按：此條文字有殘缺，據《左傳・成公二年》補十三字。
〔二〕今按：此處文字有殘缺，據《戰國策・楚策一》補十一字。
〔三〕今按：此處文字有殘缺，據《戰國策・楚策一》補八字。
〔四〕今按：此處文字有殘缺，據《新序・節士第七》補五字。

受乎？』申鳴曰：『舍父之孝子而爲王之忠臣，何也？』其父曰：『使有禄於國，立義於庭，汝樂，吾無憂矣。吾欲汝之相也。』申鳴曰：『諾。』遂入朝。因授之相。居三年，白公爲亂。申鳴曰：『聞夫仕者，身歸於君，禄歸於親。』遂辭而往，以兵圍之。白公往取其父。申鳴流涕曰：『始吾父之孝子也，今吾君之忠臣也。吾聞之也，食其食者死其事，受其禄者畢其能。今吾已不得爲父之孝子矣，乃君之忠臣也。』援枹鼓之，遂殺白公，其父亦死。王賞金百斤。申鳴曰：『食君之禄，避君之難，非忠臣也。定君之國，殺臣之父，非孝子也。』遂自殺也。《説苑》。

申蒯之死，漁者之死。

崔杼殺莊公。申蒯漁於海，將入死。其御止之。申蒯曰：『安得食亂君之禄，而死治君之事乎？』申蒯至門，曰：『請入吊。』門者以告崔杼。杼令勿内。申蒯曰：『汝疑我乎？吾與汝臂。』乃斷左臂以與門者。杼陳八列，令其入。申蒯投劍呼天，鬥殺七列，未及崔杼一列而死。《新序》。

崔杼弑莊公。申蒯侍御者退謂其宰曰：『爾以帑免，我將死。』其宰曰：『免，是反子之義也。』與之皆死。《襄廿五》。

齊公之問，晏子之對。

齊公問晏子曰：『忠臣之事其君何若？』對曰：『有難不死，出亡不送。』君曰：『有難不死，出亡不送，可謂忠乎？』對曰：『言而見用，終身無難。臣何死焉？謀而見從，終身不亡，臣何送焉？故忠臣者能納善於君，而不能與君陷難者也。』《説苑》。

臣固愚忠，湯乃詐忠。

博士狄山謂御史大夫湯云。《漢書》。

王霸，仲遠。

光武謂王霸曰：『潁川從我者，而子獨留，始驗疾風知勁草。』《東觀漢記》。

庾登子仲遠爲宋明帝府尉。廢者〔一〕景和中，明帝疑防，門〔二〕客故人無到門者，惟仲遠朝謁不替。明帝即位，曰：『卿可謂疾風知勁草。』《南史》。

蕭瑀，李絳。

唐太宗曰：『武德六年已後，太上皇有廢立議。我當此日，不爲兄弟所容，實有功高不賞之懼。蕭瑀，不可以厚利誘之，不可以刑戮懼之，真社稷臣也。』因賜詩曰：『疾風知勁

〔一〕今按：『者』，《南史》卷三十五作『帝』。
〔二〕今按：『門』，《南史》卷三十五作『賓』。

草，板蕩識誠臣。』《舊唐》。

李絳論古今以宦官統帥事。憲宗動容曰：『卿告朕以人所難言。疾風知勁草，卿當之矣。』《本傳》。

仁者百行之宗，忠者禮義之主。

鮑永過更始冢，遂下車哭，盡哀。張堪曰：『仁者百行之宗，忠者禮義之主也。仁不遺舊，忠不忘君，行之高者也。』《東觀漢記》。

忠臣之子，忠義奕世。

鮑昱，字文淵，拜司隸校尉。詔昱詣尚書，使封胡降檄，曰：『吾欲令天下知忠臣之子復爲司隸也。』上。

傅肜，先主退軍，斷後拒戰，兵人死盡。吴將語肜令拜。肜駡曰：『吴狗！何有漢將軍降者？』遂戰死。子僉，後爲關中都督。景曜中，見危授命。論者嘉其父子奕世忠義。《蜀志注》。

易雄忠器，張禕飲酖。

易雄，瀏陽人，爲春陵令。聞王敦作逆，雄馳檄遠近，列敦罪惡。王師敗績，敦收雄姑熟，以示檄焉。雄曰：『惜雄位微力弱，不能救國難，安以生爲？今日即戮，得爲忠鬼，乃其願也。』《晉中興書》。敦憚其辭正，釋之。衆人皆賀。［雄笑曰：『昨夜夢乘車，掛肉其傍。夫肉必］有筋。筋者，斤也。車傍有斤，吾其戮乎？』尋而敦殺之。《晉書》〔一〕。

張禕者，吴郡人。恭帝爲琅琊王，以禕爲郎中令。［及帝踐祚，劉裕以禕帝之故吏，素所親信，封藥酒一罌付禕，密令鴆帝。禕既受命，而］〔二〕嘆曰：『鴆君而生，何面目視息人間哉？不如死也。』自飲之死。《晉書》。

于簡勇志，傅伏哀號。

于簡，字什門。太宗時爲謁［者］〔三〕，使喻馮跋。［跋］〔四〕使人牽逼令入。見跋不拜，終不撓屈。跋止什門。什門於群衆之中，回身背跋。衣裳敗壞。跋遺以衣服，什門拒而不受。和龍人嘆曰：『雖古烈士，無以過也。』歷二十四年，文通稱臣，乃送什門歸，拜治書侍御史。世祖詔曰：『什門奉使和龍，值狂豎肆虐，勇志壯厲，不爲屈節。雖昔蘇武何以加之？』賜羊千口，帛千匹。策告宋廟，頒示天下，咸使聞也。《魏書》。

〔一〕今按：此條文字有殘缺，據《晉書》卷八十九補十五字。
〔二〕今按：此條文字有殘缺，據《晉書》卷八十九補三十二字。
〔三〕今按：此處文字有殘缺，據《魏書·列傳節義第七十五》補『者』字。
〔四〕今按：此處文字有殘缺，據《魏書·列傳節義第七十五》補『跋』字。

齊雍州刺史傅伏堅守不降。帝遣韋孝寬將伏子世寬來招伏曰：『并州已平，故遣公兒來報。今授武卿郡公，以金馬腦二酒鍾爲信。』伏不受，謂孝寬曰：『事君有死無二。此兒爲臣不忠，爲子不孝，願即斬以示天下。』帝又遣高阿那肱等臨汾召伏。伏出，軍隔水相見。聞齊主入關哀號，乃降。帝見之曰：『何不早下？』伏流涕而對曰：『臣三代被任，草命不能自死，羞見王地。』帝執其手曰：『爲臣當若此。朕平齊國，唯見公一人。』乃自食一羊肋，以骨賜伏曰：『骨親肉疏，所以相付。』授上儀同。《三國典略》。

沈恪叩頭，欽寂死事。

陳霸先謀篡，引沈恪勒兵入宮，送梁敬帝如别宫。恪排闥入見霸先，叩頭謝曰：『恪身經事蕭家來，今日不忍見此事，分受死耳，决不奉命。』霸先嘉其意，不復逼。

武后時，許欽寂與契丹戰於崇州，軍敗被擒。裴玄圭在城中。欽寂曰：『狂賊天殃，滅在朝夕，公但厲兵謹守，以令忠節。』虜殺之。弟欽明，爲凉州都督，戰敗，爲突厥所執。將至靈州，令説城中早降。欽明大呼曰：『城内有美醬，乞二升，粱米，乞二升，墨，乞一鋌。』欽明乞此物，以喻城中，冀其簡兵，候夜掩襲。城中無喻其旨者。尋遇害。兄弟同年，皆死王事，論者稱之。《舊唐》。

牛希濟之詩，劉仁贍之節。

唐明宗召蜀中舊臣，賦蜀主降唐詩。王偕等譏荒淫，獨中丞牛希濟曰：『唐主再懸新日月，蜀王難保舊山川。』明宗曰：『希濟不忘君親，忠孝也。』賜綵百段。《藝苑雌黃》。

周世宗伐南唐，淮兵大敗。劉仁贍鎮壽州，獨堅守不可下。《南唐書》。小子崇諫泛舟渡淮，謀紓家禍，爲軍所執。仁贍命腰斬之。周廷構哭於中門，又求救於仁贍妻薛氏。薛氏曰：『崇諫幼子，固所不忍。然貸其死，則劉氏爲不忠之門。』促命斬之，然後成喪。聞者皆爲流涕。《陸書》。次年，世宗復來伐。仁贍病且死，其副孫羽等詐爲仁贍書，以城降。世宗命舁仁贍至帳前，嗟嘆久之。制曰：『劉仁贍盡忠所事，抗節無虧，前代名臣，幾人可比？予之南伐，得爾爲多。』乃拜太尉。仁贍不起，以手指口而卒。時日陰曀，天雨黃沙。年五十八。《野史》。州人皆哭，自死以殉者十人。世宗遣使吊祭，追封郡王。夫人不食五日，亦死。元宗聞仁贍卒，哭之慟，[贈太師]。誥曰：『魂兮有知，鑑周惠耶？歆吾命耶？』夜夢仁贍拜墀下，若受命然。壽州故治壽[春]，世宗以其難[克，遂徙城下蔡，而復其軍曰忠正軍。]曰：『吾以[旌]仁贍之節也。』〔二〕《五代史》。仁贍至今廟食壽春。

孫晟南拜，徐鉉忠義。

〔二〕 今按：此條文字有殘缺，據《新五代史》卷三十二補十九字。

□……□軍。《野史》。

因曰：『諸將圍壽州久未克，汝能降之，當赦汝罪。』晟至城下，見仁贍，遥呼曰：『[君]受國家旌旄，臣節不可隳也」，且援兵至。』世宗斬之。[晟臨]刑，神色不變，南望再拜曰：『死不負陛下矣。』元宗流涕，贈魯國公。〔一〕

太宗得徐鉉所擬吴王挽辭，每對宰臣，稱鉉忠義。挽詞云：『青松洛陽陌，荒草建康宫。』

忠鯁

額扣龍墀，劉栖楚。手攀殿陛。朱雲。

如高允者，乃真忠臣也。朕有過，未嘗不面言，云云。魏帝。

延齡爲相，吾當取白麻壞之。陽城。

『舞胡致位五品，鳴玉曳組，非創業垂統之道也。』唐高宗拜舞人安叱奴爲散騎常侍。

〔一〕今按：此條文字有殘缺，據陳彭年《江南别録》補十四字。

李綱諫云。

魚頭參政。魯宗道。

《精語》：王臣蹇蹇，匪躬之故。《易》。

氣藴逆鱗，色形匪躬。唐文。

納忠爲争臣之表。柳文。

正拂時病，磨切貴直。杜牧。

諫舌切切，上磨帝缺。孫樵文。

忤英主之龍鱗，蹈奸臣之虎尾。宋璟。

詩：爲負剛腸譽，還追强項舌〔一〕。張説。

直道不回，孤忠自許。以稷契之身自許，非堯舜之道不陳。不爲曲道，追皋夔蹇蹇之忠；自致昌言，陋晁董區區之對。蔡公行正，而言方維邦司直；淳夫氣和，而色粹實上親臣。衆鶩成群，立萬牛而不動；群喑已錮，聳一鳳之孤鳴。開國承家，戒小人之勿用；閉邪陳善，聞君子之責難。義所當然，一柱擎天屹立；事如不可，萬牛挽首莫回。文饒之言

〔一〕今按：『舌』，上海古籍出版社《全唐詩》卷八十七張説《送王晙自羽林赴永昌令》詩作『名』。

皆予同，寧復摇於異議；子房之貴殆天授；顧獨有於成功。

附：總可否

《左傳・昭公二十》：齊景公曰：『唯據與我和夫！』晏子對曰：『據亦同也。焉得爲和！』公曰：『和與同異乎？』對曰：『異。和如羹焉，水火醯醢鹽梅以烹魚肉，燀之以薪，宰夫和之，齊之以味，濟其不及，以泄其過。君子食之，以平其心。君臣亦然。如羹。君所謂可而有否焉，臣獻其否，以成其可。君所謂否而有可焉，臣獻其可，以去其否。是以政平而不干，民無争心。先王之濟五味，和五聲也。以平其心，成其政也。聲亦如味，一氣、樂須氣動。二體、舞有文武。三類、風雅頌。四物、四方之物。五聲、六律、七音、八風、九歌，以相成也。清濁大小，短長疾徐，哀樂剛柔，遲速高下，出入周疏，以相濟也。君子聽之，以平其心。今據不然。君所謂可，據亦曰可。君所謂否，據亦曰否。若以水濟水，誰能食之？若琴瑟之專一，誰能聽之？同之不可也如是。』

□……□〔一〕

悠悠委薄軀，鬱鬱回剛腸。

散才嬰薄俗。有迹負前賢。

鴛鷺叨雲閣。

顧惟螻蟻輩，但自愛其穴。胡爲慕大雅，輒擬偃溟渤。

許身一何愚！竊比稷與契。

文園終寂寞，漢閣自磷淄。

素業行已矣，浮名安在哉！

苦摇求食味〔二〕，常曝報恩腮。

蒼茫步兵哭，展轉仲宣哀。

戀闕勞肝肺，論才愧杞楠。

衮職曾無一字報，許身愧比雙南金。

〔一〕今按：此處文字殘缺。

〔二〕今按：『味』，上海古籍出版社《全唐詩》卷二百三十二杜甫《秋日荆南述懷三十韵》作『尾』。

真同窮轍涸，或似喪家狗。

悲秋宋玉宅，失所武陵原。

顧深慚鍛煉，才小辱提携。

乳贙號攀石，飢烏〔一〕訴落藤。

〔一〕今按：『烏』，上海古籍出版社《全唐詩》卷二百三十杜甫《寄劉峽州伯華使君四十韵》作『鼯』。

卷之三十二

皇極二　一章

夫婦之别

『夫婦，匹敵之義也。士、庶人曰妻。妻，齊也。夫賤不足以尊稱，故齊等之也。』《釋名》。

《内則》：『夫婦之禮，唯及七十，同藏無間。』

《記》：『婦人從夫〔一〕者也，幼從父兄，嫁從夫，夫死從子。夫也者，夫也；丈夫。夫也者，以智率人者也。』『《詩》之《關雎》，《禮》之《冠》《昏》，《易》之《乾》《坤》，皆慎始敬終云爾。』

〔一〕今按：『夫』，《十三經注疏》本《禮記正義》作『人』。

《易・坤・文言》曰：『[陰]雖有美，含之以從王事，不敢成也。地道也，妻道也，臣道也。』

真德秀曰：『《書》稱「牝鷄之晨，惟家之索」。《小畜》九三象「夫妻反目，不能正室也」。』

真德秀曰：『唐高宗受制於武氏，不足怪也。隋文帝亦受制於獨孤，何哉？由自處之不正故耳。《歸妹・象》曰：「歸妹，天地之大義也。天地不交，而萬物不興。歸妹，人之終始也。無攸利，柔乘剛也。」』

真德秀曰：『柔乘剛，婦乘夫，此逆理亂常之事。《家語》：「女子者，順男子之教而長其理者也。是故無專制之義，而有三從之道。」』

真德秀曰：『婦者，坤道也。故以柔順爲貴，而無專制之義。夫者，乾道也，故以剛健爲貴，而有率人之智。丈夫則統制一家，諸侯則統御一國，天子則統御天下。夫也者，夫也，謂其當盡丈夫之道也。』

夫婦之別。

《曲禮》：『天子有后有夫人有世婦有嬪有妻有妾。』

《昏義》：『天子后立六宫三夫人九嬪二十七世婦八十一御妻，以聽天下之内治。』

《易》：『夫夫婦婦而家道正，正家而天下正矣。』

《雜記》：『諸侯出夫人，夫人比至於其國，以夫人之禮行。至，以夫人入。使者將命曰：「寡君不敏，不能從而事社稷宗廟，使使臣某敢告於執事。」主人對曰：「寡君固前辭不教矣，寡君敢不敬須以俟命！」』

皇極二　二章

昏禮

嫁，家也。故婦人謂嫁曰歸。《周禮・地官》：『大司徒之職，以陰禮教親，則民不怨。』

注：男不曠，女不怨。

《禮記》哀公曰：『人道孰爲大？』孔子對曰：『愛人爲大。愛人，禮爲大。禮，敬爲大。敬之至矣，大昏爲大。大昏既至，冕而親迎，親之也。親之也者，親之也。』公曰：『冕而親迎，不已重乎？』孔子愀然作色而對曰：『合二姓之好，以繼先君之後，以爲天地宗廟社稷之主，君何謂已重乎？』孔子曰：『天地不合，萬物不生。大昏，萬世之嗣也。君何謂已重乎！』『天地合，而後萬物興焉。夫昏禮，萬世之嗣〔一〕也。取於異姓，所以附遠厚别也。』曾子問曰：『昏禮既納幣，有吉日，女之父母死，則如之何？』孔子曰：『壻使人吊。如壻之父母死，則女之家亦使人吊。壻已葬，致命女氏曰：「某之子有父母之喪，不得嗣爲兄弟，使某致命。」女氏許諾而不敢嫁，禮也。壻免喪，女之父母使人請，壻不取而後嫁之，禮也。女之父母死，壻亦如之。』曾子問曰：『親迎女在塗，而壻之父母死，如之何？』孔子曰：『女改服，布深衣，縞白絹。總束髮以趨喪。女在塗，而女之父母死，則必〔二〕反。』『如壻親迎，女未至，而有齊衰大功之喪，則如之何？』孔子曰：『男不入，改服於外次。女入，改服於内次，然後即位而哭。』曾子問：『女未廟見而死〔三〕。』曾子問：『女有吉日而死，女未廟見而死，則如之何？』孔子曰：『不遷於祖，不祔於皇姑，壻不杖、不菲、不次，歸葬於女氏之黨，示未成婦也。』『取女有吉日而死，如之何？』孔子曰：『壻[齊]衰而吊，既葬而除之。夫死亦

〔一〕今按：『嗣』，《十三經注疏》本《禮記正義》作『始』。

〔二〕今按：『必』，《十三經注疏》本《禮記正義》作『女』。

〔三〕今按：此處與下句『曾子問』錯亂，《十三經注疏》本《禮記正義》：曾子問曰：『女未廟見而死，則如之何？』孔子曰：『不遷於祖，不祔於皇姑，壻不杖、不菲、不次，歸葬于女氏之黨，示未成婦也。』曾子問曰：『取女有吉日而女死，如之何？』孔子曰：『壻齊衰而吊，既葬而除之。夫死亦如之。』

如之。』

《左・桓二》師服曰：『嘉耦曰妃，怨耦曰仇，古之命也。』

《昭元》子産曰：『志曰：買妾不知其姓，則卜之。男女辨姓，女〔一〕之大司也。』

《成九》：『季文子如宋致女，復命，公享之。賦《韓奕》之卒〔二〕章。文子喻魯侯有蹶父之德。穆姜出於房，再拜，曰：「宣公夫人〔三〕，大夫勤辱，不忘先君以及嗣君，施及未亡人，先君猶有望也。敢拜大夫之重勤。」賦《緑衣》之卒章而入。喻文子[言]得己意。』

《成十一》：『聲伯之母不聘，無媒禮。穆姜曰：「吾不以妾爲姒。」昆弟之妾相謂爲姒。生聲伯而出之，嫁於齊管于奚，生二子而寡，以歸聲伯。聲伯以其外弟爲大夫，而嫁其外妹於施孝叔。郤犨來聘，求婦於聲伯，聲伯奪施氏婦以與之。婦人曰：「鳥獸猶不失儷，子將若何？」婦人遂行，生二子於郤氏。郤氏亡，晋人歸之施氏。施氏逆諸河，沉其二子。婦人怒曰：「己不能庇其伉儷而亡之，又不能字人之孤而殺之，將何以終？」遂誓施氏。誓不爲婦。』

東郭偃曰：『男女辨姓。』慶舍士曰：『男女辨姓。』《襄廿五》：『齊棠公之妻，東郭偃之

〔一〕今按：『女』，《十三經注疏》本《左傳正義》作『禮』，是。
〔二〕今按：『卒』，《十三經注疏》本《左傳正義》作『五』，是。
〔三〕今按：『宣公夫人』，衍，《十三經注疏》本《左傳正義》無此四字。

姊也。棠公死，武子以吊焉。見棠姜而美之，使偃取之。偃曰：「男女辨姓。」武夫〔一〕筮之，遇困之大過。陳文子曰：「夫從風，坎[为中男]，故曰夫。[變而为]巽，故曰從風。風隕，妻不可娶也。且其繇曰：『困於石，據於蒺藜，入於其宫，不見其妻，凶。』「困於石」，往不濟也。「據於蒺藜」，所恃傷也。「入於其宫，不見其妻，凶」，無所歸也。崔子曰：「嫠也何害？先夫當之矣。」遂取之。莊公通焉，驟如崔氏，以崔子之冠賜人。崔子弑之。』《襄廿八》：『崔舍〔二〕之士曰：「男女辨姓，子不避宗，何也？」曰：「宗不余避，余獨焉避之？賦詩斷章，余取所求焉，惡識宗？」賦詩者，取其一章而已。』

莒子之娶，鄭忽之逆。《隱二》：『莒子娶於向，向姜不安莒而歸。』琴瑟不和，故不安於莒，而歸其父母之國。《七年》〔三〕：『鄭公子忽如陳逆婦。先配而後祖。先逆配而後告廟。陳鍼子曰：「是不爲夫婦，誣其祖矣，非禮也，何以能育？」』

鄭太子之辭，王姬館於外。《桓六》：『公之未昏於禮〔四〕也，鄭侯欲以文姜妻鄭太子

〔一〕今按：『夫』，《十三經注疏》本《左傳正義》作『子』，是。

〔二〕今按：『崔』，《十三經注疏》本《左傳正義》作『慶』，是。慶舍，齊國大夫慶封之子。

〔三〕今按：『七年』，當爲八年。查《十三經注疏》本《左傳正義》，事在隱公八年四月。

〔四〕今按：『禮』，《十三經注疏》本《左傳正義》作『齊』。

忽。太子忽辭曰：「人各有耦，齊大，非吾耦也。及其敗戎師也，齊侯又請妻之。固辭曰：「今以君命奔齊之急，而受室以歸，是以師昏也。」』《莊元》：『秋，築王姬之館於外。爲外，禮也。』公在諒闇，慮齊侯當親逆，不忍便以禮接於廟，又不敢逆王命，故築舍於外。異其禮，得禮之變。《穀梁傳》云：『築之外，變之正也。仇讎之人，非所以接昏因也。衰麻，非所以接弁冕也。』不使齊侯得與吾爲禮也。

以息嬀而歸，歸蔡姬而嫁。《莊十四》：『蔡哀侯［为莘故］，繩譽。息嬀以語楚子，楚子滅息，以息嬀歸。未言。楚子問之，對曰：「吾一婦人而事二夫，縱不能死，其又奚言？」』古詩：『莫以今時寵，能忘舊日恩。看花滿眼泪，不共楚王言。』杜牧詩：『細腰宮裏露施新，脉脉無言度成春。至竟息亡缘底事，可怜金谷墮樓人。』《僖三》：『齊侯與蔡姬乘舟於囿，蕩摇公。公懼，變色；禁之，不可。公怒，歸之，未絶之也。蔡人嫁之。』《淮南子》：『蔡女蕩舟，齊師大侵楚。』

晋太子之嬴氏，晋公子之懷嬴。《僖廿二》：『晋太子圉爲質於秦，將逃歸，謂嬴氏曰：「與子歸乎？」對曰：「寡君之使婢子侍執巾櫛，以固子也。從子而歸，棄君命也。」』《廿三》：『重耳乃送諸秦，秦伯納女五人，懷嬴與焉，奉匜沃盥。既而揮之。』見皇子。

重耳之季隗，趙衰之叔隗。『重耳奔狄，狄人伐廧咎如，獲其二女叔隗、季隗，納諸公子。公子取季隗，生伯鯈、叔劉；以叔隗妻趙衰，生盾。將適齊，謂季隗曰：「待我二十五年，不來而後嫁。」對曰：「我二十五年矣，又如是而嫁，則就木焉。」』

狄人歸季隗於晋而請其二子〔一〕。文公之妻趙衰，君子之知出姜。文公妻趙衰，以女妻趙衰，生原同、屏括、樓嬰。趙姬請逆盾與其母。子曰〔二〕：『得寵而忘舊，何以使人？』固請，許之。來，以盾爲才，固請于公，以爲嫡子，而使其三子而〔三〕下之，以叔隗爲内子而己下之。《文四》：『逆婦姜於齊，卿不行，非禮也。君子是以知出姜之不允信於魯也。曰：「貴嬪而賤逆之。」公子遂納幣，卿不行。君而卑之，立而廢之，棄信而懷其主，棄納幣之信，壞其内主。在國必亂，在家必亡。不允宜哉！」』

魯叔姬之反馬，杞伯姬之歸寧。《宣五》：『齊高固及子叔姬來。《傳》：「冬，來，反馬也。」禮，送女留其送馬，謙不敢自安，三月廟見，遣使反馬。高固與叔姬俱寧。經傳俱見以示譏。』《莊廿七》：『杞伯姬來，歸寧也。凡諸侯之女，歸寧曰來，出曰來歸。夫人歸寧曰如某，出曰歸於某。』

楚公子之聘，齊景公之請。《昭元》：『楚公子圍聘於鄭，且娶於公孫段氏。將入館，鄭

〔一〕今按：此處錯亂，查《左傳・僖公二十四年》，此句在『文公妻趙衰』前。下二句『文公之妻趙衰，君子之知出姜』屬本段之題，當在段首。

〔二〕今按：『子曰』，《十三經注疏》本《左傳正義》作『姬曰』。

〔三〕今按：『而』字，《十三經注疏》本《左傳正義》無。

人惡之，乃館於外。既聘，將以衆逆。子産患之，使行人〔一〕子羽辭曰：「以敝邑褊小，不足以容從者，請墠聽命。」欲於城行〔二〕除地爲墠，行昏禮。令尹使伯州犁對曰：「君辱貺寡大夫圍，謂圍將使豐氏撫有而室。圍布几筵，告於莊、共之廟而來。若野賜之，是委君貺於草莽也，是寡大夫不得列於諸卿也。」子羽曰：「無乃包藏禍心以圖之？不然，其敢愛豐氏之祧？」遠祖廟。伍舉知其有備也，請垂橐而入。』《昭三》：『齊侯使晏嬰請繼室於晉，曰：「寡君使嬰曰：不腆先君之適，以備内官，焜耀寡人之望，則又無禄，早世隕命，寡人失望。君若不忘先君之好，惠顧齊國，辱收寡人，徼福於太公，照臨敝邑，鎮撫其社稷，則猶有先君之適，及遺姑姊妹，若而人。君若不棄敝邑，而辱使董振擇之，以備嬪嬙，寡人之望也。」韓宣子使叔向對曰：「寡君不能獨任其社稷之事，未有伉儷，在衰絰之中，是以未敢請。君有辱命，惠莫大焉。若顧敝邑，撫有晉國，賜之内主，豈惟寡君，舉君〔三〕臣實受其貺。其自康叔〔四〕以下，實寵嘉之。」』

〔一〕今按：『行人』二字，衍，《十三經注疏》本《左傳正義》無。

〔二〕今按：『行』字，衍，《十三經注疏》本《左傳正義》無。

〔三〕今按：『君』，《十三經注疏》本《左傳正義》作『群』。

〔四〕今按：『康叔』，《十三經注疏》本《左傳正義》作『唐叔』，是。唐叔为晋之祖。

内官同姓，其生不殖。子産曰：『内官嬪御。不及同姓，其生不殖。美先盡矣，則相生疾，君子是以惡之。故志曰：「買妾不知其姓，則卜之。」男女卞姓，禮之大司也。』

公若之姊，小邾夫人。《昭廿五》：『公若之姊爲小邾夫人，生宋元夫人，生子，以妻季平子。昭子如宋。公若從，謂曹氏宋元夫人勿與，魯將逐之。勿與女。樂祁曰：「與之。政在季氏二〔一〕世矣。」』

欲娶巫臣，將嫁季芈。《昭廿八》：『初，叔向欲娶於申公巫臣氏。其母曰：「子靈巫臣之妻，殺三夫一君一子，而亡一國兩卿矣。吾聞之：甚美必有甚惡。是桃子之子，子貉之妹也。子貉早死無後，而天鍾美於是，將必以是大有敗也。昔有仍氏生女，黰黑髪美而甚美，光可以鑑，名曰玄妻。以髪黑故。后夔取之，生伯封，實有豕心，貪婪無厭，忿纇無期，謂之封豕。后羿滅之，夔是以不祀。且三代之亡、其子〔二〕申生之廢，皆是物也，汝何以爲哉？夫有尤物，足以移人。苟非德義，則必有禍。」平公强使取之，生伯石。』餘見《定五》：『楚子入於郢。將嫁季芈，季芈辭曰：「所以爲女子，遠丈夫也。鍾建負我矣。」以妻鍾建，以爲樂

〔一〕 今按：『二』，《十三經注疏》本《左傳正義》作『三』，是。三世，指文子、武子、平子。

〔二〕 今按：『其子』，《十三經注疏》本《左傳正義》作『共子』，是。共子，名申生，晋獻公太子。

尹。』前年，大夫鍾建負季芈奔鄖。

《祭統》：『既内自盡，又外求助，昏禮是也。國君取夫人之辭曰：「請君之玉女，與寡人共有敝邑，事宗廟社稷。」此求助之本也。』

《坊記》：『子云：「取妻不同姓，以厚别也。故買妾不知其姓，則卜之。以此坊民。《魯春秋》猶去夫人之姓，曰吴，其死，曰吴孟子卒。」』

《昏義》：『昏禮者，將合二姓之好，上以事宗廟，而下以繼後世也，故君子重之。是以昏禮納采、問名、納吉、納徵、請期，皆主人筵几於廟，而拜迎於門外，入揖讓而升，聽命於廟，所以敬慎重正昏禮也。父親醮子而命之迎，男先於女也。子承命以迎，主人筵几於廟，而拜迎於門外。婿執雁入，揖讓升堂，再拜奠雁，蓋親受之於父母也。降出，御婦車，而婿授綏，御輪三周，先徙〔一〕於門外。婦至，婿揖婦以入，共牢而食，合巹而飲，所以合體同尊卑以親之也。敬慎重正，而後親之，禮之大體。而所以成男女之别，而立夫婦之義也。男女有别，而後夫婦有義；夫婦有義，而後父子有親；父子有親，而後君臣有正。故曰昏禮者禮之本也。夫禮始於冠，本於昏，重於喪祭，尊於朝聘，和於射鄉。此禮之大體也。夙

〔一〕今按：『徙』，《十三經注疏》本《禮記正義·昏義》作『俟』。

興，婦沐浴以俟見。質明，贊見婦於舅姑。婦執笲棗栗腶脩以見。贊禮婦，婦祭脯醢，祭醴，成婦禮也。舅姑入室，婦以特豚饋，明婦順也。厥明，舅姑共饗婦以一獻之禮，奠酬，舅姑先揖〔一〕自西階，婦降自阼階，以著代也。成婦禮，明婦順，又申之以著代，所以重責婦順焉也。婦順者，順於舅姑，和於室人，而後當於夫，以成絲麻布帛之事，以審守委積蓋藏。是故婦順備而後内和理，内和理而後家可長久也。故聖王重之。

《周禮》：『媒氏，掌萬民之判。判，半也。得耦爲合，主合其半，成夫婦也。中春之月，令會男女。於是時也，奔者不禁。司男女之無夫家者而會之。禁遷葬者與嫁殤者。生非夫婦，死使相從。』《周禮》：『大宗伯之職，以天産作陰德，以中禮防之。』陰德，謂男女之情，天性生而自然者。過時則奔隨，先時則血氣未定，聖人爲制其中，令民三十而娶，女二十而嫁，以防其泆，令無失德。情性隱而不害〔二〕，故謂之陰德。

正姓氏，通媒妁，上古男女無别。太昊始制嫁娵，以儷皮爲禮。正姓氏，通媒妁，以重人倫之本，而民始不瀆。

佐太昊，正昏因。女媧佐太昊正昏因，以重萬民之利。《外紀》。

〔一〕今按：『揖』，《十三經注疏》本《禮記正義・昏義》作『降』。

〔二〕今按：『害』，《十三經注疏》本《周禮注疏》作『露』。

楚君迎婦於秦，蜀主成昏於吳。荀卿曰：『夫道，善用之，則百里之地可以獨王〔一〕；不善用之，則楚以六千里而爲讎人役。』（《外紀》）《劉郎浦》吕温詩：『吳蜀成昏此水潯，真幄帳輦黄金。誰將一女傾天下，欲换劉郎鼎峙心。』〔二〕

匡衡曰：『臣聞：室家之道修，則天下之理得，故《詩》始《國風》，《禮》本《冠》《昏》，所以厚情性而明人倫，正基兆而防未然也。故聖王必慎妃后之隆〔三〕，别嫡長之位。卑不逾尊，新不先故，所以統人情而理陰氣也。』

匡衡曰：『妃匹之際，生民之始，萬福之原。昏因之禮正，然後品物遂而天命全。孔子論《詩》，以《關雎》爲始，此紀綱之首，王教之端。自上世以來，三代興廢，未有不由此者也。願陛下詳覽得失盛衰之效，采有德，戒聲色，近嚴敬，遠技能，以定大基〔四〕。』

邴原之辭，媒氏之禁。曹操幼子倉舒卒，操傷惜之甚，椽邴原有女早亡，操欲與倉舒合

〔一〕今按：『獨王』，中華書局《資治通鑒》作『獨立』。

〔二〕今按：中華書局《全唐詩》吕溫《劉郎浦》作『吳蜀成婚此水潯，明珠步障幄黄金。誰將一女輕天下，欲换劉郎鼎峙心』。

〔三〕今按：『隆』，《漢書·匡衡傳》作『際』。

〔四〕今按：『以定大基』四字，《漢書·匡衡傳》接於『盛衰之效』後。

葬。原辭曰：『嫁殤，非禮也。』操乃止。《禮》『媒氏禁嫁殤者』注：『殤，十九以下未嫁而死者。生不以禮相接，死而合之，是亦亂人倫者也。』

以士女而配士，以王姬而嫁士。魏主叡有詔：『録奪士女，前已嫁爲吏民妻者，還以配士。』太子舍人張茂上書曰：『陛下，天之子也；百姓吏民，亦陛下子也。今奪彼以與此，亦無以異於奪兄之妻妻弟也。又縣官以配士爲名，其醜惡乃出與士，實納之掖庭，得婦者未必喜，而失妻者必有憂。』西秦王乾歸，以進遺爲太子太師。遣子葉至孝，乾歸以女妻之。辭曰：『娶妻者，欲與之共事二親也。今以王姬下嫁蓬茅之士，臣懼其闕於中饋也。』

昏因之國，不可不救；社稷是利，豈顧一女。劉裕假道於魏，群臣曰：『昏因之國，不可不救。』崔浩曰：『爲國計者，唯社稷是利，豈顧一女子乎？』裕遣丁眸爲却月陸〔一〕，魏兵奔潰，魏主嗣恨不用崔浩之言。

禁士族之雜昏，禁宗戚之與昏。宋大明六，詔：『士族雜昏者，皆捕將吏。』士族多避役逃亡，乃嚴爲之制，捕得即斬之，往往奔竄湖山爲盜賊。沈懷文諫不聽。魏太和十一，禁宗戚士族與非類昏耦。

〔一〕今按：『丁眸』、『却月陸』，中華書局《資治通鑒》作『丁旿』、『卻月陣』，是。

禁同姓之爲昏，以季友而尚主。太和七，始禁同姓爲昏。發明：『其視禁，古之子承父妾，兄收弟婦，國終而不知變也，異矣！』山南東道節度於頔，憚上英威，爲子季友求尚主。上以普惠公主妻之。李絳諫曰：『頔虜族，季友庶孽，不足以辱帝女。』上曰：『此非卿所知。』范氏曰：『爲政必可繼也。憲宗不愛一女，以悦於頔，天下藩鎮焉得人人而悦之？古之王者，所與爲昏因，必先聖之後。不然，甥舅之國也。頔方命不朝，以女妻其子，不亦替乎？』

昏克讓之女，嫁懷恩之女。僖宗光啓二，天平牙將朱瑾，將襲兗州，乃求昏於泰寧節度齊克讓，而盛飾車服，私藏兵甲以赴之。親迎之夕，甲士竊發，逐克讓而代之。以僕固懷恩女嫁回紇。書法：『予存厚也。懷恩既死，上以舊功養其孤女至是嫁之，可謂厚矣。』

子曰：『男子二十而冠，有爲人父之端；女子十五許嫁，有適人之道。故聖人因時以合偶，霜降而婦功成，嫁娶者行焉；冰泮而農桑起，婚禮而殺於此。男子者，任天道而長萬物者也。是故審其倫而明其別。女子者，順男子之道而長其理者也，是故無專制之義，而有三從之道：幼從父兄，既嫁從夫，夫死從子，言無再醮之端。教令不出於閨門，事在供酒食而已，無閫外之非儀也。此聖人所以順男女之際，重婚姻之始也。』《家語》。

《曲禮》：『納女於天子，曰備百姓。於國君，曰備酒漿。於大夫，曰備掃洒。』

《易》：『歸妹，天地之大義也。歸妹，人之終始也。初九《象》：歸妹以娣，以恒也。六三：歸妹以須，反歸以娣。』

《天官書》：『須女四星，賤妾之稱。』

《象》曰：『歸妹以須，未當也。』九四：『歸妹愆期，遲歸以時。』《象》曰：『愆期之志，有待而行也。』六五：『帝乙歸妹，其君之袂，不如其娣之袂良。月既望，吉。』《象》曰：『帝乙歸妹，不如其娣之袂良也。其位在中，以貴行也。』

《堯典》：『女於時，觀厥刑於二女。釐降二女于嬀汭，嬪於吳。帝曰：『欽哉！』《益稷》禹曰：『娵於塗山。』

《詩》：『求我庶士，迨其吉兮。求我庶士，迨其今兮。求其庶士，迨其謂之。』《摽有梅》。『之子於時，宜其室家。之子於歸，宜其家室。之子於歸，宜其家人。』《桃夭》。『雍雍鳴雁，旭日始旦。士如歸妻，迨冰未泮。宴爾新昏，如兄如弟。』『俟我於著乎而，充耳以素乎而，尚之以瓊華乎而。竢我於庭乎而，充耳以青乎而，尚之以瓊英乎而。竢我於堂乎而，充耳以黄乎而，尚之以瓊黄乎而。』

『娶妻如之何？必告父母。娶妻如之何？匪媒不得。』『乃如之人子，懷昏因也。』『今夕何夕，見此良人。今夕何夕，見此邂逅。今夕何夕，見此粲者。』『豈其娶妻，必齊之姜。豈其娶姜，必宋之子。』『親結其縭，九十其儀。其新孔嘉，其舊如之何？』『昏因之故，言就爾居。昏因之故，言就爾宿。不思舊姻，求我新特』。『昏因孔云』，『天立厥配。』『間關車之舝兮，思孌季女逝兮。辰彼碩女，令德來教。覯爾新昏，以慰我心。』『兄弟昏因，無胥遠矣。』『摯仲氏壬，自彼殷商，來嫁於周，曰嬪於京。文王初載，天作之合。文王嘉止，大邦有子。文定厥祥，親迎於渭。造舟爲梁，不顯其光。』

《孟》：『女子之嫁也，母命之。往送之門，戒之曰：「往之汝家，必敬必戒，無違夫、子。」丈夫生而願爲之有室，女子生而願爲之有家。不待父母之命、媒妁之言，鑽穴隙相窺，逾墻相從，則父母國人皆賤之。』『舜不告而娶，爲無後也。君子以爲猶告也。』萬章問曰：『詩云：「取妻如之何？必告父母。」信斯言也，宜無如舜。舜之不告而娶，何也？』孟子曰：『告則不得娶。男女居室，人之大倫也。如告，則廢人之大倫以懟父母，是以不告也。』萬章曰：『舜之不告而娶，則吾既得聞命矣。帝之妻舜而不告，何也？』曰：『帝亦知告焉則不得妻也。』『娶妻非爲養也，而有時乎爲養。』任人有問屋廬子曰：『親迎則不得妻，不親迎則得妻，必親迎乎？』孟子曰：『往應之曰：「逾東家墻而摟其處子，則得妻，不摟則不得妻，則將摟之乎？」』

《大學》：未有學養子而後嫁者也。

父醮子曰：『往迎爾相，承我宗事。勖率以敬先妣之嗣，若則有常。』父送女，命之曰：『戒之敬之，夙夜無違命。』母施衿結帨，曰：『勉之敬之，夙夜無違宮事。』庶母及門内，施鞶，曰：『夙夜無愆，視諸衿鞶。』《士昏禮》。《記》曰：『昏禮，萬世之始也。娶哲異姓，所以附遠厚别。幣必誠，辭無不腆。告之以直信。[信]人事也。一與之齊，終身不改，夫死不嫁。男子親迎，男先於禮〔二〕，剛柔之義也。執贄以相見，敬章别也。』『娶婦之家，三日不舉樂，思嗣親也。』『昏禮不賀，人之序也。』

女有五不取，世有刑人不取，世有惡疾不取，喪父長子不取，順男女之祭，重昏因之始。

馬遷爲野合之誣，謂顔氏諱而不告。鄭注因之，以始後世之惑。

曾參、漢王駿、魏管寧終身不娶。陽城，年長不娶，謂弟曰：『吾與若惸獨相育，既娶則間外姓。』弟義之，亦終身不娶。

以僕射陽愔尚太原公主，即孝静帝之后也。齊天保元年。書法：『陽愔亦嘗仕於東魏一朝，國亡君弑，而妻其母后，禽獸之爲也。書之於册，遺穢萬年。』

〔二〕今按：『禮』，《十三經注疏》本《禮記正義》作『女』，是。

徐玉泉《代友賀畢因》：『之子於歸百兩將，鏘鏘仙佩響霞裳。杯交玉液飛鸚鵡，樂奏瓊簫引鳳凰。五夜芝蘭徐入夢，百年瓜瓞漸開祥。遥知永叶關雎好，不減周南第一章。青鸞飛入合歡宫，紫鳳含花出禁中。青鳥關關喜信傳，葱葱佳氣益門闌。青鳥遥傳喜信來，鬱葱佳氣滿蓬萊。路入桃源花爛熳，橋横銀漢水漪漣。秦樓年少吹簫女，漢苑風流傅粉郎。共結絲葱山海固，永諧琴瑟地天長。雲滿巫山峰十二，門迎珠履客三千。菡萏花深鴛並立，梧桐枝穩鳳雙栖。帳前新綰鴛鴦帶，堂上初開孔雀屏。年少星郎歸洛浦，風流神女下天台。鏡舞青鸞開寶匣，簫吹紫鳳下琅臺。巫峽行雲下神女，武陵流水駐仙郎。』

細看月輪還有意，定知青桂近姮娥。好是同心雙綰就，玉簫吹撤鳳凰臺。宜家宜室從斯美，琴瑟調和百歲偕。

暮昏晨告别，無乃太忽忙。妾身未分鳴，何以拜姑嫜。

《周禮・地官》：『媒氏，掌萬民之判。判，半也。得耦爲合。凡男女自成名以上，皆書年月日名焉。令男三十而娶，女二十而嫁。凡娶判妻入子者，皆書之。中春之月，令會男女。於是時也，奔者不禁。若無故而不用令者，罰之。司男女之無夫家者而會之。鰥寡。凡嫁子娶妻，入幣純帛，無過五兩。禁遷葬者與嫁殤者。凡男女之陰訟，聽之於勝國之社；其附於刑者，歸之於士。』注：《雜記》：『己雖小功，既卒哭，可以冠子〔一〕娶妻。』

皇極二　三章

重妃匹

《關雎》，后妃之德也。匡衡曰：『情欲之感，無介於容儀；宴私之意，不形〔二〕於動静。』班固曰：『《易》基《乾》《坤》，《詩》首《關雎》。』吕祖謙曰：『唯天下之至静，爲能配天下之至健也。故萬化之原，一本諸此。』《大明》二章：『摯仲氏任，自彼殷商，來嫁於周，曰嬪於京。乃及王季，維德之行。大任有身，生此文王。』四章：『文王初載，天作之合。在洽之陽，在渭之涘。』五章：『大邦有子，俔天之妹。文定厥祥，親迎於渭。』六章：『篤生武王，燮伐大商。』真德秀曰：『原周之成伐功者，以其有聖子，原周之生聖子者，以其有聖后。而聖后之生，又以王季、文王修德格天之故。』《思齊》一章：『思齊大任，文王之母。思媚周姜，

〔一〕今按：『子』，《十三經注疏》本《禮記正義・雜記》無此字。
〔二〕今按：『形』，元刻本作『移』。

京室之婦。大姒嗣徽音，則百斯男。』朱子曰：『歌文王之德，而推本之。』

漢顯宗之明德皇后馬援女，唐太宗之長孫皇后晟女。年十三入太子宮，奉承陰后，光武后。賈氏生肅宗，無子，養之。正位宮闈，愈自謙肅。誦《易》讀《春秋》，尤善《周官》。常衣大練，裙不加緣。帝幸苑囿離宮，戒以風邪霧露。楚獄連年，言及惻然。肅宗即位，自撰《起居注》，削去兄防參醫藥事，不欲後世數親後宮。建初欲封諸舅，太后不聽。明年夏旱，言者以爲不封外戚之故。太后詔曰：『王氏五侯同日俱封，黄霧四塞，不聞注雨之應。』太夫人葬，起墳微高，后以爲言，兄廖即減。外親不軌，便絶屬籍。置織宮蠶濯龍中，宮[名]，教諸王《論語》經書。真德秀曰：『賢於人者有五：肅宗非其所生，盡心撫育，忘己私也；憂嗣未廣，薦達左右，不妒忌也；出遊爲戒，楚獄開陳，能輔佐也；躬衣大練，崇節儉也；裁抑封爵，不私其家也。推本言之，又以知學問，喜讀書之故。』晟女。喜圖傳，視古今善惡。孝事高祖，謹承諸妃，性約素。後庭有罪者，徐爲開理。嬪生公主而死，視如所生。媵侍疾病，所御藥資之。兄無忌以佐命元功，將輔政，后令牢讓。太子承乾乳媪請增東宮什器，后曰：『太子患無德與名，器何請爲？』疾亟，太子請赦，泛度道人祓灾。后曰：『死生有命，非人力所及〔一〕。』玄齡少譴就第，后曰：『布衣舊不可棄。妾生無益於時，死不可以厚葬。』采古婦人事，著《女則》十篇。及崩，宫司以聞，帝爲之慟。長樂公主，資送倍於永嘉公主。魏徵諫見公主。后曰：『社稷臣也！』請遣中使齎錢絹以賜徵。上罷朝怒曰：『會須殺此田舍翁。』具朝服立庭曰：『今魏徵直，由陛下之明也。妾敢不賀？』以上皆德選者。

漢武帝之衛后，漢成帝之趙后。衛后爲平陽公主謳者。帝過平陽主，帝悦，入宫生據。遭巫蠱事自殺。趙后本長安宫人，屬陽阿主家，學歌舞。帝過陽阿主，悦，入宫。許后廢，欲立趙婕妤。劉輔上書以爲里語曰：『朽木不可以爲柱，卑人不可以爲主。』繫掖庭獄。立爲皇后，後廢爲庶人，自殺。真德秀曰：『二后一以謳者進，一以歌者進，始進不正，其能終乎？漢之選后，色進之外，有以親進者。孝惠張后，敫女。敫尚帝姊魯元公主。吕氏滅，廢處北宫。孝武陳后，長公主嫖女。後以媚道覺，廢處長門宫。孝成許后，嘉女，後以媚道祝詛，廢處昭台。三后憑舊姻以進，祇速禍敗，以親而不以德故也。後漢則桓帝梁后亦然，自順帝順烈后至此，凡二后矣。后順烈女弟也。后既無子，潛懷怨忌，宫人孕育，鮮得全者。追廢爲貴人。及晋之楊氏，兩爲帝后，其禍尤烈。親進之外，又有以妃嬪進者。文帝元年

〔一〕今按：『及』，元刻本作『文』。

立爲皇后，即竇氏也，生景帝。古者天子諸侯皆娶大國，以侄娣從。正妃死，次妃攝行内事。葵丘之盟，無以妾爲妻，魯公子荆之母嬖，哀公將爲夫人，使宗人釁夏獻禮，對曰：「周公、武公娶於薛，孝惠娶於商，自桓以下娶於齊，此禮也。則有若以妾爲妻，則固無其禮也。」自漢文以後，惟意所向，不復議矣。魏文帝將立郭貴嬪爲后，而中郎棧潛争之；唐明皇將立武惠妃爲后，而御使潘好禮争之。論謹選立之道。』

元祐中，范祖禹言於宣仁曰：『伏奉詔旨，納后立禮。臣竊伏思，宜先知者有四：一曰族姓，二曰女德，三曰隆禮，四曰博議。』族姓者，古之帝王所與昏因者，必大國諸侯，先聖王之後，勳賢之裔，甥舅之國。黄帝娶西陵女嫘祖，舜娶堯二女，禹娶盇山，湯娶有莘，后稷生於姜嫄，太王娶太姜，炎帝后。王季娶太任，太昊後。文王娶太姒，禹後。武王亦娶姜。女德者，夏之興也以盇山，其亡也以妹喜。商之興也以有娀，其亡也以妲己。周之興也以姜嫄，其亡也以褒姒。漢顯宗馬后，唐太宗長孫后，皆有后德。漢初大臣欲立高帝子齊王，皆曰王母家駟鈞惡戾虎而冠者也。代王母家薄氏，君子長者，乃立代王，是爲文帝。隆禮者，孔子對哀公曰：『敬之至，大昏爲大，冕而親之也。按《禮》，冠昏惟有士禮，而無天子諸侯之禮，故三代以來，惟以士禮推而上之，爲天子諸侯之禮。博議者，《春秋》書祭公來，遂迎王氏於紀。夫國有大事，大臣不容預聞也。慈聖光獻之立也，吕夷簡定其議，仁宗所以爲

［聖者］，能從衆也。

周姜后之有德，齊賢妃之有思。宣王姜后賢而有德，事，非禮不言；行，非禮不動。宣王晏起，后脱簪珥，待罪永巷，王早朝晏退。真德秀曰：『古者，后夫人入御於君，鷄初鳴，太師奏鷄鳴於陛下，夫人鳴佩玉於房中告去也。應門擊柝，告辟也。開啓也。《齊·鷄鳴》，思賢妃也。哀公荒淫怠慢，故陳賢妃貞女，夙夜警戒相成之道焉。楚莊王好田獵，而樊姬不食禽獸之肉。齊桓公好淫樂，而衛姬不聽鄭衛之聲。』

漢成帝之班婕妤，唐太宗之徐賢妃。成帝遊後庭，欲與班婕妤同輦，辭曰：『賢聖之君，名臣在側，三代末主，乃有嬖女。今欲同輦，得無近似之乎？』上善其言而止。賢妃徐惠，貞觀末，討四夷，治宫室，上書言：『捐有盡之農，趨無窮之壑，圖未獲之衆，喪已成之軍。』又言：『有道之君以逸逸人，無道之君以樂樂身。』又言：『伎巧爲喪國斧斤，珠玉爲蕩心鴆毒。』志驕於業泰，體逸於時安。』論賴規警之益。

《春秋傳》辛有諗周公曰：『並后，亂之本也。』内寵並后，亂之本也。真德秀曰：『天無二日，土無二王，尊無二上，天地之常經，古今之大義也。』

衛莊姜之緑衣，慎夫人之同席。《緑衣》，衛莊姜傷己也。『緑兮衣兮，緑衣黄裏。緑兮衣兮，緑衣黄裳。』真德秀曰：『其後賤妾之子州吁果以簒立，衛以大亂。』漢文帝慎夫人，常同席，幸上林，布席。袁盎卻慎夫人曰：『今已立后，夫人妾也。妾，主豈可與同坐哉？』上悦，賜盎金五十斤。真德秀曰：『漢制大夫出入禁中，故高祖擁戚姬，周昌見之，因陳桀紂之諫；夫人與后同坐，袁盎引卻其坐。論嫡媵之辨。』

晋泰始十年詔：『自今不得以妾媵爲正嫡。』葵丘之會，無以妾爲妻。《白華》之作，瞻卬之詩。《白華》，大夫刺幽后也。得褒姒而黜申后，故下國化之。以妾爲妻，以孽代宗，周人爲之作是詩也。真德秀曰：『舊説以爲周人作，朱子謂申后作。熹説得之。』《瞻仰》，凡伯刺幽王大壞也。『哲夫成城，哲婦傾城。懿厥哲婦，爲梟爲鴟。婦有長舌，維厲之階。亂匪降自天，生自婦人。匪教匪誨，時維婦寺。』真德秀曰：『《易》曰「無攸遂，在中館〔一〕」；《詩》曰「無非無儀，維酒食是議」；《正月》之詩曰「燎之方揚，寧或滅之。赫赫宗周，褒姒滅之」。』真德秀曰：『《國語》大夫史伯曰：「棄聘后而立内妾，好窮困也；周法不昭而婦言是行，用讒慝也。」宣王時謡曰：「檿弧箕服，實亡周國。」』

漢之殺后，唐之廢后。漢宣議立后，詔求微時古劒，立許婕妤爲后。廣漢女霍光夫人顯，欲貴其小女。許后當娠，病，使女醫，淳于衍投毒藥皇后。有頃曰『我頭岑岑也』，遂崩。

〔一〕今按：『館』，《十三經注疏》本《周易正義》作『饋』，是。

光納成君，立爲后。後殺后事泄，后廢处昭臺，徙雲林館自殺。真德秀曰：『光不學無術，陰妻邪謀，既匿侍醫之罪，又成納女之謀。漢史宜書曰：「霍光弑皇后許氏，立女爲皇后，則當其罪矣。」』武氏，士彠女。爲太宗才人，號武媚。太宗晏駕，爲比丘尼。王皇后無子，蕭淑妃有寵，后引納後宫，以撓妃寵，進爲昭儀。昭儀生女，后就顧弄，去，昭儀潛斃兒。高宗廢后，進昭儀爲后。王后蕭娣囚宫中，帝進飲食竇中，呼之曰：『皇后良娣無恙否？』同辭曰：『幸念疇昔，復見日月，乞署此爲回心院。』帝曰：『朕有處置。』昭儀詔杖二人，投釀瓮中，曰：『令二人骨醉！』數日死。論懲廢奪之失。

皇極二　四章

嚴内治

《記》：『后立六宫、三夫人、九嬪、二十七世婦、八十一御妻，以聽天下之内治，以明章婦順，故内和而家理。天子立六官、三公、九卿、二十七大夫、八十一元士，以聽天下之外治，以明章男教，故外和而國治。男教不修，日爲之食；婦順不修，月爲之食。日食則天子素服而修六官之職，月食則后素服而修六宫之職。天子之與后，猶日之與月，陰之與陽。

天子修男教，父道也；后修女順，母道也。』

《曲禮》：『外言不入於梱，内言不出於梱。』此嚴中外，杜請謁之徒〔一〕也。論宮闈内外之分。《春秋傳》葵丘之盟曰：『毋使婦人預國事。』真德秀曰：『戰國時秦芈太后、齊君王后始預國事。』

漢之吕后，漢之王后。稱制元年，欲王諸吕，王陵曰：『高帝刑白馬盟曰「非劉氏而王，天下共擊之」，今王吕氏，非約也。』平、勃曰：『無所不可。』二年封齊悼惠王子章爲朱虚侯，令入宿衛，以吕禄女妻章。四年，幽殺小帝，非后子。立恒山，不称元年，以太后制天下事故也。朱虚侯年二十入侍宴飲，后令章爲酒吏。章請曰：『臣，將種也，請得以軍法行酒。』酒酣，爲耕田歌曰：『深耕穊種，立苗欲疏，非其種者，鉏而治之。』諸吕十餘人醉亡酒，拔劍斬之。八年，太后崩，諸吕欲爲亂。平、勃使酈寄説禄解印，勃入軍門令曰：『爲吕氏右袒，爲劉氏左袒。』軍中皆左袒。朱虚侯請卒，太尉勃與卒千人。擊産，誅之。悉捕諸吕，斬之。

孝元王皇后。班彪曰：『《春秋》所記，王公國君與其失世，稀不以女寵。漢興，后妃之家吕、霍、上官，幾危國者數矣。及王莽之興，由元后歷漢四世爲天下母矣。群弟世權，更

〔一〕今按：『徒』，《四庫全書》本《大學衍義》及華東師范大學《大學衍義》皆作『法』，是。

持國柄，五將十侯，卒成新都。位號已移於天下，而元后拳猶握一璽，不欲以授莽，婦人之仁，悲夫！』《後漢・皇后紀》范曄曰：『自古雖主幼時艱，必委成冢宰，簡求忠賢，未有專任婦人斷割重器。唯秦芈太后始攝政事，故穰侯權重於昭王，家富於秦國。太后，昭王母。穰侯，太后弟。漢仍其謬，知患莫改。權歸女主，外立者四帝，安、質、桓、靈，外立非嫡，臨朝者六后，竇、鄧、閻、梁、竇、何，莫不定策帷帟，委事父兄，貪孩童以久其政，抑明賢以專其威。』

和帝之竇太后，殤帝之鄧太后。兄憲、弟毒[一]皆在親要之地，遂圖弑害，和帝誅之。鄧太后立安帝，猶臨朝政。范曄曰：『鄧后称制終身，號令自出，術謝前政之良，身闕明辟之義。』東漢母后，和熹最賢，然貪權不釋，杜根上書請還政，爲后所誅，故史氏譏之。

安帝之閻后，冲帝之梁后。安帝閻后，潛[二]廢皇子保爲濟陰王。帝崩，后臨朝欲專國政，貪立幼年，迎立北鄉侯。而薨，孫程等立濟陰王，遷后離宮。冲帝[立]，梁太后臨朝。帝崩，立質帝。委任李固，海内肅然。兄冀鴆殺質帝，遂立桓帝。桓帝無嗣，竇太后臨朝，立靈帝。父武謀誅宦官，曹節等殺武，遷后南宮。靈帝崩，子辯立，何太后臨朝。兄進欲誅

[一] 今按：『毒』，《四庫全書》本《大學衍義》及華東師范大學《大學衍義》皆作『篤』，是。

[二] 今按：『潛』，《四庫全書》本《大學衍義》及華東師范大學《大學衍義》皆作『譖』，是。

宦官，反爲所害。真德秀曰：『六后之中，若鄧與梁本以賢稱，桓帝竇后志存社稷，然鄧以終身称制，爲天下後世所非，梁、竇亦不免於禍敗。』魏文帝詔曰：『婦人與政，亂之本也。自今以來，太后后族之家不得輔政。』真德秀曰：『曹魏行事鮮可法者，獨此詔足以矯漢世之失。』

唐武后召方士入禁中爲蠱祝，帝怒廢之。后自訴，待之如初。政歸房帷，天子拱手，群臣章奏，皆曰『二聖』。帝將遜位於后，宰相郝處俊固諫，乃止。帝崩，中宗立太后，廢帝爲廬陵王。自臨朝，立睿宗，實囚之。武承嗣僞作洛水石，號爲寶圖。太后乃郊上帝，自號『聖母神皇』。太后身拜洛水圖，令薛懷義與群浮圖作《大雲經》，言神皇受命事。又有詭言《周書·武成》爲篇，辭有『垂拱天下治』，爲受命之符。后班視天下。御史傅游藝率關内父老請革命，改帝氏爲武，國號周，立武氏七廟。張柬之等入，誅二張。中宗復位，徙太后上陽宮。唐史臣曰：『禮本夫婦，《詩》始后妃，治亂因之，興亡係焉。盛德之君，《關雎》之風行，彤史之化修，故淑范懿行，更爲内助。若夫艷妻之興，常在中主；第裯既接，則情與愛遷；顔辭媚熟，則事與私奪。娇謀鉗其悟先，哀誓鍵於寵初。此武、韋所以遂篡弑而喪王室也。』宋子京。

向之黄其屋者，乃所以爲赤族之地。又曷若爲任、爲姒，不失聖后之名，而本支萬世永享無疆之福哉？韋氏瑣瑣愚庸，妄意踵武，曾不旋踵，身戮族夷。

論宮闈預政之戒。

杜詩：『惟昔武皇后，臨軒御乾坤。』『太后當朝肅，多才接迹升。』

皇極二　五章

皇后

《白虎通》：『天子之配，謂之后。后者，君也。』

《初學記》：『夏殷以前大率稱妃。周則天子立后，正嫡曰王后。秦稱皇帝正嫡曰皇后，漢因之。』

《周禮》：內宰，治王內之政令，以陰禮教六宮，以陰禮教九嬪，以婦職之法教九御。

《關雎》后妃之德也，風之始也。《葛覃》躬儉節用，服浣濯之衣。《卷耳》求賢審官，無私謁之心。《螽斯》不妒忌，則子孫衆多也。《芣苢》和平，則婦人樂有子矣。《樛木》不妒，子孫衆多。『静女其孌，貽我彤管』。古者后夫人必有史彤管之法，史不記過，其罪殺之。后妃群妾御於君所，女史書其日月，授之以環，以進退之。生子月辰，則以金環退之。當御者，以銀環進之。《椒房》取實，蔓盈升椒壁，取温暖除惡。

《漢官儀》：『壺政穆宣，宣房昭理[一]，坤則順成，星軒軒轅星。潤飾。』顔延之《宋文后哀册》。

長秋宮，六騩馬。《馬后傳》：有司奏立長秋宮，以皇后爲長秋者，秋陰之始，取其長而欲其久也。宋《百官志》。《漢魏故事》：皇后六騩馬。《初學記》。

鍾離之諫，吴姬之言。《列女傳》：鍾離春，齊無鹽邑女也。自詣宣王，舉手拊膝曰：『殆哉殆哉！春秋四十，壯男不立，一殆也；漸臺五層，萬民疲困，二殆也；賢匿山林，諂强左右，三殆也；酒漿流湎，女樂俳優，四殆也。』王喟然而嘆，以爲后。《列女傳》：齊威王即位，佞臣周破胡專權妒賢。吴姬曰：『破胡柔佞，不可不退。』王烹破胡，齊大治。

薄姬之夢龍，夫人之得鈎。薄姬輸織室，王納後宮。對曰：『夢龍據妾胸。』上曰：『是貴徵也。』生景帝。鈎弋夫人，家在河間，武帝巡守，望氣者，言此有奇女，亟使召之。兩手皆拳，上自披之手，即時伸，號拳夫人。遂生昭帝。《列仙傳》：得一玉鈎，因以爲名。

捫天之兆，沙麓之靈。和熹鄧后，和帝后也。太傅禹之孫，嘗夢捫天，蕩蕩正青，若有鍾乳狀，乃仰嗽飲。占夢言：堯夢攀天而上，湯夢及天而咶，斯皆聖王之别占，吉不可言。

[一] 今按：『宣房昭理』，《古今事文類聚》前集卷二十作『房欒韶理』。

《元后傳》：春秋沙麓崩。元城建公曰：『沙麓崩，六百四十五年宜有聖女興。』漢王賀，字翁孺，正值其地，日月當之，賀生楚，楚生元后，后母李妊政君元后小字。夢月入懷。元后母天下。揚雄《表》：『太陰之精，沙麓之靈，作合於漢，配元生成。』

若得阿嬌，當得麗華。《漢武故事》：武帝爲膠東王，年數歲，長公主抱問曰：『兒欲得婦否？』曰：『若得阿嬌，當作金屋貯之。』《本紀》：漢光武微時，曰：『仕宦當作執金吾，娶妻當得陰麗華。』即位立爲后。

崑崙侍寢，杜后生齒。晋簡文無子，李后爲宫人，形長色黑，謂之崑崙。相者警曰：『其人也！』侍寢，夢兩龍枕膝，日月入懷。生孝武帝。晋成帝杜皇后，預之曾孫，少有姿色，長猶無齒，及帝采納之日，一夜齒盡生。

白花如柰，玉衣覆上。晋杜皇后，預之曾孫。三吴女子，相簪白花，望之如素柰。傳言：『天公織女死，爲之着服。』至是后崩。《魏志》：甄后幼時，每寢，見如有人持玉衣覆其上者。

女必有學，女則垂范。甄后九歲喜書，視字輒識。言古賢女，未有不學。長孫皇后。見上。

陛下家事，稍與政事。高宗欲立武昭儀爲皇后，帝密訪，李勣曰：『此陛下家事，無須問外人。』詔勣與於志寧察，册立武后。肅宗后張氏，稍與政事，多以私謁撓權。寶應元年，李輔國幽后於别殿。宋子京序唐制，皇后而下貴妃、淑妃、德妃、賢妃是夫人，昭容、昭儀、昭媛、修容、修儀、修媛、充容、充儀、充媛是九嬪。婕妤、美人、才人各九，合二十七。代世婦、寶林御女、采女各二十七，合八十一。代御妻，後世改復不常。開元時后下復有四妃，非是。乃置惠麗華三妃、六儀、四美人、七才人，而尚書、尚儀、尚服各三，大抵踵《周官》損益。介甫：《關雎》之求淑女，以無險陂私謁之心；《鷄鳴》之得賢妃，則有儆戒相成之道。祝聖人之多子，輒慕堯封。思令德以式歌，豈慚周雅。

兹惟故劍，亦類糟糠。令德、徽音，淑哲、憂勤，正淑、窈窕，有娀、太姒，降嬀、迎渭，《卷耳》無私，《關雎》未得〔一〕。

生而有文，美而無子。《左》：宋武公生仲子，仲子生而有文在其手，曰爲魯夫人。故仲子歸於我，生桓公，而惠公薨。衛莊公娶於齊，東宫得臣之妹曰莊姜，美而無子。衛人所爲賦《碩人》也。

歸夫人之魚軒，與夫人以繡衣。《閔二》：狄人伐衛，公與夫人繡衣，曰：『聽於二子。』

〔一〕 今按：『未得』，《四庫全書》本《翰苑新書》作『樂得』，是。

取其文章順序。衛之遺民立戴公。齊侯歸夫人魚軒，以魚皮爲飾。將以爲后，通於隗氏。《僖廿四》：襄王以狄伐鄭，取櫟。王德狄人，將以其女爲后。富辰諫曰：『女德無極，婦怨無終，近之則不知止足，遠之則忿怨無已。狄必爲患。』王不聽。王子帶又通於隗氏。所立狄后。王替廢隗氏，頽叔、桃子以狄攻王，王出適鄭，處于氾。謂之哀姜，曰若如人。《文十八》：襄仲殺惡及視，而立宣公。夫人姜氏惡視母。歸於齊，大歸也。將行，哭而過市曰：『天乎！仲爲不道，殺嫡立庶。』市人皆哭。國人謂之哀姜。《襄十二》：靈王求后於齊，齊侯問對於晏桓子。桓子對曰：『先王之禮辭有之，天子求后於諸侯，諸侯對曰：「夫婦所生若而人，妾婦之子若而人。」不敢譽，亦不敢毁，故曰若如人。無女而有姊妹及姑姊妹，則曰「先守某公之遺女若而人。」』齊侯許昏，王使陰里結之。陰里，周大夫。結，成也。

立皇后張氏，廢皇后薄氏。張氏，惠帝姊，魯元公主女也。書法：『兩漢之篇立某氏爲皇后者，恒辭也。此其書立皇后張氏何？后帝甥也。倫序亦小乖矣。異其文者，異其辭〔一〕也。』景帝六年，廢皇后薄氏。《綱目》書廢皇后，自景帝始。

〔一〕今按：『辭』字，《綱目續麟》卷三作『事』。

立婕妤上官氏，立將軍霍光女。始元四年。書法：『於是帝年十二，而后方六歲，立后之幼，未有甚於此者。桀私也，亦大早計矣哉！』發明：『此霍光不學之故爾。』本始四年。書法：『書大將軍女何？權所在也。故權在於莽，則以安漢公莽女書；權在於光，則以大將軍光女書。』王鳳曰：『后妃有貞淑之行，則胤嗣有賢聖之君。』劉向以爲王教由内及外自近者，始採詩書所載賢妃貞婦、興國顯家及孽妾爲亂亡者，序次爲《列女傳》。

周后歸寧，秦卿歸寧。《詩》：『言告師氏，言告言歸。薄污我私，薄浣我衣。害浣害否，歸寧父母。』《春秋・襄十二年》：『秦嬴歸於楚。秦景公妹，楚共王夫人。楚司马子庚聘於秦，爲夫人寧，禮也。諸侯夫人，父母既没，歸寧使卿，故曰禮。』

宋無大夫，魯有孟子。《公羊傳》：『宋殺其大夫，何以不名？宋三世無大夫，三世内娶也。』《論》：陳司敗曰：『昭公知禮乎？』子曰『知禮』，曰『君娶於吳，爲同姓，謂之吳孟子，君而知禮，孰不知禮？』

王莽女之自焚，魏毛氏之賜死。皇后自焚崩，莽之女也。潘岳賦：『瞰康國之孤墳，悲平后之專潔。不得合葬，故曰孤墳。殃厥父之篡逆，蒙漢耻而不雪。激義誠而引決，赴丹焰以明節。投宫火而焦糜，從灰煙而俱滅。』建興十五，郭夫人有寵，毛氏愛弛。叡遊後園，后知之，明日謂叡曰：『昨遊北園樂乎？』叡以左右泄之，殺十餘人，賜后死。書法：『魏嘗書殺夫人甄氏矣，於是而斥魏主何甚叡也。』

漢妃家之不得預政，魏妃家之不得輔政。館陶公主爲子求郎，不許，而賜錢千萬。曰：『郎官上應列宿，出宰百里，苟非其人，民受其殃。』魏立法：自今后家不得輔政。《章武二》詔曰：『婦人與政，亂之本也。自今以後，后族之家不得預政。』書法：『《綱目》惡魏，然法有可傳，每每特書之：故宦者不得過諸署令則書，后妃不得輔政則書，諸侯入奉大統不得顧私情則書。』

廢郭后，立陰氏。光武，郅惲曰：『願陛下念其不可，勿亂大倫。』

立貴人鄧氏，立貴人閻氏。和帝永元十四，立貴人鄧氏爲后。鄧禹曰：『吾未嘗妄殺人，後世必有興者。』子訓有女曰：『綏孝友，好書傳，爲貴人，動有法度。嘗有疾，帝令其母兄弟入侍醫藥。辭曰：『宮禁至重，而使外舍久在内省，上令陛下有私幸之譏，下使賤妾獲不知足之謗，上下交損，誠不願也。』衣與陰后同色者，即時解易。並時進見，則不敢正坐。及爲后，郡國貢獻，悉令禁絶，帝欲官爵鄧，哀請謙讓。安帝元初二，立貴人閻氏爲后。書法：『於是帝即位九年，年二十二矣，立后之遲未有如此者，而竟得妒后，卒以亂朝。《關雎》憂在進賢，宜矣哉！』

當能馮婕妤，辭輦班婕妤。潘岳賦：『壯當熊之忠勇，深辭輦之明智。』

立貴人爲皇后，納三女爲貴人。順帝陽嘉元年，立貴人梁氏爲后。帝欲立后，而貴人有寵者四人，莫知所建議，欲探籌以定。胡廣等諫曰：『恃神任筮不必當矣，就值其人猶非德選，宜參良家，簡求有德，德同以年，年鈞以貌，稽之典經，斷之聖慮。』從之。獻帝魏公操建安十八，納三女爲貴人。書法：『妃妾不書，此其書，何譏也！劉聰納劉殷三女爲貴嬪，書漢主納，此則曷爲以操納？書非帝意也。』

立貴人曹氏，立貴妃郭氏。建安廿，立貴人曹氏爲皇后。書法：『伏后之弑，帝蓋凜凜矣。於是立其女爲皇后，帝將求以自媚於操也。不亦可悲甚哉！』立貴妃郭氏爲后，中郎棧潛疏曰：『后妃之德盛衰，治亂所由生也。是以聖哲立元妃，必取世家令淑以統六宮、奉宗廟。《易》曰：「夫夫婦婦而家道正，正家而天下定矣。」《春秋》書宗人釁夏云：「無以妾爲夫人之禮，若因愛登后使賤暴貴，臣恐後世開張非度，下陵上替，亂自上起也。」』不從。

立樊氏爲后，立養女爲后。四年，聰立妃樊氏爲后。發明：『並后且爲亂階，況三后乎！妾媵且不可爲，況賤妃乎！』中常侍王沈有養女，漢主聰立爲左皇后。尚書令王鑒、中書令崔懿之諫曰：『借使沈之弟女刑餘，小醜猶不可以塵污椒房，況其家妃耶！』聰斬之。

漢立三后，魏立朱氏。建興三年，漢立三后，納靳准二女月光爲上皇后，劉貴嬪、月华爲左右皇后。書法：『書譏也。自漢立三后，其後也周立四后、立五后，益無謂矣！』立肅宗嬪爾朱氏爲后。榮欲納以爲后，魏主疑之。黄門侍郎祖瑩曰：『晋文公在秦，懷嬴入侍事，有反經合義，陛下獨何疑焉？』從之。書法：『肅宗何？魏主攸也。立后，書氏恒辭也。』書曰：『立肅宗嬪，醜之甚矣。』胡氏曰：『正家者，治國之本；初政者，治亂之源。魏子攸惑於邪説而不能辨，惕於强臣而不能正，早墜厥命於是乎在矣！』

胡氏爲左皇后，穆氏爲右皇后。齊武平三年。書法：『並后，非禮也。自漢劉聰書立三后，至是書立右后，後此書立四后立五后，不可勝紀矣。』周贇。發明：『人主立后，取法乾坤日月陰陽之義。君治外而后治内，所以齊體宸極，母儀天下。國無二主，安得二后？今高緯昏淫不道，嬖幸盈朝，既立胡氏，又立穆氏，將就淪滅，固無足道。』

立妃馮氏，立妃羊氏。四年。書法：『書馮氏何？妃也。立婢爲妃，過矣。立妃爲馮氏，甚哉。漢主聰立妃樊氏，閩主璘立父婢陳氏，閩主昶立父婢李氏。』晋元大興二，劉曜立妃羊氏爲后。書法：『羊氏何？惠后也。《綱目》書之，其爲中國悲甚矣。』

劉氏膽略，沈后儉約。石勒劉氏有膽略，佐勒建功業，有吕后之風。勒卒，石虎弑之。陳後主沈后身居儉約，衣服無錦繡之飾，唯尋閲圖史，上書諫諍。

五后二聖。周主贇主五后，小宗伯辛彦之對曰：『皇后與天子適體，不宜有五。』博士何妥曰：『帝嚳四妃，虞舜二妃，先代之數，何常之有？』天元大悦，免彦之官。隋獨孤氏，家世貴盛，而能謙恭，雅好讀書，言事多與隋主意合，宫中稱爲二聖。隋主臨朝，后與方輦而進，至閤乃止。使宦官伺隋主，政有所失，隨事匡諫。崔長仁，后之中外兄弟也。犯法當斬，隋主欲免之。后曰：『國家之事焉，可顧私？』長仁竟坐死。

黄皇室主，樂平公主。周太后楊氏，知其父有異圖堅女，意頗不平，形於言色。及禪位，憤惋愈（甚），隋主愧之，改封樂平公主。欲奪其志，公主誓不許。書法：『《綱目》故后書改封二，漢黄皇室主、周樂平公主，皆守節者也。』

祭南北之斗，剖霹靂之木。開皇十二，廢皇后楊氏，后兄守一以后無子，使僧明悟爲后祭南北斗，刻霹靂木，雷震之木。書天地字及上名佩之。事覺，廢爲庶人，守一賜死。

置銀鹿於前，坐諸兒於上。吴越王夫人馬氏無子，請於鏐，鏐喜，乃聽元瓘納妾，生弘倧、弘佐、弘俶。夫人慈愛，置銀鹿於帳前，坐諸兒於上而弄之。

李白《白頭吟》：爲明皇寵武妃廢王后而作。『此時阿嬌正嬌妒，獨坐長門愁日暮。但願君恩顧妾深，豈惜黄金買詞賦。』

左婢子夕以死；記夫人自稱婢子。

妾之本宗，因緣葭殍以致禄位。唐長孫后。漢《中山王傳》：『葭殍之親，言輕薄附着。』

配天地，象日月。

正位宫闈，同體天王。詩：『儀刑孚萬邦，内訓崇壺闈。徽音穆清風，高義邈不追。貴〔一〕榮參日月，舉世仰餘輝。』張華。理國先家道，王教起闈房。二妃齊有吴，三母翊周王。《論》：『邦君之妻，君稱之曰夫人，夫人自稱曰小童，邦人稱之曰君夫人，稱諸異邦曰寡小君，異邦人稱之亦曰君夫人。』

有正淑之行。杜欽。無險詖之心。《卷耳》注。誦《易》。馬后。受經。鄧后。帥九嬪。記季春躬桑，仲夏獻繭。行四教。晋志躬行四教，尊崇師傅。節儉。長孫皇后。尊敬。詩尊敬師傅。陰教。懿德。更爲内助，《桓彦范傳》。女則。長孫皇后《女則》十篇。婦道。《葛覃》化天下以婦道也。敬師傅。多子孫。脱簪。周宣晏起姜后脱簪。佩玉。后夫人鷄鳴佩玉去君所，康王后不然，故詩嘆而傷之。

宋，耆因納后，美因納后。劉太后隨父至玉泉寺，長老善相人曰：『君之貴，以此女也。』贈金百兩，至京師。真宗判南京因張耆納后。益州華京爲開封府人，美以鍛銀爲業。真宗曰：『蜀婦人多才惠，汝爲我求一蜀姬。』美因納姬，年十五〔二〕。

〔一〕今按：『貴』，《晋書》卷二十二張華《中宫所歌》作『遺』。

〔二〕今按：此語删略嚴重，難明其詳。《宋朝事實》卷一叙此事曰：『章獻明肅劉後，益州華陽縣人。父通後爲蜀人龔美攜入京，爲開封府人。美以鍛銀爲業，真宗尹開封，美因鍛銀得見。真宗語之曰：『蜀婦人多才惠，汝爲我求一蜀姬。』美因納姬，年十五。

一事女是庶出，一事嫡母悍妒。哲宗選后，宣仁曰『所選百餘家，陰陽不合，獨一家可用。復有二事未安，一事女是庶出，一事嫡母悍妒。劉摯曰：『春秋夫婦之子、妾婦之子皆備採擇，非天子納后故事。』

十三滔滔，使相嫁娵。英宗於仁宗爲侄，宣仁於光獻爲甥，同養禁中。温成無子，帝謂光獻曰：『舊養十三、滔滔各已長，朕爲十三、后爲滔滔主昏，使相娵嫁。』十三，英宗行第。滔滔，宣仁小字。

警：椒房虛位上軫皇慈，寶册戒期式資婦順。儀虛中壼，孰參協帝之期；祥降上穹，爰錫俔天之配。舜孝日隆，元賴二嬪之助；周仁廣及，亦資三母之賢。天叙五典，厥有大倫；《詩》首二《南》，必取淑德。此三代正家之大本，實百王御世之宏規。永惟《大學》齊家之端，先誠其意；推原《春秋》謹始之義，以御於邦。《鷄鳴》之問，龍樓班阻拜於百辟；《關雎》之應，麟趾化行被於二《南》。

慶溢風雲，禮成椒屋。位正坤元，光騰天極。輔佐儲闈，功嘗參於匕畅；表儀內壼，位初正於褘褕。聖子問安，方極蘭陔之養；神孫正内，肇新椒掖之華。《立后》《賀太后》。

輔佐勳勞，允推賢於妃掖；儀刑中外，爰作儷於宸居。金箱玉册，練吉日以陳衣受册；褕翟翬衣，正長秋之命服。

天曆在躬，丕顯帝華之叶；坤元正位，允爲王化之基。

天作之配，文定厥祥。善性懿恭，凝姿窈窕。人倫既叙，風正始乎《關雎》；王化攸基，詩自臻於《麟趾》。濟濟蹌蹌，莫綴吴朝之俊乂；雍雍肅肅，但歌周母之聲詩。咏思媚之詩，益著徽音之美；播燕喜之頌，因知受知之多。

上聖盡倫，茂建生民之極；中闈正位，益隆王化之基。《易》十八變，上乾坤而下咸恒；《詩》三百篇，經夫婦而成孝敬。爰居[一]姜女，思豳七月之艱難；娶於塗山，纘禹八年之勤儉。式涓穀旦，肇正璇宫。頊承堯母之顔，隆於嬀汭；兹考宣王之室，因是謝人。邦之榮懷，民以寧壹。乏曹植之詩，敢獻母儀之頌[二]；考張華之作，但賡[三]帝則之歌。

離日麗天，休益綿於寶祚；軒星著象，位宜正於瑤宫。爰登天作之良，用即坤承之重。新二《南》之風教，揭四海之儀刑。進美《葛覃》，伸處華祝。《册后》。

風美《關雎》之化，雅咏《思齊》之德。

禮以大昏崇繼嗣、本人倫之教，詩言淑女配君子、繫王化之綱。陸贄《册王妃文》。

[一] 今按：「居」，《四庫全書》本《翰苑新書》作「及」。
[二] 今按：《四庫全書》本《翰苑新書》此句作「乏曹植之材，安敢獻母儀之頌」。
[三] 今按：「賡」，《四庫全書》本《翰苑新書》后集上卷二十作「知誦」。

皇極二　六章

后德 林駉

《易》著《家人》，《詩》首《關雎》。大抵宮庭雖隱，風俗攸化。寡妻是刑，邦家所關。故私謁不行，則椒房無預政之媪〔一〕，外戚無竊柄之弊；妒忌不生，則禁密有肅穆之風，子孫有衆多之慶；晏朝有箴，則無宴遊逸預之習，無聲色嗜欲之好。

漢朝椒房恃寵，至有戚里撓權之患。高氏修宅，請置潛火一鋪。宣仁太后因戒二高，不得干請，是后族未嘗私請也。唐朝宫闈不肅，入閣圖至有昭容之位。曹佾至老侍疾禁中，光獻太后曰：『此非若所當留，是后族未嘗得入也。』册命太后，文德文德殿。親授，舊典可援也。而宣仁自謙，故只就崇政崇政殿。元祐三年。建立長秋，東朝降詔，故事可遵也。而

〔一〕今按：『媪』，《四庫全書》本林駉《古今源流至論》作『嫌』。

顯仁不肯，曰：『不預外政〔一〕。』紹興十三年。英宗推恩元舅，太后曹持制不下。治平元年。高氏舉故事加恩，太后輒欲裁損。父以子繼，昭憲曰：『四海至廣，必立長君。』母以子貴，昭憲曰：『治得其道，此位可尊。』元祐初元正，小人伺隙之秋，宣仁召申公於外郡，起司馬於散地。建炎渡江正國祚，綴旒之日，隆祐掃清劉苗，再植中天。

皇極二　七章

女戎

燕啄皇孫，知漢祚之將盡；龍漦帝后，識夏庭之遽衰。褒姒不好笑，王無故舉火。褒姒好聞裂繒聲，王發繒裂之。褒姒與虢石父比，而譖申后太子。《外紀》。漢成帝時童謡曰：『燕燕尾涎涎。燕飛來，啄皇孫。皇孫死，燕啄矢。』謂趙飛燕也，召入宫大幸，女弟順(復)召入，左右皆嘖嘖嗟賞。淖方成唾曰：『此禍水也，滅火必矣！』

〔一〕今按：《古今源流至論》此語正文作『而顯仁后自謂：「不預外庭」』，注文作『太后不肯，曰：「我但理家事，豈預外庭」』。

楊氏殂，晉。立楊氏。發明：『立后，國之吉禮，必有盛儀，若滅裂爲之，則非尊祖承祧之意。若必備六禮，則國有大喪，豈宜行此？況嗣君方當痛割之初，乃於是日即舉其典，何耶？且賈氏既爲元妃，位號已定，婦又初無外事，與人君繼位不同。若徐待終吉，亦未爲晚。不然則少須易月之後，猶或可也。今乃汲汲正位，遂與太后並尊，略無婦姑之別。』

賈氏易亂之禍自此萌矣。《綱目》：『上書帝崩，次書尊皇太后，次書立后賈氏。比而觀之，其意曉然在中。然則賈氏之惡，豈待他時？弑姑殺子，亂政敗國，而後見哉吁！』

元康元年，賈后爲太子妃，送太后於永寧宮，廢爲庶人。書法：『婦廢其姑，大惡也，故斥書賈氏。』董養遊太學，嘆曰：『朝廷建斯堂，將以何爲乎？天人之理既滅，大亂將作矣。』二年，賈氏弑故皇太后。書法：『於是后悉奪太后侍御，絶膳八日而終。直書曰弑，正其罪也。』

天子拱手，謂之二聖。麟德元年，天下大權悉歸中宮。天子拱手而已，内外謂之二聖。《淮南子》曰：『獻公艷麗姬之美，而亂四世。』

皇極二　八章

后父母

陳后之母，武后之母。梁吴興蘇氏女，嘗於雲溪西南岸遇道士，以小龜遺己，光彩五色，曰『三年有徵』。蘇適章景明，生女名要兒，爲陳霸先后。名其地曰『貴涇浦』，又曰『章浦』。其中生重臺蓮花，識者云『主出美人』。后生，紫光照室，手爪長五寸，色並紅白。《陳書》。咸亨元年，武后母楊氏卒，謚曰『忠烈』。書法：『此其卒之，何譏也？自漢安帝書太后母卒，至是而書后母卒，厚母黨可也，妻黨甚矣。』元年，加贈武士彠爲太原王，夫人爲妃。書法：『先是書贈官凡三矣，未有書加贈者。書加贈何？著恩私之無己也。』

皇極二　九章

宮嬪

《周禮·内宰》：『以陰禮教六宫，以陰禮教九嬪，以婦職之法教九御。』六宫，鄭注：『前一宫後五宫也。』《周禮》：后一宫，三夫人一宫，九嬪一宫，二十七世婦一宫，八十一御妻一宫。

《外戚傳》：漢因秦制，正嫡曰皇后，其餘内職有夫人、美人、良人、八子、七子、長使、小使之號。武帝加婕妤、娙娥、華容、充衣。元帝加昭儀，又有五官、順常、無涓、共和、娱靈、寶林、良使、夜者之小職。

范曄《後漢書》：光武並省前制，正嫡之外唯立貴人、美人、綵女之號。《魏志》：武帝置夫人、昭儀、婕妤、容華、美人。文帝增貴嬪、取媛、修容、順成、良人。明帝增淑妃、昭華、昭儀。

女無美惡，入宫見妒。鄒陽。將聽鷄鳴之詩，豈恨魚貫之序。元稹制。拊心却笑西子顰，掩鼻誰憂鄭姬謗。重遠豈能慚沼鵠，棄前方見泣前船魚。長孫佐輔。

齊桓公多内寵，有如夫人者六人。

楚姬之諫，齊姬之泣。楚莊好獵，樊姬數諫，不食禽獸之肉二年〔一〕，王感之而勤政事。齊孝公孟姬，華氏之女。從孝公遊，車奔，姬墮車碎。公使駟馬立車載姬，姬泣曰：『妾聞，妃下堂必從傅母保阿，進退則鳴玉佩環。今立車無軿，非敢受命。』《列女傳》。

勾踐女之自殺，龍陽君之泣下。越姬，楚昭王之姬，勾踐女也。昭王讌遊，謂姬曰：『樂乎？』對曰：『不可久也。』後王病，赤雲夾日。周太史曰：『請祓於將相。』王曰：『猶股肱也。』姬曰：『大哉，君之德！妾請從王死矣。妾聞，信者不負其心。』遂自殺。《列女傳》。魏王與龍陽君共船而釣，得十餘魚而棄之，泣下曰：『臣始得魚甚喜，後得益多而大，欲棄前所得也。今臣得拂枕席，四海之内美人甚多，聞臣得幸，必褰裳而趨。臣亦同所得魚，將棄矣。』王乃令曰：『敢言美人者，族！』

魏美人之遺楚，越美人之獻吴。魏王遺楚美人，王悦之。夫人鄭袖愛之，甚於王。王曰：『鄭袖知寡人之所悦，其愛甚於寡人。』鄭袖既知王以爲不妒，因謂美人曰：『王惡子之鼻，見王必掩鼻。』美人從之。王曰：『美人掩鼻何也？』鄭袖曰：『似惡聞王之臭。』王令劓

〔一〕今按：『二年』，《列女傳》《記纂淵海》作『二年』，《大學衍義》《山堂肆考》作『三年』。

之。勾踐索美女獻吴王，得諸暨賣薪女，且先習禮於土城。山邊有石，是西施浣紗石。

李夫人之圖形，王昭君之枉畫。李夫人本以倡進。兄延年善歌舞，侍上歌曰：『北方有佳人，絶世而獨立。一顧傾人城，再顧傾人國。寧不知傾城國，佳人不再得。』延年有女弟，上召見幸，生一男，是爲昌邑。哀王夫人病篤，上臨候之，夫人謝，不可見，曰：『我以容貌得幸，今見毁壞，畏惡棄我。』夫人卒。上畫其形於甘泉宫上，念夫人不已。方士召翁言，得致其神夜。上望見，悲感作詩曰：『是耶？非耶？立而望之，何姗姗其來遲？』合樂府絃歌之。《漢武傳》：聚窟州有返魂樹，燒香一豆許，疫死者再活。杜牧詩曰『還魂怨有香』是也。王嬙字昭君，王穰女。漢元時匈奴入朝，乃使畫工圖宫人，昭君自恃其貌獨不與。昭君以圖，當行光彩射人。畫工毛延壽棄市，後昭君服毒死，葬胡中。胡地白草，此草獨青，故曰青冢。李白詩曰『生乏黄金枉成畫，死留青冢使人嗟』是也。杜詩：『群山萬壑赴荆門，生長明妃尚有村。一去紫臺連朔漠，獨留青冢向黄昏。畫圖省識春風面，環佩空歸月夜魂。千歲琵琶作胡語，分明怨恨曲中論。』

班妃辭輦，馮媛當熊。

長曰宜主，次曰合德。馮萬金事江都王，王孫女嫁中尉趙曼。萬金與主通，一産二女，歸之萬金，長曰宜主，次曰合德，冒姓趙氏。宜主纖細，謂之飛燕；合德膚滑，出浴不濡。

爲卷髮號新興髻，爲薄眉號遠山黛，施小朱號慵來妝。餘見《女戎》。

襞裙留仙，絳紗繫臂。成帝立飛燕爲后。成帝步太液池，起瀛洲樹。后歌歸風送院之曲，以文犀筯擊玉甌，酒酣風起，后揚袖曰：『仙乎！仙乎！去故而新。』帝令左右持其裙，久之風止，裙爲之皺。后曰：『帝恩我，仙去不得。』他日宫姝或襞裙而皺，號留仙裙。晋武帝胡貴嬪，名芳，胡奮女也。帝多簡良家子以充内職，自擇美者以充内職〔一〕。芳既入選，下殿號泣。進退方雅，始有專房之寵。杜牧之《出宫人》詩曰：『閑吹王殿昭華管，醉折梨園縹蔕花。十年一夢歸人世，絳縷猶封繫臂紗。』謂此。

掖庭萬人，秩名百官。晋武平吴之後，孫皓宫人數千，自此掖庭殆將萬人。常乘羊車恣其所之，宫人取竹葉插户，以鹽汁洒地而引帝車。魏明帝耽於内寵，婦官秩名，擬百官之數，選女子知書者六人以爲六尚書，使典外奏事。《古今注》：魏文帝宫人最寵者曰莫瓊樹、薛夜來、請尚衣、收巧笑〔二〕。瓊樹製蟬鬢，巧笑作紫粉，尚衣能歌舞，夜來善衣裳。

宫人早起妝，徐妃半面妝。齊武帝以内深隱，不聞端門鼓聲，置鍾於景陽樓上，應五鼓

〔一〕今按：『以充内職』四字與上句重，《古今事文類聚》此句作『自擇美者以絳紗繫臂』。

〔二〕今按：『請尚衣、收巧笑』，《古今事文類聚》作『田尚衣、段巧笑』。

及三鼓，宫人聞鍾聲早起妝飾。《南史》：徐妃以元帝眇一目，每知帝將至，必爲半面妝。

當時之謡，術士之詩。《外傳》：楊妃寵幸時，謡曰：『男不封侯女作妃，君看女却作門楣。』民間歌曰：『生男勿喜女莫悲，君今看女作門楣。』明皇時張士曰：『若封山下鬼，環子繫羅衣〔一〕。』《楊妃傳》：後應馬嵬山，自縊之讖。貴妃以假義髻爲飾，好服黄裙。後謡云：『義髻抛河裏，黄裙逐水流。』劉禹錫詩：『官軍誅佞幸，天子舍妖姬。』白樂天詩：『六軍不发無奈何，展轉蛾眉馬前死。』失事君之體。杜詩：『憶昨狼狽初，事與古先别。奸臣竟葅醢，同惡隨蕩析。不聞夏殷衰，中自誅褒妲。』識君臣之大體。《設毛延壽書解》：『臣欲宫中之美者，遷於胡庭，是臣使亂國之物不逞於漢，而移於胡也。閎夭獻美女於紂，而免西伯。齊遺女樂於魯，而孔子行。秦遺女樂於戎，而間由余。程晏。

《女史箴》：張華。女史，女人之官，執彤管，書后妃之事。張華惧后族之盛，假女史作箴，以戒後宫。『芒芒造化，二儀始分〔二〕。散氣流形，既陶既甄。在帝包羲，肇經天人。爰始夫婦，以及君臣。家道以正，王猶有倫。婦德尚柔，含章貞吉。婉嫕淑慎，正位居室。施衿結褵，虔恭中饋。

〔一〕今按：李遐周《題壁》詩作『若逢山下鬼，環上繫羅衣』。疑此『張氏』當爲『李氏』，『若封』當爲『若逢』。《題壁》詩見《御定全唐詩》卷八六〇。

〔二〕今按：『始分』，《昭明文選》作『既分』。

肅慎爾儀，式瞻清懿。樊姬感莊，楚。不食鮮禽。衛女矯桓，齊。耳忘和音。志厲義高，而二主易心。玄熊攀檻，馮媛趨進。夫豈無畏，知死不吝。班妾有辭，割歡同輦。夫豈不懷，防微慮遠。道罔隆而不殺，物無盛而不衰。日中則昃〔一〕，月滿則微。崇猶塵積，替若駭機。人咸知飾其容，而莫知飾其性。性之不飾，或愆禮正。斧之藻之，克念作聖。出其言善，千里應之。苟違斯義，則同衾以疑。夫出言如微，而榮辱由兹。勿謂幽昧，靈鑑無象。勿謂玄漠，神聽無響。無矜爾榮，天道惡盈。無恃爾貴，隆隆者墜。鑑於小星，式〔二〕彼攸遂。《易》『無攸遂』。比心螽斯，則繁爾類。歡不可以黷〔三〕，寵不可以專。專實生慢，愛極則遷。致盈必損，理有固然。美者自美，翩以取尤。冶容求好，君子所羞〔四〕。結恩而絶，職此之由。故曰翼翼兢兢，福所以興。靖恭自思，榮顯所期。女史司箴，敢告庶姬。』

《跋楊妃病齒圖》：黄魯直。『禁架之術，自古有之。余觀玉環病良苦，豈非坐多食側生，遂動摇其左車乎？』

〔一〕今按：『昃』，《昭明文選》作『昃』。
〔二〕今按：『式』，《昭明文選》作『戒』，是。
〔三〕今按：『黷』，《昭明文選》作『黷』，是。
〔四〕今按：『羞』，《昭明文選》作『仇』。

《浣紗篇》：宋之問。『越女顔如花，越王聞浣紗。因國微不自寵，獻作吴王娃〔一〕。一行霸勾踐，再笑傾夫差。』《明妃曲》：永叔。『雖能殺畫工，於事竟何益。耳目所及尚如此，萬里安能制夷狄。』

邢居實：『天上天仙骨格别，一别昭陽舊院花。人間畫工畫不得，淚洒胭脂作紅雨。』

《李夫人》：白樂天。『玉斧釜煎煉金爐焚，九華帳深夜悄悄。返魂香降夫人魂，夫人之魂在何許？君不見穆王三日哭，重璧臺前傷盛姬。又不見奉（秦）陵一掬淚，馬嵬坡下念楊妃。人非木石皆有情，不如不遇傾城色。』

《後庭怨》：王諲。『甄妃爲妒出層宫，班女因猜下長信。紅顔舊來花不勝，白髮如今雪相似。』

《花蘂夫人》誦國亡詩云：『君王城上樹降旗，妾在宫中那得知。十四萬人齊解甲，寧無一介是男兒？』

赤而毛，長而美，惡而婉。《襄廿六》：『宋芮司徒生女，赤而毛，棄諸堤下。共姬之妾取而入，名之曰棄。長而美，納諸御，惡而婉。貌惡心順。』

〔一〕今按：上海古籍出版社《全唐詩》此二句作『國微不自寵，獻作吴宫娃』。

獸三爲群，人三爲衆，女三爲粲。周共王游涇上，密康公從。三女奔密王滅密〔一〕。其母曰：『獸三爲群，人三爲衆〔二〕，女三爲粲。』粲，美物也，何德以堪之？康公不獻，王滅密。女色之傾人國，固如此夫。《外紀》。

選公卿之女，晋泰始九。取良家之女，晋泰始十。書法：『書選女入宫始此。』《綱目》書采選入宫五，是年，癸巳甲午年，太康二年，唐貞觀十三年，後唐乙酉年，唯貞觀書詔爲預辭。取良家女入宫。書法：『往年選公卿女矣，於是復取良家女而多至五千人。書「選」可也，書「取」甚哉！』

選吴中之伎妾，納劉殷之二女。太康二，選吴伎妾五千人入宫掖庭，殆將萬人見上。書法：『先是一書選公卿女矣，一書取良家女矣，皆譏也。於是復書選吴伎妾，晋武之志益荒矣。』永嘉六，漢主聰納劉殷二女爲貴嬪，二女英娥爲左右貴嬪，又納殷女孫四人，皆爲貴人。書法：『妾不書，此何以書？譏同姓也。』發明：『彼本夷狄，尚不難於妻群母，又何有於同姓哉！書之姑以著犬羊之雜糅耳。』

〔一〕今按：《資治通鑒外紀》卷三無『密王滅密』四字。

〔二〕今按：《資治通鑒外紀》卷三無『獸三爲群，人三爲衆』二句，而《御批資治通鑒綱目》前編卷九有此二句。

納三女爲貴人，聘鄭氏爲充華。獻帝建安十八，魏公操納三女爲貴人。書法：『妃妾不書，此其書，何譏也！劉聰納劉殷三女爲貴嬪，書漢主納此，則曷爲以操納？書非帝意也。』貞觀八，聘鄭仁基女爲充華，册使將發，魏徵聞其嘗許嫁士人陸爽，遽上表諫。帝大驚，自責，命停册使。書法：『特筆也。太宗從諫至此，可謂有大過者矣。』

選良家之才行，立婢子而爲妃。十二年詔：『内職有闕，選良家有才行者充。』書法：『書詔何？預豫。辭也。末世采選以色，有選及民女者，於是專選良家，必以才行，特書美之。』齊武平四，立妃馮氏爲淑妃。書法：『書馮氏何？妃也。立妃爲妃，過矣。立妃爲后，甚哉。』漢主聰立婢樊氏，閩主璘立父婢陳氏，閩主昶立父婢李氏。

李白：『漢帝寵阿嬌，貯之黄金屋。咳唾落九天，隨風生珠玉。寵極愛還歇，妒深情却疏。長門一步地，不肯暫回車。昔日芙蓉花，今成斷根草。以色事他人，能得幾時好？』『水至亦不去，熊來尚可當。微身奉日月，飄若螢之光。』

《周禮》：『九嬪掌婦學之法，以教九御婦德、婦言、婦容、婦功。』

《詩》：『嘒彼小星，三五在東。肅肅宵征，夙夜在公。實命不同！嘒彼小星，維參與昴。肅肅宵征，抱衾與裯。實命不猶！』

杜詩：『落日留王母，王母喻貴妃。微風倚小兒。小兒喻妃之姊妹。』『昭陽殿裏第一人，同輦隨君侍君側。輦前才人帶弓箭，白馬嚼嚙黄金勒。明眸皓齒今安在，血污遊魂歸不得。』《麗人行》：『三月三日天氣新，長安水濱多麗人。態濃意遠淑且真，肌理細膩骨肉匀。就中雲幕椒房親，賜名大國號與秦。楊花雪落覆白蘋，青鳥飛去銜紅巾。』

李商隱《馬嵬》詩：『海外徒聞更九州，他生未卜此生休。鄒衍云：九州之外更有九州。徒聞妃在九州之外，若他生相見，未可知此生休矣。空聞虎旅鳴宵柝，無復鷄人報曉籌。此日六軍同駐馬，當時七夕笑牽牛。如何四紀爲天子，不及盧家有莫愁。』

皇極二一一〇章

宫女

《周禮》：『女史掌王后之禮職，掌内治之貳，以詔后治内政。』『寺人掌王之内人及女宫之戒令，相道其出入之事而糾之。』

武德九年之放，貞觀二年之出。武德九年，太宗放宫女三千餘人。發明：『可謂盛德之事，使後人流之歌咏，見之称述，不一而足。』貞觀二年，出宮女三千餘人。天小雨〔一〕。白樂天詩曰『怨女三千放出宮』是也。

出廬江之所納，還後宮之無用。唐太宗閑居，與王珪語，有美人侍側，指示珪曰：『此廬陵王瑗之姬也，瑗殺其夫而納之。』珪避席曰：『陛下以廬江納之，爲是耶？爲非耶？昔齊桓公知郭公之所以亡，由善善而不能用，然棄其所言之人。管仲以爲無異於郭公。今此美人尚在左右，臣爲聖心是之也。』上悦，即出之。開元二年，出宮人。民間訛言：上采女子以充掖庭。上令有司具牛車於崇明門選後宮無用者，載還其家，訛言乃息。發明：蘇軾言：『操網罟而赴江湖，語人曰「我非漁也」，不如捐網罟而人自信。』出宮人而訛言自息，所謂止謗，莫如自修。明皇蓋得之矣，故書以美之。

百姓困窮於外，陰陽隔塞於内。桓帝延熹九正月朔，日食。荀爽曰：『臣聞後宮采女六千，賦不辜之民，供無用之女，百姓困窮於外，陰陽隔塞於内，故感動和氣，灾異迭見〔二〕。臣愚以爲諸未幸御者，一皆遣出，使成配合，此成國家之大福也。』

〔一〕今按：『天小雨』三字疑衍。
〔二〕今按：『灾異迭見』，《資治通鑒》作『灾異屢臻』。

遣使求内人，遣使采民女。興元元年，訪求内人。上命陸贄草詔，賜渾瑊訪求奉天所失内人。贄奏曰：『今巨盜始平，疲瘵之民瘡痍之卒尚未拊循而首訪婦人，非所以副維新之望也。』上遂不降詔。而遣中使求之。范氏曰：『不降詔而遣使，是閉其門而由户出也。』

後唐同光二，遣使采民女入後宫三千餘人。

宋霖雨，放宫人。

邯鄲才人，銅雀夫人。李白《邯鄲才人嫁厮養卒》：『妾本崇臺女，揚蛾入丹闕。一辭玉階下，去若朝雲没。每憶邯鄲城，深宫夢秋月。』魏武遺令曰：『時登銅雀臺，望吾西陵墓田，餘香可分與諸夫人。』庾信賦：『知西陵而誰望。』杜牧詩：『銅雀分香下壁門。』銅雀夫人悲。

《中山孺子妾歌》：李白。中山王噲孺子妾求。『中山孺子妾，特以色見珍。雖不如延年妹，亦是當時絶世人。桃李出深井，花艷驚上春。一貴復一賤，關天豈由身。芙蓉老秋霜，團扇羞網塵。戚姬髡髮入春市，萬古共悲辛。』

《戚姬歌》：『子爲王，母爲虜。終日舂薄暮，常與死爲伍。相離三千里，當誰使告汝。』

皇極二　一一章

宫怨

《詩》：『憂心悄悄，愠于群小。覯閔既多，受侮不少。』『絺兮綌兮，凄其以風。』『日居月諸，照臨下土。乃如之人兮，逝不古處。日居月諸，下土是冒。乃如之人兮，逝不相好。日居月兮，諸。出自東方。乃如之人兮，德音無良。日居月諸，東方自出。乃如之人兮〔一〕，畜我不卒。』『終風且暴，顧我則笑。謔浪笑敖，中心是悼！終風且霾，惠然肯來？莫往莫來，悠悠我思。終風且曀，不日有曀。寤言不寐，願言則嚏。曀曀其陰，虺虺其雷。寤言不寐，願言則懷。』『白華菅兮，白茅束兮。之子之遠，俾我獨兮。英英白雲，露彼菅茅。天步艱難，之子不猶。滮池北流，浸彼稻田。嘯歌傷懷，念彼碩人。樵彼桑薪，卬烘於煁。維彼碩人，實勞我心。鼓鐘于宫，聲聞於外。念子懆懆，視我邁邁。有鶖在梁，有鶴在林。維彼碩人，實勞我心。鴛鴦在梁，戢其左翼。之子無良，二三其德。有扁斯石，履之卑兮。之子之

〔一〕今按：『乃如之人兮』一句，《十三經注疏》本《毛詩正義》作『父兮母兮』。

遠，俾我疷兮。』

傅姆

掖庭宫婢，有阿保之功。元康三年，掖庭宫婢自陳嘗有阿保之功。書法：『推恩阿保始此，然賜物而已，未封也。自是而後，有封君者，有封其子者，至號爲皇太后，甚哉！』延光二年，安帝王聖封君。陽嘉二年，順帝宋娥封君。永興二年，桓帝趙嬈子封子。宋壬申癸巳，魏主燾竇氏皇太后，魏浚韋氏皇太后。杜牧詩：『燕媒得皇子，壯髮緑緌緌。畫堂授傅姆，天人親捧持。虎睛珠絡褓，金盤犀鎮帷。』穆宗即位，杜秋爲皇子姆。

皇極二　一二章

家人

《易・家人》卦：『家人，利女貞。』張中溪曰：『舜刑於二女，正合家人巽離之象。』《彖》曰：『家人，女正位乎内，男正位乎外。男女正，天地之大義也。陽居五在外也，陰居二在内也。家人有嚴君焉，父母之謂也。父父、子子、兄兄、弟弟、夫夫、婦婦而家道正，正家而天下正矣。』《象》曰：『風自火出，家人。君子以言有物而行有恒。』程子曰：『正家之本，在正其身。物謂事實，恒謂常度法則。』初九象：『閑有家，志未變也。』六二象〔一〕：『無攸遂，在中饋。』『六二之吉，順以巽也。』九三象：『家人嗃嗃，未失也。婦子嘻嘻，失家節也。』六四象：『「富家大吉」，順在位也。』張中溪曰：『父子篤，兄弟睦，夫婦和，家之肥也。家之肥即家之富也。』九五象：『王假有家，交相愛也。』能如是者，文王之妃乎？上九象〔二〕：『有孚，威如，終吉。』『威如之吉，反身之謂也。』治家之道，以正身爲本。《孟子》所謂『身不行道，不行於妻子』也。

《書》：惟家之索。綏定厥家。家用平康。家用不寧。爾室不睦，爾惟和哉？

《詩》：宜其室家。宜其家室。宜其家人。靡室勞矣。室家之壼。雍雍在宫。以御於家邦。君子萬年，保其家室。君子萬年，保其家邦。

《大學》：『欲治其國者，先齊其家。欲齊其家者，先修其家。身。身修而後家齊，家齊而後國治。』

〔一〕今按：『象』字應在下句『六二之吉』前。
〔二〕今按：『象』字應在下句『威如之吉』前。

《孟子》：『家之本在身。』真德秀曰：『家乃國之本，身又家之本，其言蓋有序也。』《詩》：『相在爾室，尚不愧于屋漏。』居家理故治可移於官。公子荆之居室，范武子之治家。《論》：『子謂公子荆善居室，始有，曰「苟合矣」；少有，曰「苟完矣」；富有，曰「苟美矣」。』《左傳》襄公二十七年，楚子木曰：『范武子之德何如？』趙孟曰：『夫子之家事治。』身修家齊，故事無不治。周敦頤曰：『治天下有本身之謂也，治天下有則家之謂也。家難而天下易，家親而天下疏。』真德秀曰：『誠存則身正，身正則家治。』

皇極二　一三章

齊家 林駉

太康洛表之田，神怨民怒；五子憂勤惻怛。盤庚遷都之舉，安土重遷；宗室從上所命。振振公子，重宗族也。鄂不韡韡，燕兄弟也。思齊不瑕，樛木無嫉，嚴閫教也。羿浞稔亂而不叛，商都七遷而不虧〔一〕，春秋戰國綿綿而不絶。杯羹之語，削滅忠義而父子之倫缺。吕后之横，紊亂舊約而夫婦之義乖。漢之風俗，染而成習。兄弟不相忍，而蹀血於禁門。父子不相安，而逼奪於神器。唐之子孫，無所取則。傳授一語，鬼神森列。金匱藏書，千古不磨。太祖太宗之揖遜也。終日留侍，天顔自怡。冒雨扶駕，孝心不已。高宗孝宗之唯諾也。賓護名賢，歷陳忠孝。太宗。師傅重任，深戒順從。太宗。明〔二〕良有箴，副以詩歌。真宗。資善作記，戒及戲玩。真宗。此子孫世有哲王也。宫人服消金以迎駕，真宗却之。貴妃衣蜀錦以侍宴，仁宗責之。此閨門世有哲后也。

駙馬柴宗慶求爲使相，王曾執義不可。宦官王守忠求爲節度，梁適死争不已天聖仁宗。此國家世無倖習也。伊川謂三代之後，本朝超越古今者五事，誠至論也。然伊川所言歸本於大體，以忠孝廉耻爲之綱紀。五事：百年無内亂，四聖百年相授，受命之日市不易肆，百年未嘗誅殺大臣，至誠以待夷狄。微仲吕大防。謂自三代後，本朝百四十年中外無事，亦至論也。然微仲所言推原於家法最善，力〔三〕舉其事親事長治内勤身之法。家法：事親之法，事長之法，治内之法，外戚之法，

〔一〕今按：『虧』，林駉《古今源流至論》作『擾』。
〔二〕今按：『明』，林駉《古今源流至論》作『元』。
〔三〕今按：『力』，林駉《古今源流至論》作『歷』。

尚儉之法，勤身之法，尚禮之法，寬仁之法。

皇極二　一四章

夫婦

《説文》：『婦，服也。從女掃，洒掃也。』

《易》：『有男女，然後有夫婦；有夫婦，然後有父子。』《易・小畜・象》：『夫妻反目，不能正室也。』《大過・九二象》『老夫女妻，過以相與也。』《九五象》：『老婦少夫，亦可醜也。』《恒・六五象》：『婦人貞吉，從一而終也。夫子制義，從婦凶也。』《家人・象》：『夫夫婦婦而家道正。』《困・六三象》：『入於其宫，不見其妻，不祥也。』《繫辭》：『死期將至，妻其可得見耶。』

《詩》：『妻子好合，如鼓瑟琴。宜爾室家，樂爾妻孥。』

《孟》：『男女居室，人之大倫也。』『華周杞梁之妻，善哭其夫而變國俗。』

《中》：『夫婦之愚，可以與知焉。夫婦之不肖，可以能行焉。君子之道，造端乎夫婦。』

《記》：『無别無義，禽獸之道。』『男女有别，然後父子親。』『男不言内，女不言外。』『婦有七去：不順父母去，無子去，淫去，妒去，有惡疾去，多言去，竊盗去。有三不去：有所取無所歸不去，更三年喪不去，前貧賤後富貴不去。』孔子。『夫和而義，妻柔而正。』晏子。《桓十八》申繻曰：『女有家，男有室，無相瀆也，謂之有禮。易此必敗。』

冀缺之妻，杞梁之妻。舅季使過，見冀使耨〔一〕，其妻饁之，敬相待如賓。《襄十三》〔二〕：齊侯遇杞梁之妻於郊，使吊之。辭曰：『殖之有罪，何辱命焉？若免於罪，猶有先人之敝廬在，下妾不得與郊吊。』齊侯吊諸其室。傳善婦人有禮。

伯宗之妻，司徒之妻。《成十五》：三郤殺伯宗。初，伯宗每朝，其妻必戒之曰：『盗憎主人，民惡其上。子好直言，必及於難。』傳見雖婦人之言不可廢。《成二》：安車之役，齊師敗績。女子曰：『君免乎？』曰：『免矣。』曰：『鋭司徒免乎？』曰：『免矣。』曰：『苟君與吾父免矣。可若何！』乃奔。齊侯以爲有禮，既而問之，辟司徒之妻也。主壘壁者。與之石窌。邑名。

伯宗之妻，李衡之妻。孫伯宗朝以喜歸，其妻曰：『子貌有喜何也？』曰：『吾言於朝，諸大夫皆謂我智似陽子。』對曰：『陽子華而不實，難及其身，子何喜焉？難必及子。』《晋

〔一〕今按：《春秋左傳》卷十六此語作『臼季使過冀，見冀缺耨』。

〔二〕今按：『襄十三』，當爲『襄二十三』。《左傳·襄公二十三》載齊侯遇杞梁妻之事。

語》。丹陽守李衡，數以事侵琅琊王休。其妻習氏諫，不聽。孫綝廢亮，立琅琊王。衡謂妻曰：『吾欲奔魏，何如？』妻曰：『琅邪好善慕名，終不以私嫌殺君，可自詣獄，表列前失，顯求受罪。』衡從之。詔遣還郡，加將軍號。

宋弘之富不易妻，敬德之富不易妻。唐太宗謂尉遲敬德曰：『朕欲以女妻卿，如何？』敬德曰：『臣妻雖陋，相與共貧賤久矣。臣雖不學，聞古人富不易妻，此非臣所願也。』乃止。富不易妻，宋弘之言。光武姊湖陽公主，寡居，意在弘。上謂弘曰：『諺曰：貴易交，富易妻。』弘曰：『貧賤之交不可忘，糟糠之妻不下堂。』

梁冀之憚妻，迥秀之出妻。桓帝封梁冀妻孫壽爲襄城君。善爲妖態，冀寵憚之。對街爲宅，起兔園數千里。嗣聖中平章事李迥秀，母本微賤，妻叱媵婢，母不悦。迥秀出之曰：『取妻本以養親，今乃違忤顔色，安敢留也。』

夫耕於前，妻鋤於後。陶潜妻翟氏，亦與同志，能安勤苦，夫耕於前，妻鋤於後。

李白：『緑蘿紛葳蕤，繚繞松柏枝。草木有所託，歲寒尚不移。奈何夭桃色，坐嘆蓬菲詩。君子恩已畢，賤妾將何爲？』夫婦之倫不合於禮。《陌上桑》：『美人渭橋東，春還事蠶作。五馬如飛龍，青絲結金絡。不知誰家子，調笑來相謔。妾本秦羅敷，玉顔艷名都。緑條映素手，採桑向城隅。使君且不顧，况復論秋胡。寒螿愛碧草，鳴鳳栖青梧。託心自有處，但怪傍人愚。徒令白日暮，高駕空踟躕。』

《曲禮》：『天子之妃曰后，諸侯曰夫人。妃，配也。后之言後也，夫之言扶也。大夫曰孺人，士曰婦人，庶人曰妻。孺之言屬，婦之言服，妻之言齊。』《史》：『《易》基乾坤，《詩》首關睢，《書》美釐降，《春秋》譏不親迎。夫婦之際，人道之大倫也。禮之用，唯昏因爲兢兢。』《春秋》漢含孳：『妻象太陰，臣法金位。水出〔一〕交感，陰陽以設，夫婦象也。』《列女傳》：『夫婦之道，參配陰陽，通達神明。夫不賢則無以御婦，婦不賢則無以事夫。夫不御婦，則威儀廢；婦不事夫，則義理墮。夫婦之好，終身不離。』禹三十未娶，行到塗山，恐時之暮，失其度制，乃辭云：『吾娶也。』必有應矣，乃有白狐九尾，造於禹。禹曰：『白者，吾之服也。其九尾者，王之證也。』塗山之歌曰：『綏綏白狐，九尾痝痝。成家成室，我造彼昌。因娶塗山，謂之女嬌。』《吳越春秋》。乃歌曰：『侯人於猗〔二〕。』《呂覽》。

懿氏卜妻敬仲，其妻占之曰：『吉。是謂「鳳凰於飛，和鳴鏘鏘」。有嬀之後，將育於姜。五世其昌，並於正卿。八世之後，莫之與京」。』《莊廿二》。

〔一〕今按：『水出』，當爲『水火』。

〔二〕今按：『侯人於猗』，《呂氏春秋》卷六作『侯人兮猗』。

申護之笑，其妻之笑。趙簡子舉兵伐齊，有被甲士申護笑。簡子曰：『子何笑？』對曰：『臣乃有宿笑，臣鄰家夫與妻俱之田，見桑中女因追之不能得，還反，其妻怒而去之。臣笑其曠也。』簡子曰：『今吾伐國失國，是吾曠也。』還師而歸。《説苑》。晉文公出會欲伐衛，公子鋤仰天而笑。公問：『何笑？』曰：『臣笑鄰之人有送其妻適私家者，道見桑婦，悦而與言。然顧視其妻，亦有招之者矣。臣竊笑，此也。』公寤其言，乃止。引師而還，未至而有伐其北鄙者矣。《列子》。昔賈大夫惡，娶妻而美，三年不言不笑，御以如皋，射雉，獲之，其妻始笑而言。賈大夫曰：『才之不可以美〔一〕。我不能射，女遂不言不笑夫。』《昭十八》〔二〕。

非節之義，非禮之讓。昔東夷之子慕諸夏之禮，有女而寡，爲納私婿，終身不嫁。嫁則不嫁矣，非有貞節之義也。蒼吾嬈娶妻而美，讓與其兄。讓則讓矣，非禮之讓也。

韓馮之妻，其鄰之妻。宋大夫韓馮，娶妻而美，康王奪之。馮怨，王囚，論爲城旦。妻密遺馮書，謬其辭云：『其雨淫淫，河大水深，日出當心。』王問，蘇賀對曰：『其雨淫淫，言愁且思也。河大水深，不得往來也。日出當心，死有志也。』俄而馮自殺，妻乃陰腐其衣。

〔一〕今按：『美』，《十三經注疏》本《左傳正義》作『已』。

〔二〕今按：『十八』，當爲『二十八』。

王與之登臺，妻遂自投下，左右攬之，衣不中手，遺書於帶，曰：『王利其生，妾利其死，願以死骨與馮合葬。』王怒不聽，冢相望也。一夕有大梓木生於二冢之端，旬日其大合抱，屈體以相就，根交於下。又有鴛鴦，雌雄各一，恒栖樹上，交頸悲鳴，音聲感人。宋人哀之，號其木曰相思樹。《搜神記》。韓馮，戰國時爲宋康王舍人，妻何氏美，王欲之。捕舍人築青陵臺，何氏作烏鵲歌以見志，自縊死。『南山有烏，北山張羅。烏自孤飛，羅當奈何？烏鵲雙飛，不樂鳳凰。妾是庶人，不樂宋王。』《九國志》。陳軫去楚之秦，張儀請秦王殺。王告軫，軫曰：『人有兩妻者，人誂其長者，長者詈之；誂其少者，少者許之。居無幾何，有兩妻者死，取長者，客曰：「長者詈汝，少者和汝，何取長者？」曰：「居彼人之所，則欲其許我也。今爲我妻，則欲其詈人也。」』《戰國策》。人有挑其鄰妻者，其長者罵之，其少者報之。後其夫死，而取其長者。或曰：『夫非罵爾者耶？』曰：『在人，欲其報我；在我，欲其罵人。』《馮衍傳》。

徐公之妻，吳起之妻。鄒忌八尺有餘，形貌昳麗，窺鏡謂其妻曰：『我孰與徐公美？』其妻曰：『君美甚。』復問其妾曰：『吾孰與徐公美？』妾曰：『徐公何能及君！』暮寢而思之曰：『妻之美我者，私我也；妾之美我者，畏我也。』《齊策》。吳起好用兵，事魯君。齊人攻魯，欲將起，以起取齊人爲妻，而疑之。起遂殺其妻，以明不與齊。魯卒以爲將，攻齊，大破之。《史》。

張耳之妻，黄霸之妻。張耳亡命游外黄。富人女甚美，嫁庸奴，亡其夫，乃嫁之張耳。張耳以故致千金客。《史》。黄霸字次公，見一婦人，相者言：『當富貴爲封侯者夫人。』乃巫家女也，即娶爲妻。

鮑宣妻柏氏，梁鴻妻孟光。鮑宣妻者，柏氏之女也，字小君。從小君父學，父奇其清苦，以女妻之。裝送甚厚，宣不悦，小君乃悉歸侍御服飾，更着短布裳，與宣共挽鹿車歸鄉里。拜姑禮畢，提甕出汲。宣官司隸校尉，子永魯郡太守。永子昱曰：『大夫人寧復識挽鹿車時不？』對曰：『先姑有言，存不忘亡，安不忘危，吾焉敢忘乎？』《後漢》。梁鴻字伯鸞，家貧而尚節介，勢家多欲女之，並絶不娶。同縣孟氏女，狀肥娶〔一〕而黑，力舉石臼，擇對不嫁，至年三十。父母問故，女曰：『欲得賢如梁伯鸞者。』鴻聞而聘之。及嫁，始以裝飾入門，七日而鴻不答。妻曰：『妾自有隱居之服。』乃更爲椎髻，着布衣，操作而前。鴻大喜曰：『此真梁鴻妻也。』字之曰德耀，名孟光。共入霸陵山中，以耕織爲業。適吴，依大家皋

〔一〕今按：『娶』，中華書局《後漢書》作『醜』，是。

孟通〔一〕，居庑下，爲人賃傭。每歸，妻爲具食，不敢於鴻前仰視，舉案齊眉。伯通異之曰：『彼傭能使其妻敬之如此，非凡人也。』《後漢》。

樂羊子之妻，周稚卿之妻。河南樂羊子，行路遺金餅，還以與妻。妻曰：『妾聞志士不飲盗泉之水，廉者不受嗟來之食。』羊子大慚，捐金於野。而遠尋師，學一年來歸，妻乃引刀趨機而前曰：『此織生自蠶繭，成於機杼，一絲而累，以至於寸，累寸不已，遂成丈匹。今若斷斯綫也〔二〕，則捐失成功，稽廢時月。夫子積學，當日知其所亡，以就懿德。若中道而歸，何異斷斯織乎！』羊子感其言，復還終業，七年不返。《後漢》。周澤字稚卿，爲太常，卧疾齊宫。妻哀老病，窺問所苦。澤大怒，以爲干犯齊禁，收送詔獄，並自劾謝。當世疑其激發不實。又諺曰：『生世不諧作大常妻，一歲三百六十日，三百五十九日齊，一日不齊醉如泥，既作事復低迷。』《漢官儀》。

黄昌之妻，孔明之妻。［黄昌］會稽人，爲蜀郡太守。初，昌爲州書佐。其婦歸寧，遇賊被獲，流轉入蜀，爲人妻。其子犯事，詣昌自訟，因問所由，對曰：『妾本戴次公女，州佐黄

〔一〕今按：『皋孟通』，中華書局《後漢書》作『皋伯通』；下句『賃傭』，中華書局版《後漢書》作『賃舂』。

〔二〕今按：『斷斯綫』，中華書局《後漢書》作『斷斯織』；下句『時月』，中華書局版《後漢書》作『時日』。

昌妻。妾當歸家，爲賊所掠。』昌曰：『何以識黄昌耶？』對曰：『昌左足心有黑子。』出足示之，相持悲泣，還爲夫婦。初有謡曰：『兩日出天。』《謝承書》。黄承彦者，高爽開列，爲沔南名士。謂孔明曰：『聞君擇婦，臣有醜女，黄頭黑色，才堪相配。』孔明許之，即載送之。諺曰：『莫作孔明擇婦，止得阿承醜女。』《後漢》。

陸子之妻，顧悌之妻。陸東美妻朱氏，有容止。夫妻相重，寸步不離，時人號爲『比肩人』。後妻卒，東美不食而死。合葬後未一歲，冢上生梓樹，同根二身，相抱而合成一樹。每有雙雁宿於上。孫權封其里曰『比肩』，墓曰『雙梓』。後子弘與妻張氏亦相愛慕，吴人又呼爲『小比肩』。顧悌，雍族人也。待妻有禮，常夜入晨出，稀見其面。嘗疾篤，妻出省之。悌命左右扶起，冠幘加襲起對，促令妻還，真潔不瀆如此。《吴書》。

何曾家法，劉實行己。晋何曾家法修整，每見妻必正衣冠。身坐面南，妻坐面北。《獨異志》。劉實字子貢，雖禮教陵遲，而行己以正。喪妻爲廬杖之制，終喪不御内。《晋書》。

山濤之妻，奉倩之妻。山濤家貧，謂其妻韓曰：『忍飢寒我當作三公，但不知竟堪作夫人否耳。』荀奉倩與奉至篤〔一〕，冬月婦病熱，乃出中庭，自取冷還，以身熨之。婦亡，奉倩後

〔一〕今按：『與奉至篤』，《天中記》卷十八作『與婦至篤』，是。

少時亦卒。

安豐之婦，陳詵之妻。王安豐婦常卿，婦曰：『親卿愛卿，是以卿卿。我不卿卿，誰復卿卿。』零陵李繁姊先適南平郡陳詵爲妻，産四子而遭賊，賊略將姊去。詵更娶嚴氏，生三子。繁後得姊，往迎還詵，詵籍注二妻。及李亡，詵疑制服。司馬王愆期議曰：『按禮不二嫡，故惠公元妃孟子，孟子卒，繼室以聲子。諸侯猶爾，况庶人乎！詵始不絶，終又見迎，養姑於堂，子爲首嫡，列名黄籍，則詵之妻。施孝叔之妻失身於郤犫而不棄者，以非其罪也。詵有兩妻，非故犯法，李鄙野人，而臨危請活，可謂孝矣。詵雖不應娶妻，要以嚴爲妻，妻則繼室，本非嫡也。若能下之，則趙姬之義。若云不能，官，當有制。先嫡後繼，有自來矣。』亮從愆期議定。《晋禮志》。

號爲梁鴻夫婦，比之秦嘉妻。孫晷字文度，恭孝清約，學識有理義。會稽吴喜，隱居海隅，有高世之風。晷欽其德，聘喜弟預女爲妻，喜戒女棄華尚素，與晷同志，時人號爲梁鴻夫婦。勃海封卓妻劉氏，成昏一夕，卓官於京，後以事伏法。劉氏在家，忽然夢想，知卓已死，哀泣不輟，憤嘆而死。時人比之秦嘉妻。高允爲詩八詩〔二〕贊之。《魏書》。

〔二〕今按：『八詩』，當爲『八首』。

裴澤恩好，邢邵甚疏。裴澤妻巨鹿魏氏，恩好甚隆，不能暫離。澤每從駕，其妻不宿，亦至性强立。時人以爲健婦夫半。《北史》。邢紹〔一〕字子才，與婦甚疏，未嘗内宿。自云嘗晝入内閣，爲狗所吠。《北齊》。

李庶之妻，王彪之妻。李庶生而天閹，妻元綱女也。庶亡後，元氏嘗夢庶謂起曰：『更適趙起，我託劉氏爲女，明旦當出，君宜取我。』遂持錢帛，如所夢得之。養女長而嫁焉。《北史》。王彪敗，謂妻楊，呼爲鄉里曰：『我不忍令鄉里落他處，今當先殺鄉里，然後就死。』楊頸受刀。《南史》。沈休文，山陰柳家女詩云：『還家問鄉里，詎堪持作夫。』

賣餅者之妻，柳子昇之妻。寧王憲宅左有賣餅者，妻纖白明媚，王厚遺其夫取之。環歲，王召餅師使見之，其妻注視，雙泪垂頰。座客十餘人，王命賦詩。王右丞維詩先成：『莫以今詩〔二〕寵，寧忘舊日恩。看花滿眼泪，不共楚王言。』唐柳子昇妻鄭氏，無疾而終。臨卒時告子昇曰：『後十八年更與君爲親。』子昇年近七十，再娶於崔氏，或多省前生之事。後産一男而卒。《獨異志》。

〔一〕　今按：『邢紹』，中華書局《北齊書》作『邢邵』。

〔二〕　今按：『詩』，當爲『時』。

薛昌緒之禮容，李戴仁之百忌。薛昌緒爲人迂僻，與妻相見必有禮容。嘗曰某以繼嗣事重，輒欲卜其嘉會，必候請而可之。《玉堂閑話》。李戴仁性迂緩，娶閻氏年甚少，與之異室。私約曰：『有興則見。』一夕聞叩户聲，小豎報云：『縣君欲見大監。』戴仁遽取百忌曆，大驚曰：『今夜河魁在房，不宜行事。』閻氏慚怒而去。《荆湖遺事》。

《内則》：『禮始於謹夫婦，爲宫室卞外内。男子居外，女子居内。深宫固門，閽寺守之。男不入，女不出。』

皇極二　一五章

婦德

《易》：『無攸遂，在中饋。』

《内則》：『婦事舅姑，如事父母。』

《易》：『恒其德，貞，婦人吉。』

《詩》：『仲氏任只，其心塞淵。終温且惠，淑慎其身。』『之死矢靡他，之死矢靡慝。』

《孟》：『以順爲正，妾婦之道。』孔子曰：『婦人，伏於人也。無專制之義，有三從之道。』『事無擅爲，行無獨成。參知而後動，可驗而後言。晝不遊庭，夜行以燭。』

孫翊妻徐氏，馮寶妻洗氏。漢獻建安九，丹陽郡吏殺其太守孫翊，翊妻徐氏討殺之。丹督嬀覽、丞戴員殺太守孫翊，覽欲取翊妻徐氏。徐紿之曰：『乞須晦日，設祭除服，然後聽命。』潜使所親語翊舊將孫高、傅嬰等與共圖覽，高、嬰涕泣許諾，密呼翊侍養廿餘人與盟合謀。晦日，設祭。徐哭泣盡哀。高、嬰共殺覽，餘人殺員。徐氏還縗經，奉覽、員首以祭翊墓。族誅覽、員餘黨，擢高、嬰爲牙門。書法：『婦人討賊，《綱目》以來未有也，故特書之。終《綱目》，婦人討賊二：孫翊妻徐氏，馮寶妻洗氏。討而能殺之者，一人而已。』發明：『女子能守不辱者，已足深嘉，未有能臨變設謀如徐氏者，故特書討殺以著其績。』梁大寶元年，梁高州刺史李遷仕反，高凉太守馮寶妻洗氏討敗之。馮寶爲高凉太守，高凉洗氏有女，聘以爲婦。李遷仕反，召寶。洗氏曰：『此必欲質君，以發君之兵也，願且無往。』數日，遷仕果反。陳霸先使周文育擊之。洗氏謂寶曰：『君若自往，必有戰鬥，宜遣使告之曰「身未敢出，欲遣婦參」，彼必喜而無備。我將千人步擔雜物，唱言輸賧，夷人以貨財贖，得至栅下，破之必矣。』寶從之。遷仕果不設備，洗氏襲擊，大破之。洗氏與霸先會於灨右，還謂寶曰：『陳都督非常人也。』書法：『書洗氏何？壯婦節也。』保卒海隅擾亂，洗氏懷集部落，數州晏然。其子僕生九年，遣帥諸酋長入朝，詔爲陽春守。

石龍大夫人，宋康郡夫人。廣州刺史歐陽紇反，召馮僕欲與同叛。洗夫人曰：『我忠貞兩世，今不能釋汝而負國也。』遂發兵拒境，陳人討紇斬之。馮僕以其母功，封信都侯，遷石龍太守。遣使持節，册命洗氏爲石龍大夫人，賜以繡幰安車，鼓吹麾節鹵簿，如刺史之儀。書法：『於是封僕爲信都侯，石龍太守不書而書石龍夫人何？本功也。微斯母僕之所從未可知也。』隋開皇九，馮魂以嶺南降。嶺南未有所附，數郡奉高凉郡大夫人洗氏爲主。晋王廣遣夫人書，諭以國亡，使之歸隋。夫人集首領數千人，盡日慟哭，遣其孫馮魂韋光帥衆迎[洗]。表馮魂爲儀同三司，册洗氏爲宋康郡夫人。

譙國夫人，譙國夫人。開皇十年，番禺夷王仲宣反，圍廣州。高凉洗夫人遣其孫暄救廣州，逗留不進，夫人執暄繫獄，遣孫盎擊仲宣，仲宣衆潰。洗氏被甲乘馬，巡撫廿餘州，嶺表遂定。拜盎高州刺史，贈馮寶譙國公，册洗氏譙國夫人。番州總管趙訥貪虐，俚獠亡叛，夫人上封事論之。上遣推訥，竟致於法。敕夫人招慰亡反〔一〕。夫人親載詔書，稱使者，歷十餘州，所至皆降。上嘉之，賜臨振縣爲湯沐邑。書法：『洗氏，三見《綱目》矣。《綱目》書婦人封爵十二，皆譏也，惟洗氏爲予辭。』

〔一〕　今按：『敕夫人招慰亡反』，中華書局版《資治通鑒》作『委夫人招慰亡叛』。

李克用之妻，荀全龍之妻。李克用至汴州，全忠襲之，克用走還。克用妻劉氏多智略，左右先歸者以變告，劉氏神色不動，立斬之，保軍以還。比明，克用至，欲攻全忠，劉氏曰：『此當訴之朝廷，若擅舉兵相攻，則天下孰能卞其曲直？』書法：『書還，何予克用也？不敢以私復怨，是猶有天子也。』梁圍魏武興，魏梓潼太守荀全龍領關城戍主，梁兵至，全龍疾病，其妻劉氏帥厲城民，乘城拒戰，百有餘日。城主高景謀反，劉氏斬之。與戰士分衣減食。井在城外，爲梁兵所據。會天大雨，劉氏命出公私布絹衣服懸之，絞取水而儲之。梁兵退，魏人封其子爲平昌縣子。

娘子軍，霍總管。柴紹妻李氏淵女，及李神通、段綸起兵應李淵。書法：『先李氏何？壯其志也。終《綱目》書婦人用兵二，洗氏李氏。』李氏將兵百餘，會世民於渭北，與柴紹各置幕府，號娘子軍。李商胡之母，善騎射，號霍總管。

北郭先生之婦，楚狂接輿之妻。楚莊王賫金百，聘北郭先生。先生曰：『臣有箕箒之使，願入計之。』即謂婦人曰：『楚欲以我爲相。』婦人曰：『夫子以織屨爲食，食粥毚履，無怵惕之憂者，與物無治也。今如結駟列騎，所安不過容膝，食方丈於前，所甘不過一肉。以容膝之安一肉之味而殉楚國之憂，其可乎？』遂不應聘，與婦去之。《韓詩外傳》。楚狂接輿躬耕以食，其妻之市未反，楚王使使者賫金百斤造門，曰：『大夫使臣奉金百鎰，願請先生治河南。』接輿笑而不應。妻曰：『君使不從，非忠也。從之，是遺義也。』乃夫負釜甑，妻戴經器，變易姓字，莫知所之。上同。

杜詩《王砅送重表侄王砅王珪妻》：『我之曾老姑，爾之高祖母。爾祖未顯時，歸爲尚書婦。家貧無供給，客位但箕箒。俄頃羞頗珍，寂寥人散後。入怪鬢髮空，吁嗟爲之久。自陳煎髻鬟，鬻市充杯酒。及乎貞觀初，尚書踐台斗。夫人尚〔一〕肩輿，上殿稱萬壽。六官師柔順，法則化妃后。至尊均嫂叔，盛事傳〔二〕不朽。』

皇極二　一六章

妻

《淮南子》：『豫讓、要離非不知樂家室安妻子以偷生也，然而樂推誠行必以死主，故不留也。』

〔一〕今按：『尚』，上海古籍出版社《全唐詩》作『常』。
〔二〕今按：『傳』，上海古籍出版社《全唐詩》作『垂』。

《易・坤》六三：『含章可貞，無成有終。』《文言》曰：『陰雖有美，含之，以從王事，不敢成也。地道也，妻道也，臣道也。地道無成而待有終也。』

《詩》：『士如歸妻，迨冰未泮。』『取妻如之何？必告父母。取妻如之何？匪媒不得。』

《孟》：『有妻子則慕妻子。其妻告其妾曰：「吾將瞷良人之所之也。」其妻歸告其妾曰：「良人者，所仰望而終身也。」施施從外來，驕其妻妾。由君子觀之，人之所以求富貴利達者，其妻妾不羞也而不相泣者，幾希矣。』

《易》：『不見其妻，妻其可得見耶？』『枯楊生稊，老夫得其女妻。』

《詩》：『刑於寡妻。』『妻子好合。宜爾室家，樂爾妻孥。』

《孟》：『娶妻非爲養也，而有時乎爲養。』『親迎則得，不親迎則不得，妻必親迎乎？摟其處子，則得妻，不摟則不得妻，則將摟之乎？』

堯君素之射妻，王彦章之斬使。隋恭帝皇泰元，唐殺隋河東守將堯君素。君素守河東，唐遣獨孤懷恩，攻之不下，招之不從。遣其妻至城下謂曰：『隋室已亡，君何自苦？』君素曰：『天下忠義〔一〕，非婦人所知。』引弓射之，應弦而倒。左右殺君素以降。晋稱唐，天

〔一〕今按：『忠義』，中華書局《資治通鑒》作『名義』。

祐十二。晋人夜襲澶州，刺史王彦章在劉鄩營，晋人獲其妻子，待之甚厚，遣使誘彦章，彦章斬其使。晋人滅其家。

李白：『梁山感杞妻，痛哭爲之傾。金石忽暫開，都由激深情。要離殺慶忌，壯夫素所輕。妻子亦何苦，焚之買虚聲〔一〕。』

《詩》：『韓侯取妻，蹶父之子。』韓侯迎止於蹶之里，占鳳乘龍。

《左》：懿氏卜妻敬仲，占之曰：『所謂鳳凰於飛，和鳴鏘鏘。有嬀之後，將育於姜。五世其昌，並於正卿。八世之後，莫之與京。』

黄憲爲司徒，與李元禮俱娶太尉桓焉女。人謂桓元收兩女，俱乘龍也。故杜詩『女婿近乘龍』。

下玉鏡臺，射孔雀屏。温嶠姑有女，屬嶠覓婿。嶠自有昏意，嶠曰：『佳婿難得，但得如嶠，何如？』姑曰：『何敢希汝比也。』因下玉鏡臺一枚，姑大喜。昏禮畢，女披紗扇括掌大笑曰：『我固疑是老始〔二〕，果如卜。』唐竇氏畫一孔雀屏間，使娶女者射，陰約中目者與

〔一〕 今按：『妻子亦何苦，焚之買虚聲』，上海古籍出版社《全唐詩》作『妻子亦何辜，焚之買虚名』。

〔二〕 今按：『老始』，《古今事文類聚》作『老奴』，是。

之。唐高祖連中二目，遂娶之。杜詩曰『屏開金孔雀』是也。

月老繫绳，雲英得杵。《幽怪録》：韋固旅次東城，異人倚囊向月檢書，曰：『此幽冥之書，主天下之昏，以赤绳繫夫妻之足，雖異域終不可易。』裴航遇仙女，《樊夫人》詩答曰：『一飲瓊漿百感生，玄霜搗盡見雲英。藍橋便是神仙宅，何必區區上玉京〔一〕。』后過藍橋，遇老嫗呼雲英，擎一甌漿飲之。航欲娶之，嫗曰：『但得玉杵臼還爲搗藥，乃得娶焉。』

兔絲附女蘿，厩中有騏驥。《古樂府》：『冉冉孤竹生，結根太山阿。與君爲新昏，兔絲附女蘿。兔絲生有時，夫婦會有時〔二〕。千里遠結昏，軒車來何遲。』刺史杜廣初爲劉景厩卒，告其妻曰：『吾爲女求夫三十年〔三〕，不覺厩中有騏驥。』遂妻之。

〔一〕今按：『藍橋便是神仙宅，何必區區上玉京』，上海古籍出版社《全唐詩》作『藍橋便是神仙窟，何必崎嶇上玉清』。

〔二〕今按：『時』，《樂府詩集》作『宜』，是。

〔三〕今按：『三十年』，《山堂肆考》《淵鑒類函》皆作『三年』，是。

皇極二　一七章

妾

《易・鼎》初六：『得妾以其子，無咎。』

《詩》：『江有汜，之子歸，不我以。不我以，其後也悔。江有渚，之子歸，不我與。不我與，其後也處。江有沱，之子歸，不我過。不我過，其嘯也歌。』『嘒彼小星，三五在東。肅肅宵征，夙夜在公。寔命不同！嘒彼小星，維參與昴。肅肅宵征，抱衾與裯。寔命不猶！』『南有樛木，葛藟纍之。樂只君子，福履綏之。南有樛木，葛藟荒之。樂只君子，福履將之。南有樛木，葛藟縈之。樂只君子，福履成之。』『諸娣從之，祁祁如雲。韓侯顧之，爛其盈門。』

買妾不知其姓則卜之。男女卞姓，禮之大司也。子產。

庾信之妾，大夫之妾。庾信自建康遁歸江陵，湘東因賜妾徐氏。徐氏與任㧗通。《檀弓》：悼公之母死，哀公爲之齊衰。有若曰：『爲妾齊衰，禮與？』公曰：『吾得已乎哉？魯人以妻我。』以爲我妻。疏曰：天子諸侯絶旁期，於妾無服，惟大夫爲貴妾緦。

杜詩：『卓氏近新寡，豪家朱門扃。相如才調逸，銀漢會雙星。客來洗粉黛，日暮拾流螢。勸薛好學。襄王薄行迹，莫學冷如丁。千秋一拭泪，夢覺有微馨。人生相感動，金石兩青熒。夫婦之情堅如金石。』

皇極二一　一八章

淫婦

《詩》：『匏有苦葉，濟有深涉。深則厲，淺則揭。男女度禮。有瀰濟盈，有鷕雉鳴。濟盈不濡軌，雉鳴求其牡。淫不度禮。招招舟子，人涉卬否。人涉卬否，卬須我友。男女待配。』『静女其姝，俟我於城隅。静女其孌，貽我彤管。』『云誰之思，美孟庸矣。云誰之思，美孟弋矣。』『蝃蝀在東，莫之敢指。女子有行，遠父母兄弟。朝隮於西，崇朝其雨。女子有行，遠兄弟父母。乃如之人也，懷昏因也。大無信也，不知命也。』『豈不爾思？畏子不敢。豈不爾思，畏子不奪。穀則異室，死則同穴。』『丘中有麻，彼留子嗟。丘中有麥，彼留子國。丘中有李，彼留之子。』『將仲子兮，無逾我里，無折我樹杞。豈敢愛之？畏我父母。仲可懷也，父母之言，亦可畏也。

將仲子兮，無逾我墻，無折我樹桑。豈敢畏〔一〕之，畏我諸兄。仲可懷也，諸兄之言，亦可畏也。將仲子兮，無逾我垣〔二〕，無折我樹檀。豈敢畏之，畏人之多言。仲可懷也，人之多言，亦可畏也。』『有女同車，顔如舜華。彼美孟姜，洵美且都。有女同車，顔如舜英。彼彼〔三〕孟姜，德音不忘。』『山有扶蘇，隰有荷華。不見子都，乃見狂且。山有橋松，隰有游龍。不見子充，乃見狡童。』『蘀兮蘀兮，風其吹女。叔兮伯兮，倡予和女。蘀兮蘀兮，風其嘌〔四〕女。叔兮伯兮，倡予要女。』『彼狡童兮，不與我言兮。維子之故，使我不能餐兮。彼狡童兮，不與我食兮。彼狡童兮，不與我食兮〔五〕。維子之故，使我不能食〔六〕兮。』『子惠思我，褰裳涉溱。子不我思，豈無他人？狂童之狂也且！子惠思我，褰裳涉洧。子不我思，豈無他士？狂童之狂也且！』『子之丰兮，俟我乎巷兮，悔予不送兮。子之昌兮，俟我乎堂兮，悔予不將兮。』『東門之墠，茹

〔一〕今按：『畏』，連同下句『豈敢畏之』之『畏』，《十三經注疏》本《毛詩正義》作『愛』，是。

〔二〕今按：『垣』，《十三經注疏》本《毛詩正義》作『園』。

〔三〕今按：『彼彼』，《十三經注疏》本《毛詩正義》作『彼美』，是。

〔四〕今按：『嘌』，《十三經注疏》本《毛詩正義》作『漂』，是。

〔五〕今按：此語衍。

〔六〕今按：『食』，《十三經注疏》本《毛詩正義》作『息』，是。

蘆在坂。其室則邇，其人甚遠。東門之室〔一〕，有踐家室。豈不爾思？子不我即。』『既見君子，云胡不夷？既見君子，云胡不瘳？既見君子，云胡不喜？』『縱我不往，子寧不嗣音？縱我不往，子寧不來？』『無信人之言，人實誑女。無信人之言，人實不信。』『邂逅相遇，適我願兮。邂逅相遇，與子偕臧。』『維士與女，伊其相謔，贈之以芍藥。』『誰侜予美？心焉忉忉。誰侜予美，心焉惕惕。』『昏以爲期，明星煌煌。昏以爲期，明星晣晣。』

《易・繫辭》：『冶容誨淫。』

《左・桓公元》：見孔父之妻於路，宋華父督目逆而送之曰：『美而艶。』孔父嘉，孔子六世祖。冶容誨淫可知。二年，宋督攻孔氏，殺孔父而取其妻。

皇極二一　一九章

妒婦

《史》：『衛家種賢而多子，美而長白；賈家種妒而少子，醜而短黑。』

〔一〕今按：『室』，《十三經注疏》本《毛詩正義》作『栗』，是。

賈后之妒，郤后之憤。晉賈后，初爲太子妃，妒殺數人。以戟擲孕妾，子隨孕墮。梁武平齊，獲侍兒十餘，郤后憤成疾。左右曰：『《山海經》云：「鶬鶊爲膳，可療使不忌。」郤茹之，妒減半。』《楊夔傳》。鶬鶊不忌。見上。乳骼〔一〕無妒。《晉》張天錫云：『乳骼無妒〔二〕，人無妒心。』

皇極二 二〇章

婦翁

《禮》：『妻父曰外舅。』《孟》：『舜尚見帝。』樂廣，衛玠。語曰：『婦翁冰清，女婿玉潤。』又《晉書》：『妻父有冰清之姿，婿有玉潤之望，所謂秦晉之匹也。』陳勝不拜，玄宗有賜。陳勝爲王，妻父往焉。勝長揖不拜，無加其禮。妻父怒曰：『怙

〔一〕今按：『乳骼』，當爲『乳酪』。
〔二〕今按：《晉書》此語作『乳酪養性，人無妒心』，是。

亂僭號，而傲長者，不能久矣！』不辭而去。陳王跪謝，遂不爲顧。王心慚焉，以問孔鮒子魚，對曰：『禮以昏爲昆弟，妻之父母爲外舅姑，由是明之則拜之，可知。』昔信陵君嘗以此質臣之父，臣父曰：『於諸母之昆弟，妻之諸父則以親配。德年以上，拜之可也。幼於己者，揖之可也。此出於人情而可常者也。《孔叢子》。張垍尚寧親公主，玄宗眷垍厚，即禁中置内宅，侍爲文章。珍賜不可勝，均供奉翰林。垍以所賜夸均，均曰：『此婦翁遺婿，非天子賜學士也。』本傳。

韋皋見辱於張延賞，崔圓受薄於李彦允。後韋爲張西川交代，崔救李殊死。《南部新書》。延賞之與韋皋，黄裳之與執誼。韋皋性疏曠，張延賞竊悔。後五年，皋擁節旄。郭圍詩曰：『宣父從周又入秦，昔賢誰不困風塵。當時甚訝張延賞，不識韋皋是貴人。』《雲溪友議》。杜黄裳始爲卿士，女嫁韋執誼。執誼爲相，除太常卿。執誼遽曰：『丈人甫得一官。』黄裳勃然曰：『黄裳受恩三朝！』即拂衣而去。順宗崩，憲宗即位，黄裳爲相，執誼貶崖州，洎死嶺表，請歸其喪。《舊唐》。

雍總校之婿，畢士安之婿。崔涯妻雍氏，楊州總校之女。雍以崔有詩名，資贍甚厚。崔略無恭敬，但呼妻父雍老而已。雍杖劍呼女，謂崔曰：『某河朔之人，唯習弓馬，養女合嫁軍門，徒慕士流之德，小女不可别醮，止令剃髮爲尼。』涯悲泣悔過，慟别留詩曰：『隴上流泉隴下分，斷腸嗚咽不堪分。姮娥一入宫中去，巫峡千秋空白雲。』畢士安之婿，曰皇甫泌，少時不羈，惟事蒲博。士安作相，累諭不悛。欲面奏其事，使加貶斥。方啓口云：『臣有女婿皇甫泌。』適值过庭有報，不暇敷陳。他日，又欲面奏，值上内逼，遽引袖遥語畢曰：『卿累言婿皇甫泌，得非欲轉官耶？可與轉一資。』畢不敢卞，唯唯而退，即轉殿中丞，後累轉大郡，以尚書右丞致仕，年八十五。《青箱雜記》。

安道衣冠，王鞏褫帶。張安道平生未嘗不衣冠而食，嘗暑月與其婿王鞏同飯，命鞏褫帶而已，曰：『吾自布衣，諸生遭遇至此，一飯皆君賜也。享君之賜，敢不敬乎？子自食某之食，雖衩衣無害也。』

可汗上書，突厥致書。可汗上書恭甚，言［昔］爲兄弟，今婿半子也。突厥致書曰：『皇帝是婦父，即是翁。此是女夫，即是兒。』《海録》。

皇極二 二一章

長幼之序

《釋名》：『兄，荒也。荒，大也。青徐人謂兄曰荒。弟，第也，相次第而生。』

象憂亦憂，象喜亦喜。《孟》萬章曰：『象曰：「謨蓋都君，咸我績。」孟子曰：「象憂亦憂，象喜亦喜。」』真德秀曰：『世儒以帝堯在上，二女嬪吴，象無殺舜之理，故以孟子爲疑。不知孟子特論大舜之心，使其有是，處之不過如此。』

不藏怒焉，不宿怨焉。孟子曰：『仁人之於弟也，不藏怒焉，不宿怨焉，親愛之而已矣。親之欲其貴也，愛之欲其富也。封之有庳，富貴之也。』吴氏曰：『聖人不以公義廢私恩，不以私恩害公義。舜之於象，仁之至，義之盡也。』朱子曰：『如漢文之於淮南，漢景之於梁王，始則縱之大過，不得謂之仁。後又窘治之甚，不得謂之義。』《詩・皇矣》章：『維此王季，因心則友。則友其兄，則篤其慶。』真德秀曰：『漢顯帝以東海王强遜己而友之，唐明皇以宋王成器遜己而友之。』

《常棣》、《行葦》。《常棣》，燕兄弟也。閔管、蔡之失道，故作《常棣》焉。一章：『凡今之人，莫如兄弟。』二章：『死喪之威，兄弟孔懷。』三章：『鶺鴒在原，兄弟急難。』四章：『兄弟鬩於墻，外御其侮〔一〕。』真德秀曰：『襄王怒鄭，欲以狄師伐之。富辰諫曰：「兄弟雖有小忿，不廢懿親。今天子不忍小忿以棄鄭親，其若之何？」襄王不從，果召狄難。滄然閔測

〔一〕今按：『侮』，《十三經注疏》本《毛詩正義》作『務』。

之至情，溫然篤叙之深恩，溢於言外。』《常棣》詩也。《行葦》，忠厚也。『戚戚兄弟，莫遠具爾。』真德秀曰：『吕祖謙曰：「忠厚之意，藹然見於言語之外。」臣謂使人主能體此章之指，則雖一草一木，且不敢輕於摧折也，況骨肉之戚而縱尋斧乎？』

《角弓》《葛藟》《杕杜》：《角弓》，父兄刺幽王也。不親九族，而好讒佞。『騂騂角弓，翩其反而。兄弟婚姻，無胥遠矣。爾之遠矣，民胥然矣。爾之教矣，民胥傚矣。此令兄弟，綽綽有裕。不令兄弟，交相爲瘉。』真德秀曰：『先儒之論，弓之爲物，張之則内嚮而來，弛之則外反而去。骨肉之親，親之則附，疏之則離。夫人君風化之本，爾遠其親，則民亦皆然。爾之教如此，則民亦皆效。』《葛藟》，王族刺平王也。『周室既衰，棄其九族。謂他人父，亦莫我顧。謂他人母，亦莫我有。謂他人昆，亦莫我聞。』《杕杜》，刺時也。晉昭公不親宗族，骨肉離散。『獨行踽踽，豈無他人？不如我同父。獨行睘睘，豈無他人？不如我同姓。』真德秀曰：『三詩，《常棣》《行葦》之反也。』

淮南之反，袁盎之諫。漢文六年，淮南王長謀反，廢處蜀，載以輜車，令縣次傳。袁盎諫曰：『淮南王爲[人]剛，則今暴摧折之，臣恐其逢霧露道死，陛下有殺弟之名。』長不食而死。縣傳者不敢發車封，至雍，雍令發之，以死聞。上悲哭，盎曰：『陛下遷淮南王安，欲以苦其志，使改過，有司宿衛不謹，故病死。斬丞相御史以謝天下，乃可。』上即令丞相御史逮諸縣不發封饋侍者，皆棄市。以列侯葬淮南王於雍，置守冢三十家。後封長子四人爲列侯。民歌曰：『一尺布尚可縫，一斗粟尚可舂，兄弟二人不相容。』又歌曰：『一尺繒好童童，一升粟飽蓬蓬，兄弟二人不能相容。』真德秀曰：『帝於是可謂得親親之義矣。然帝於待淮南，則不得爲無過也。《易》曰：「童牛之牿，元吉。」方長之擅殺列侯，則使留之長安，選名儒朝夕陪輔。幸而有悛，則復使之國，否則或徙小邦，或降通侯，長必悔艾，有以自復。帝既赦而不誅，即使歸國，是諂長於惡也。其後不從賈生之諫，輒王其諸子，則又失之。瓜分淮南之壤，悉王其三子，則卒啓淮南、衡山之禍，是於失之中又失焉。』

唐太宗之嗚咽，唐玄宗之長枕。荆王元景等（皆唐太宗弟也）之藩，上別曰：『兄弟之情，豈不欲常相共處耶？但以天下之重，不得不爾。』因流涕嗚咽不能已。真德秀曰：『太宗此言，其殆有感於隱巢之事乎？』明皇爲長枕大被，與兄弟同寢。聽朝之暇，從遊。禁中，拜跪如家人禮。殿中設五幄，與諸王更處其中，謂之『五王帳』。宋王成器尤恭謹，未嘗議及時政。真德秀曰：『文王孝於王季，故友於兄弟，睦於太姒，故慈於子孫。後世帝王能於此，則不能於彼。明皇以藩王有功，成器居嫡長而能辭位以授之，故明皇之心篤於兄弟。至於爲人父則以讒殺其子，（廢太子瑛、鄂王瑤、光王琚。）爲人夫則以嬖黜其妻，（嬖惠妃，廢王后。）爲人君則以非罪戮臣下，（殺御史周子諒。）是不能充其類也。』長幼之序。

鄭伯克段，寡人有弟。《左·隱元》『鄭伯克段於鄢』傳：書曰『鄭伯克段於鄢』，段不弟，故不言弟。如二君，故曰克。稱鄭伯，譏失教也。謂之鄭志不言出奔，難之也。』《隱十一》鄭伯曰：『寡人有弟，不能和協，而使餬其口於四方。』

晋惠侯之歸，衛宣姜之搆。《僖十五》：秦獲晋惠侯以歸，穆后聞晋侯將至，以太子罃弘與女以簡璧登臺履薪焉，使以免服衰絰逆。且告曰：『上天降灾，使我兩君匪以玉帛相見，而以興戎。若晋君朝以入，則俾子夕以死；夕以入，則朝以死。』《桓十六》：衛宣姜搆急子。宣公使盗，使諸竟，待諸莘，將殺之〔一〕。壽子告之，使行。不可，曰：『棄父之命，惡用子矣！有無父之國則可也。』及行，飲以酒。壽子載其旌以先，盗殺之。伋子至〔二〕，曰：『我之求也，此何罪？』盗又殺之。《詩》曰：『二子乘舟，泛泛其景。願言思子，中心養養。二子乘舟，泛泛其逝。願言思子，不瑕有害。』

公在曰公子，不在曰弟。《宣十七年》：公弟叔肸卒，公母弟也。凡太子之母弟，公在曰公子，不在曰弟。凡稱弟，皆母弟也。胡氏曰：『稱弟，得弟道也。稱子，賢也。何賢乎

〔一〕今按：這四句錯亂，《十三經注疏》本《春秋左傳正義》作『公使諸齊，使盗待諸莘，將殺之。』

〔二〕今按：『伋子』，即『急子』。

叔肸？宣弑而非之也。非之，則胡爲不去也？兄弟無絶道，故雖非之而不去也。賢之財，則曰我足矣。終身不食宣公之禄，君子以是爲通恩也。論情可以明親親，言義可以礪不軌，所以取貴乎。』《春秋》書曰：『公弟而稱字，以表之也。公子爲正大夫而書卒，貴也。不爲大夫而特書卒，賢也。』

伯曰閼伯，季曰實沈。《昭元》子産曰：『昔高辛氏有二子，伯曰閼伯，季曰實沈。居於廣林，不相能也。日尋干戈，以相征討。』

奔死免父，孝也；度功而行，仁也。《昭廿》：王執伍奢。棠君尚謂其弟員曰：『爾適吴，我將歸死。奔死免父，孝也。度功而行，仁也。』

后臧不待而歸，葉公終不正視。《定五》：『葉公諸梁之弟后臧從其母於吴，不待而歸。葉公終不正視。吴入楚獲后臧之母。』

向魋奔吴，司馬牛適齊。奔齊，司馬牛適吴。不與[魋]同。《哀十四》。

《語》司馬牛憂曰：『人皆有兄弟，我獨無。』子夏曰：『四海之内皆兄弟也，何患乎無兄弟也？』《語》子曰：『兄弟怡怡。』

《書》：『于弟不念天顯，不克恭厥兄。兄亦不念鞠子哀，大不友于弟。』

以和兄弟。畏我諸兄。終鮮兄弟。亦有兄弟。人之無良，我以爲兄。終遠兄弟，謂他人昆。諸兄之言，亦可畏也。

陟彼岡兮，瞻望兄兮。兄曰『嗟，余弟！行役夙夜必偕。尚慎旃哉！猶來無死。兄弟既翕。兄弟無遠。嗟我兄弟。宜兄宜弟。復我諸兄。兄及弟矣。

伯氏吹壎，仲氏吹篪。

《孟》：『兄弟無故，一樂也。』『其兄開弓〔一〕而射之，則已垂涕泣而導之，無他，戚之也。』『爲人弟者，懷利以事其兄。爲人弟者，懷仁義以事其兄。』『及其長也，無不知敬其兄也。』

《中》：『所求乎弟，以事兄未能也。』

『事兄悌，故順可移於長。』『兄愛而友，弟恭而順。』『兄弟匪他。兄弟具來。兄弟甥舅。』

宋主殺武昌王渾，高肇殺京兆王愉。宋孝建二年，宋主殺其弟。武昌王渾，與左右作檄文，自號楚王，改元永光，以爲戲笑。逼令自殺，時年十七。書法：『其以無罪書之何？甚宋主也。渾則信有罪矣，年未成人，處以八議，或者罪不至死。令而殺之，甚矣。』魏永平

〔一〕今按：『開弓』，《十三經注疏》本《孟子注疏》作『關弓』。

元年，李平克信都，執京兆王愉，高肇陰殺之。書陰何？譏主闇也。於是群臣奏請誅愉，魏主不許，則兄弟之愛也。高肇陰使殺之，而不之悟，其昏甚矣。人主之弟，其孰得以陰殺之？書陰殺之，所以深譏其闇也。發明：『元愉既反，則不爲無罪，然群臣誅愉，而魏主不許，縱使其罪當死，亦必再請，而後可。今高肇乃擅使人密殺之，則魏國爲無君矣。』

陳主殺其弟，天王殺其弟。衡陽王昌，王子佞夫。陳天嘉元年初，陳高祖以子昌頊在長安請於周，至是遣昌還。陳主曰：『別求一藩歸老。』侯安都曰：『自古豈有被代天子！』陳主以昌爲衡陽王。衡陽王濟江，侯安都中流隕之，使以溺告。安都以功進爵清遠公。《左傳》：靈王崩，儋括欲立王子佞夫。佞夫不知。五月癸巳，尹言多、劉毅、單蔑、甘過、鞏成殺佞夫。書曰『天王殺其[弟]佞夫』，罪在王也。杜預注：『稱弟，以惡王，殘骨肉。』

秦鍼適晋，太叔奔共。《昭元》：秦后子有寵於桓，如二君於景。桓公子，景公弟。其母曰：『不去，懼選。』鍼適晋，其去〔一〕千乘。書曰『秦君之弟鍼出奔』，罪秦伯也。《隱》：太叔收貳以爲己邑，子封曰：『厚將得衆。』公曰：『不義不暱，厚將崩。』

皇太弟，太弟乂。晋惠帝永興元年，河間王顒表成都王穎爲皇太弟。書法：『皇太弟

〔一〕今按：『去』，當爲『車』。

之名，入《綱目》以來未之有也。』建興三年，雨血於漢東宮延明殿，太弟乂惡之。崔瑋許遐説乂曰：『不如早爲之備。』乂不從。舍人告之，漢主聰殺瑋、遐。使將兵，監守東宮。漢相國粲謂乂曰：『宜衷甲以備。』乂信之，命東宮衷甲。粲告靳准，准白聰曰：『太弟將爲難。』聰廢乂爲北部王。粲使准殺之。

兩驥劉正，雙珠孟昶、顗。

二龍：劉谿、劉岱；八龍：荀儉、緄、靖、燾、汪、爽、肅、專。

鳳飛同日，龍躍雲津。北齊崔㥄、仲文同日拜，語曰：『兩鳳連飛。』張華見褚陶，謂陸機[曰：『君兄弟龍躍雲津』]。

二楊，唐楊馮凌。兩郅。

三珠樹，王勉、勮、勃。三列宿。韋叔諧、叔謙、季武。

河東三鳳，唐薛元欽。賈氏三虎。賈彪。

二龍，五常。許劭，平輿人，兄虔亦知名。平輿淵中有二龍。馬良兄弟五人，諺曰：『馬氏五常，白眉最良。』

優者如龍鳳，劣者如虎豹。王僧虔。

大馮君，小馮君。馮野王帝立，吏民歌曰：『大馮君小馮君，兄弟繼踵相因循，聰明賢智惠吏民，政如魯衛德化均，周公康叔猶二君。』

名譽有優劣，世號爲腰鼓兄弟。沈懷文三子淡、深、冲。難爲兄，難爲弟。王珣珉語曰：『法護非不佳，僧彌難爲兄。』陳實曰：『元方難爲兄，季方難爲弟。』

休若休若，當今無對。陳群論汝潁人物曰：『荀文若、休若、休若、仲預，當今無對〔一〕。』

以弟代兄，前兄後弟。韋嗣立萊芜令，武后曰：『以弟代兄。』夏侯夔，豫州刺史，兄但先經此任。歌曰：『前兄後弟，布政優優。』

棠棣碑，連珠集。唐賈敦頤，洛州刺史，立碑。敦實立頌兄碑側，號棠棣碑。竇群兄弟工辭章，爲《連珠集》，時稱昆弟若五星然。

名著三君，子如孫郎。陳紀元方、陳諶季方，父子著名三君。孫策，袁術曰：『有子如孫郎，死亦何求。』

〔一〕　今按：《紀纂淵海》《翰苑新書》此語作『陳群與孔融論汝潁人物，群曰：「荀文若、休若、友若、仲預，當今無對。」』

《左文十四》：穆伯卒於齊，襄仲欲勿哭。惠伯曰：『喪之終也。史佚有言曰：「兄弟致美。救乏、賀善、吊灾、祭敬、喪哀。」』

諸王就國，諸王歸國。章帝篤於濟南王康，中山王焉。親親來朝，賞賜過度。何敞《奏記》宋由曰：『公家之用，皆百姓之用，明君賜暨宜有品制，忠臣受賞亦應有度。』宋意疏曰：『西平王羡等久磐京邑，驕奢僭擬，宜割情不忍以義斷恩，發遣歸藩，以塞衆望。』諸王始就國，章帝崩。書始何？著章帝之友愛也。孝章三年，有司奏遣諸王歸國，不許。書法〔一〕：『所以著上之友愛也。』

遣弟就國，封弟爲王。魏王丕遣其弟彰等皆就國。書法：『漢遣就國爾，書魏王丕遣其弟，何私也？友於義薄莫甚於曹丕者矣。故直書曰魏王丕遣其弟。』魏太和九，封諸弟皆爲王。書法：『書著友愛也。』

去其一手，羼爲之破。昔成都王穎欲與顒攻乂，長沙王。邵續諫曰：『人有兄弟，如左右手，令公欲當天下之敵，而先去其一手乎？』梁湘東王繹有微過，廬陵王續代之。續卒，繹聞之喜，入閤而躍，羼爲之破。

〔一〕 今按：『書法』，《御批資治通鑒綱目》作『發明』。

魯宣公殺子赤，漢隱帝殺希廣。魯宣公者，魯文公之弟也。文公薨，子子赤立。宣公殺子赤而奪之國。公子肹者，宣公之同母弟也。宣公與之禄，則曰：『我足矣，何以兄之食爲哉！』織屨而食，終身不食宣公之食。《新序》。乾祐三年，漢隱帝希蕚殺希廣而自立。楚馬希蕚攻潭州，其妻苑氏諫曰：『兄弟相攻，勝負皆爲人笑。』不聽，引兵趨長沙，馬希廣曰：『朗州吾兄也，不可與争，當以國讓之而已。』劉彦韜等固争以爲不可，大破其兵，追希蕚。希廣遁歸。苑氏泣曰：『禍將至矣。』赴井而死。書法：『希廣以少代長，名不正矣。』静江節度馬希瞻，以兄希蕚、希廣交戰，屢遣使諫止，不從。知終覆宗，疽发背，卒。

爲善最樂，封上章奏。東平王蒼來朝，問：『處家何等最樂？』言：『爲善最樂。』月餘還國，送列侯印十九枚。王子年五歲以上，能趨拜者皆帶之。沛王等來朝歸國，留東平王蒼於京師。書留，特筆也。蒼歸國，車駕祖送，流涕。蒼卒，封上王建武以來章奏〔一〕，並集覽焉。

雍和殿，興慶宫。唐文宗作雍和殿，敦睦兄弟，作興慶宫於十六宅。唐作興慶宫，成器等宅環於宫側，又於宫西南置樓，西曰華蕚相輝，南曰勤政務本。

〔一〕今按：《後漢書》《通志》此語作『封上蒼自建武以來章奏』。

立子五人爲王，立弟二人爲王。唐德宗。書法：『先書子，所以著帝之失也。』漢文帝封國，先弟而後子。明帝云：『我子安得與先帝子等？』封域半楚。淮陽。二君者，可謂知節矣。

以大牢祠，如家人禮。漢章元和二年，至東平祠獻王陵，帝追念曰：『思其人，至其鄉。其處在，其人亡。』泣下霑襟，幸陵祠以大牢，親拜祠堂，哭泣盡哀。明皇與兄弟同寢遊，在禁中拜跪如家人禮。

尺布斗粟之謡，二府馬閂之歌。齊王攸謂晋武帝曰：『尺布斗粟之謡，常爲陛下愧之。他人令親者疏，臣不能令親者親，以此愧陛下耳。』攸歐血死。吐浴渾〔一〕者，慕容廆之庶兄也。二府馬閂，廆遣使讓之。渾怒，帥衆西徙。廆追思之，爲作《二府馬閂》。鮮卑謂兄爲阿干〔二〕。

裴子野曰：『太宗宋明皇帝。保字螟蛉，剿拉同氣。』以宫人賜李道兒，生昱。『既迷在原之天屬，未識父子之自然〔三〕。太祖棄初寧之誓，而登合殿者元凶。太子劭。』

〔一〕今按：『吐浴渾』，當爲『吐谷渾』。

〔二〕今按：此三句，《資治通鑒》作『鮮卑謂兄爲阿幹，廆追思之，爲作《阿幹之歌》』。

〔三〕今按：《資治通鑒》作裴子野論曰『太宗保字螟蛉，剿拉同氣，既迷在原之天屬，未識父子之自然』。中間無『以宫人賜李道兒生昱』之語。

晋文帝臨終執齊王攸手以授武帝，荀勖等構於帝前歐血死。宋文帝就其姊會稽公主宴，主曰：『車子歲暮必不爲所容。』文帝指蔣山曰：『若違今誓，便是負初零陵〔一〕。武帝墓。』

高穎曰：『骨肉相殘，教之蠹也。』

魯肅曰：『劉表新亡，二子不協。』崔琰對曹操曰：『今九州幅裂，二袁親尋干戈。』

子柳子碩，長男中男。子柳之母死，子碩請具。子碩曰：『請鬻庶弟之母。』子柳曰：『如之何其鬻人之母以葬其母也？』既葬，子碩欲以賻布之餘具祭器。子柳曰：『君子不家於喪，請班諸兄弟之貧者。』《檀弓》。

朱公居於陶，生小子。小子及壯，而中男殺人，囚於楚。朱公告其小弟往視之，乃裝黄金千鎰，置褐器中，載以一牛車。長男請欲行，不聽。長男曰：『家有長子曰家督，今弟有罪，大人不遣，乃遣小弟，是吾不肖。』欲自殺，其母爲言，公從之。長男竟持其喪歸，至，公獨笑曰：『吾固知必殺其弟也！彼非不愛其弟也，顧有所不能忍者也。是少與我俱，見苦，爲生難，故重棄財。至如小弟者，生而見我富，豈知財所從來，故輕去之。前日吾所以欲遣

〔一〕今按：『初零陵』，《資治通鑒》作『初寧陵』，是。

小子，爲其能棄財故也。』《越世家》。

成人之兄弟，伯偕之兄弟。成人有兄死而不爲哀者，聞子皐將爲成宰，遂爲哀。成人曰：『蠶則績而蟹有匡，范則冠而蟬有緌，兄則死而子皐爲之衰。』《檀弓》。有張伯偕、仲偕兄弟相類，仲偕妻新妝見伯偕曰：『新妝好不？』伯偕應之曰：『我伯偕也。』又見伯偕，呼之曰：『向大錯，誤認伯偕是卿。』伯偕曰：『我伯偕也。』《風俗通》。

文章之兄，田蚡之兄。太山吴文章與兄伯武相失别二十年，後會下邳市，争計共鬥，武伯歐之。文章欲報擊之，心中惻愴，手不能舉，大自怪也。擲杖於地，還相尋問，乃親兄也。相持啼泣。上。田蚡封武安侯，召客飲坐，其兄蓋侯北向，自坐東向，由此滋驕。《漢書》。

汝敦之兄，馬援之兄。廣漢汝婦者，汝敦之妻也。居世殷富，兄弟早孤。嫂貪吝，敦所以受田宅奴婢三百餘萬，悉讓於兄。裁留園地數十畝，起舍耕作，土中得金一器。妻曰：『此獨非其有耶。』敦曰：『固吾意也。』乃俱擔金與兄嫂，嫂見金而喜。兄乃惻然感悟，棄妻還金。《列女傳》。馬援字文淵，扶風茂陵人也。援三兄況、余、員並有才能，王莽時皆爲二千石。援年十二而孤，少有大志。況曰：『汝大才當晚成。』《後本傳》。

杜林之弟成，鄧彪之弟鳳。杜林字伯山，博物洽聞。弟成物故，隗囂聽林持喪歸。既遣而悔，追令刺客楊賢於隴坻遮殺之。賢見林身推鹿車，載致弟喪，嘆曰：『我雖小人，何忍殺義士！』因亡去。《後漢》。鄧彪字智伯，父邯以功封鄳侯，彪以嫡長爲世子。邯薨，當嗣爵，明帝高其節，詔書聽許襲爵，彪仕州郡。《東觀記》。

鄭均之兄，茅肜之弟。鄭均字仲吳，清浄自守。兄仲爲縣［吏］，頗受禮遺。即脱身出，歲餘得數萬錢，歸以與兄曰：『錢盡可復得，爲吏坐臧，終身捐棄。』兄感其語，遂爲廉潔，稱清白吏。上。茅肜字預公，少孤。兄弟四人，皆同財業，及各取妻，諸弟求分，肜自掩户。自撾曰：『茅肜，汝修身謹行，學聖人之法，將以齊整，奈何不能正其家乎？』弟及諸婦叩頭謝罪，遂爲敦睦之行。《後漢書》。

姜肱之弟，李銓之兄。姜肱字伯淮，與二弟仲海、季江俱以孝行著，及各娶妻，兄弟相恋，不能别寢。嘗與季江謁郡，夜於道遇盗，欲殺之，兄弟更相争死，賊遂兩存焉，但攔奪〔一〕衣資而已。既至郡中，見肱無衣服，怪問其故，肱詑以他辭，終不言盗。盗聞遂感悟，后乃謝罪，還所掠物。肱不受，勞而遣之。上。李銓字玄機，少聰慧，有志行。兄全前母子，後母甚不愛。銓年五歲，覺己衣勝兄，即脱不着，須兄得與同然後服之。及長，内匡其母，外奉其兄，故閨門雍穆，爲邦國所稱。《陳留志》。

〔一〕今按：『攔奪』，中華書局《後漢書》作『掠奪』。

陳業之於兄，黄穆之於弟。陳業字文理，業兄度海傾命，時依亡者五六十人，骨肉消爛而不可卞別。業仰皇天誓后土曰：『聞親戚者，必有異焉。』割臂流血，以洒骨上，應時歃血，餘皆流。《先賢傳》。黄穆字伯開，爲山陽守，有德政。弟奐字仲開，爲武陵守，貪穢無行。武陵人諺曰：『天有冬夏，人有二黄。』言不同也。《耆舊傳》。

論汝潁之優劣，贊二應之克聰。汝南李洪爲太尉掾，弟殺人當死，洪自劾詣闕，乞貸弟命，飲酖而死，弟用得全。《孔融汝潁［優］劣論》。應劭仲遠，應珣季瑜，生二子，瑒［字］德璉，璩［字］休璉，咸以文章顯。《後書贊》：『二應克聰，亦表汝墳。』

袁譚之攻袁尚，成都之討長沙。袁譚攻尚，譚敗還，欲更攻尚。王脩曰：『兄弟者，左右手也。譬人將鬥而斷其右手，曰：「我必勝！」若是者可乎？』《後漢》。成都王穎將討長沙王義，劭續〔一〕諫曰：『續聞兄弟如左右手，今明公當天下之欲而去一手乎？』《晉傳》。

馭二龍於長途，騁騏驥於千里。漢末，陶丘洪薦劉繇，欲令舉茂才。刺史曰：『前年舉公山，岱也，奈何復舉正禮乎？』洪曰：『若明使君用公山於前，擢正禮於後，所謂馭二龍於長途，騁騏驥於千里，不亦可乎？』

〔一〕今按：『劭續』，《晉書》作『邵續』，是。

慕容德以右僕射封嵩爲左僕射，尚書韓諄爲右僕射，以嵩弟融爲西中郎將，諄弟軌爲東中郎將。嵩等俱拜，帝臨軒，詔令四人同入，嵩等升殿方謝，帝顧曰：『躍二龍於長衢，騁雙驥於千里。』《南燕書》。

謝舉字言揚，與兄覽齊名，舉爲太常博士，與覽俱興元會。江淹曰：『所謂馭二龍於長途者也。』《南史》。

江革。建安王爲雍州刺史，以革爲記室參軍。帶中廬令與弟觀不忍離别，以觀爲征北行參軍兼記室。沈約、任昉與革書：『比聞雍府，妙選英才。文房之職，總卿昆季。可謂馭二龍於長途，騁騏驥於千里。』

相見公會，退無私面。諸葛瑾字子瑜，爲孫權長史。瑾使蜀，與其弟亮相見公會，退無私面。《吴志》。

孫權曰：『子瑜言弟亮委質定分，義無二心。弟之不留猶瑾之不往也。《江表傳》。諸葛瑾、弟亮、從弟誕並有盛名，各在一國，於時以爲蜀得其龍，吴得其虎，魏得其狗。《世説》。

汝已殺我任城，不得復殺我東阿。魏文帝忌弟任城王驍壯，因在卞太后閤共圍棊並噉棗。文帝以毒置諸棗蔕中，既中毒，遂卒。復欲害東阿。太后曰云云。上。

使人神思清發，昏不假寐，自此之外，白日欲寐。劉實弟知。管輅謂人曰云云。《晋書》。

二儁三張。陸機弟雲，並有儁才，張華悦之，曰：『平吴之利，在我二儁。』《晋陽秋》。張華見褚陶，語陸平原曰：『君兄弟竟躍雲津，顧彦先鳳鳴朝陽。』上。雲與兄機齊名，尚書惘鴻奇之，曰：『若非龍駒，當是鳳雛。』《晋書》。成都王殺機弟耽，孫憙〔一〕與朱誕書：『不意三陸相携闇朝，一朝烟滅，道業淪喪。』上。張載弟協與載齊名，亢才藻不逮二昆。時人謂載、協、亢、陸機、雲曰『二陸三張』。上。語曰：『二陸入洛，三張減價。』《寰宇記》。

一株田氏，三窟王生。京兆田真、慶、廣兄弟三人，共議分財生貲皆均平。堂前一株紫荆樹，共議欲破三片。明日就截，其樹即枯。真大驚曰：『樹本同株，聞將分斫，所以顦悴，是人不如木也。』不復解，樹應聲榮茂。兄弟相感，合財寶，遂爲孝門真仕，至大中大夫。《齊諧記》。陸機詩『三荆歡同株』，王維詩『荆樹有花兄弟樂』。王衍以弟澄爲荆州，族弟敦爲青州，曰：『荆州有江漢之固，青州有負海之險，二人在外而吾留此，足以爲三窟矣。』識者鄙之。

在三之義，第五之名。衛玠與兄别，語曰：『在三之義，人之所重。今日忠臣，致身之運。』《别傳》。何准，驃騎將軍充第五弟也。『驃騎勸之令仕，答曰：『第五之名，何必減驃

〔一〕今按：『孫憙』，《晋書·陸機傳》作『孫惠』。

騎？』《世説》。

郭誦之弟，戴逵之兄。李矩表郭誦爲將軍，屢敗石生。誦弟元爲賊所執，賊遣元以書遺矩曰：『去年東平曹嶷，西賓倚盧，矩如牛角，何不歸命？』矩以示，誦曰：『昔王陵母在，賊猶不改意，弟當何論？』石靳復遣誦麈尾馬鞭，以示殷勤。誦不答。《晉書》：戴逵既厲操東山，其兄欲建式遏之功。謝太傅曰：『兄弟志業，何其太殊？』戴曰〔一〕：『下官不堪其憂，家弟不改其樂。』上。

周仲智之舉燭，荀君林之執㡧。周仲智飲酒醉，瞋目還面謂伯仁曰：『君才不如弟，而横得重名。』須臾舉蠟燭火擲伯仁，伯仁笑曰：『阿奴火攻，固出下策耳。』《世説》。河内荀儒字君林，乘冰省舅氏，陷河上而死。兄倫字君文，求尸積日不得，設祭水側，又投㡧與河伯。一宿，岸側冰開，手執㡧浮上，倫又㡧謝之。《異苑》。

着衣後應，斫樹更生。劉瓛弟璡，瓛夜隔壁呼璡，璡下牀着衣，立然後應。《南齊》。趙拔扈，兄震動富於財，太守樊文茂殺之。拔扈聚黨至祉樹，祝曰：『文茂殺拔扈兄，今欲報之，若事克，斫樹處更生；不克，即死。』一宿，三枿十餘丈，人間傳以爲神，遂殺文茂。《南史》。

〔一〕今按：『戴曰』，《晉書・謝安傳》作『逯曰』。戴逵兄名逯。

玉友金昆。王琳有子九人，並知名。長子銓美風儀，善占吐，學不及弟錫，而孝行齊焉。時人以爲銓、錫二王，可謂玉友金昆。《南史》。

到溉弟洽，比之二陸。世祖贈詩曰：『魏世重雙丁，晋朝稱二陸。何如今兩到，復似凌寒竹。』《梁書》。

陸暐與弟並有時譽。賈禎嘆曰：『僕以老年，更睹雙璧。』《魏書》。

三周孰賢，若蜂腰矣。周弘正幼孤，及弟弘直俱爲伯父捨所養。弘正醜而不陋，言而能談，詼諧似優，剛腸似直。或問：『三周孰賢？』人曰：『若蜂腰矣。』《南史》。

元帝手書，謂朝士曰：『晋氏平吴，喜獲二陸。今我討賊，亦得兩朝〔一〕。』楊播元慶。剛毅，椿津恭謙。家世純厚，並敦義讓。昆季相事，有如父子。椿不命坐，津不命坐〔二〕。《魏書》。

三馬，三鳳。馬子結兄弟三人皆涉文学。陽休之牧西兗，子廉、子尚、子結各有詩言贈休之。詩云：『三馬俱白馬〔三〕者也。』《北齊書》。薛元敬與收及族兄德音齊名，世稱河東三

〔一〕今按：『兩朝』，《陳書》作『兩周』，是。

〔二〕今按：『津不命坐』，《魏書》作『津不敢坐』，是。

〔三〕今按：『白馬』，《北齊書》作『白眉』，是。

鳳。收爲長離，德音爲鸑鷟，元敬爲鵷鶵。如晦嘆曰：『小記室不可得而親，不可得而疏。』上。

兩絶，雙舉。張知謇與兄知玄知晦、弟知泰知默皆以明經擢第，俱爲顯官。知謇入計，則天命畫工寫之，以其本賜之曰：『人或有才，未必其貌〔一〕，卿家昆季可謂兩絶。』上。張楚金與兄越石同預進士，州司馬將罷越石而薦楚金，辭曰：『以順則越石長，以才則楚金不如。』李勣嘆曰：『貢士本求才行，相推如此，何嫌雙舉也？』乃俱薦擢第。上。

古之荀陳，今之杞梓。陸景融於象先，后母弟也。象先被笞，景融諫不入則自楚。母爲損減〔二〕，人多其友。《新唐》。象先弟景倩、景融、景獻、景裔，僧一行謂人曰：『陸氏兄弟皆有才行，古之荀陳無以加也。』《舊唐》。象先本名景初。趙令曦兄冬日，弟和璧、居貞、安貞、頤貞，韋述弟逌、迪、迥、退〔三〕、巡，並詞學登科。張説曰：『趙、韋昆季，今之杞梓也。』上。

羅浮道者，胡王使者。劉巨麟爲廣州刺史，弟仲丘爲麗正殿學士，兄弟友愛。有羅浮

〔一〕今按：『其貌』，《舊唐書》作『有貌』，是。
〔二〕今按：『損減』，《新唐書》作『損威』。
〔三〕今按：『退』，《舊唐書》作『迠』。

道者，爲巨麟合丹劑，將分半以遺仲丘，合〔一〕刀中破之，分銖無差。《傳載》。劉師貞兄有疾，衣不解結，日一湌，爲讀《道德經》，夢神人曰：『若兄苦風，取胡王使者，酒漬服即愈。』夢見母曰：『胡王使者，羌活也。』覺而求之，兄遂即愈。《史》。

盧渥之弟，韓浦之弟。盧渥拜陝府觀察使，弟沼除給事中，弟沅除左拾遺，弟治遷監察御史。詔書疊至，士族榮之。朝臣正下設祖筵，洛城爲之一空。都人聳觀，亘數十里。《唐史》。韓浦、韓洎咸有詞學，洎嘗輕浦，語人曰：『吾兄爲文，譬如绳樞草舍，聊庇風雨；予之爲文，是造五鳳樓手。』浦得蜀箋，以詩贈洎曰：『十樣蛮箋出益州，寄來新自浣溪頭。老兄得此全無用，助爾添修五鳳樓。』

王平甫之兄，李漢英之弟。王平甫該洽善議論，與其兄介甫論新政，多援據，介甫不聽。侄雱命亟〔二〕，介甫命道士作醮，大陳楮錢。平甫曰：『兄以君法绳吏奸，今以楮錢邀福，安知三清門下獨不行君法耶？』《舊聞》。李漢英與昆弟同遊倡館，題壁而去。有滑稽子書昔人雁詩於傍曰：『兩行何處閑文字，一隊誰家好弟兄。』《閑覽》。

〔一〕今按：『合』，《大唐傳載》作『命』。
〔二〕今按：『命亟』，《四庫全書》本《曲洧舊聞》作『病亟』，《説郛》《天中記》亦引作『病亟』。

王雋之兄，苟蔣之弟。上郡王雋字玄英，雋年七八歲，隨兄密子元直西如凉州，路中粮匱，密留元直於途，乞丐民間。比還，雋爲賊所掠，元直逃免。密乃將元直追賊，叩頭曰：『人情自當皆愛其子，但此弟未生，家君見背，孤遺相長，以至於今，請以元直易雋。』賊曰：『以子易弟，義之大也。』於是以雋密受元直而去。密後亡，雋心喪六載。《前趙録》。袁象字緯才，拜廬陵王諮議。時江陵縣人苟蔣之弟胡之，婦爲沙門所淫，蔣之殺沙門。爲官司所檢，蔣之列家門穢行，欲告則耻，欲忍則不可。實己所殺，胡之列又如此，兄弟争死。江陵令宗躬啓州，荆州刺史廬江王求博議，象曰：『迅寒急節乃見松筠之操，危機迫構方識貞孤之風。昔文舉引謗，獲漏疏網，若陷以深刑，實傷爲善。』由是，兄弟免死。《南史》。

景先之事兄，李密之願兄。房景先沉敏方正，事兄恭謹，出告反面，晨昏參省，側立移時。兄亦危坐，相敬如賓客。兄曾寢疾，景先侍湯藥，衣冠不解，形容毁悴。《魏書》。李密聘吴，吴主與群臣泛論道義，謂：『寧爲人弟。』密曰：『願爲人兄。』吴主曰：『何以爲兄？』密曰：『爲兄供養之日長。』《西陽》。

風爇其鬚，相持而泣。唐李勣閨門雍穆而嚴，其姊嘗病，勣親爲作粥，風回爇其鬚。李光進與弟光顔友善，光顔先娶，其母委以家事。母卒後，光進乃娶，光顔使其妻奉管鑰籍財物，歸於其姒。光進反之曰：『新婦逮事先姑，先姑命主家事，不可易也。』因相持而泣。

謝瞻之謝晦，嗣立之承慶。宋謝瞻爲中書侍郎，弟晦爲右衛將軍。晦權遇已重，瞻以籬隔門庭，曰：『吾不忍見此。』及還彭城，言於宋公曰：『特乞降黜，以保衰門。』及宋主即位，晦以佐命功臣任益重，瞻愈憂懼，臨終遺晦書曰：『吾得啓體幸全，亦何所恨？』後晦廢其主，舉兵反，伏誅。唐嗣聖中韋嗣立，承慶之異母弟也。母王氏遇承慶甚酷，每杖承慶，嗣立解衣請代，母不許，輒使自杖，母爲稍寬。

李［白］：『周公稱大聖，管蔡寧相容。漢有〔一〕一斗粟，不與淮南容〔二〕。兄弟尚路人，吾心安所從。』李《上留田曲》：皇甫侁輩受肅宗風旨，以謀敦永王璘之叛而執殺之。『行至上留田，孤墳何峥嶸。積此萬古恨，春草不復生。悲風四边來，肠斷白楊聲。借問誰家墳〔三〕，埋没蒿里塋？古老向余言，言是上留田。蓬科馬鬣今已平，昔之弟死兄不葬，他人

〔一〕今按：『漢有』，上海古籍出版社《全唐詩》作『漢謡』，是。
〔二〕今按：『容』，上海古籍出版社《全唐詩》作『春』，是。
〔三〕今按：『墳』，中華書局《全唐詩》作『地』，是。

於此舉銘旌。一鳥死，百鳥鳴；一獸死〔一〕，百獸驚。桓山之禽別離苦，欲去迴翔不能征。田氏倉卒骨肉分，青天白日摧紫荆。交柯之木本同形，東枝顦悴西枝榮。無心之物尚如此，參商胡乃尋天兵。孤竹延陵，讓國揚聲〔二〕。高風綿邈，頹波激清。尺布之謡，塞耳不能聽。』

杜《寓居同谷》：『有弟寓居〔三〕在遠方，三人各瘦何人强。潁覲豐占，禮瘦不如孝肥。生別展轉不相見，胡塵暗天道路長。東飛駕鵝後鶖鶬，安得送我置汝傍。嗚呼三歌兮歌三發，汝歸何處收兄骨。《懷舍弟潁觀》：『陽翟空知處，荆南近得書。潁觀。積年仍遠別，多難不安居。江漢春風起，冰霜昨夜除。雲天猶錯莫，花萼尚蕭疏。對酒都疑夢，吟詩正憶渠。舊時元日會，鄉黨羨吾廬。』『蕭蕭千里馬，個個五花文。』喻柏大兄弟。『影着啼猿樹，魂飄結蜃樓。』『不見江東弟，高歌泪數行。』『草黄騏驥病，沙晚鶺鴒寒。』『鴒原荒宿草。』『自多親棣萼。』

〔一〕今按：『死』，中華書局《全唐詩》作『走』。
〔二〕今按：『聲』，中華書局《全唐詩》作『名』。
〔三〕今按：『寓居』，中華書局《全唐詩》無此二字。

皇極二 二二章

表兄弟

『姑之子，外兄弟也，舅之子，內兄弟也。』《爾雅》。

羊叔子之蔡襲，皇甫謐之梁柳。羊祜討吳賊有功，將進爵土，乞以賜舅子蔡襲。詔封襲關內侯。《晉書》。陽城太守梁柳，皇甫謐從姑子也，當之官，人勸謐餞之。謐曰：『柳爲布衣時過吾，吾送迎不出門，食不過鹽菜，貧者不以酒肉爲禮。今作郡而送之，是貴陽城太守而賤梁柳，豈中古人之道，是非吾心所安。』上。

阮千里之內兄，阮嗣宗之外兄。阮瞻字千里，善彈琴。內兄潘岳每令彈琴，終日達夜無忤色。上。阮孝緒字士宗，外兄王晏貴顯，屢至其門，必至顛覆。聞其笳管，穿籬逃匿。曾食醬美，云是王家所得，便吐餐覆醬。及晏誅，孝緒曰：『親而不黨，何坐之及？』《南史》。

周捨之外弟，孔氏之外兄。太學博士舉外弟徐摛曰：『形質雖陋，若不勝衣，而堪此選。』乃爲晉安王侍讀。《梁典》。孔若思陳亡客居鄠，勵志於學。外兄吳世南：『本朝淪没，吾分淪没，有弟若此，知不亡矣。』《唐書》。

員淑之於李泌，王凝之於彦昭。開元十六，悉召能言佛老者，答難禁中。有員淑者，九歲升坐，詞辨注射。帝因問童子：『豈有類君者？』淑跪奏：『臣舅子李泌。』帝即聘召，泌既至，帝與張説觀奕，因使賦方圓動静，泌即答。説因賀：『帝得奇童！』帝大悦，曰：『是子精神要大於身。』上。崔彦昭，王凝外昆弟也。凝太中初先顯，彦昭未仕，嘗見凝，凝倨不冠帶，曰：『不若從明經舉。』彦昭爲憾。至是，凝爲兵部侍郎，母聞彦昭相，敕婢多製履韈，曰：『王氏妹必與子偕逐，吾將共行。』彦昭聞之泣，且拜，不敢爲怨。而凝竟免。本傳。

元行冲之與韋述，柳公綽之與薛宫。韋述父景駿，元行冲景駿姑子也。爲時儒宗，常載書數車自隨。述入其室，觀書不知寢食。行冲異之，試與語前世事，熟復詳諦如指掌然。使屬文，受紙輒就。行冲曰：『外家之寶也！』《唐書》。柳公綽，外兄薛宫早卒，爲育其妻嫁之。

皇極二　二三章

姊妹

女子後生曰妹，男子謂女子先生爲姊，後生爲妹。《爾雅》。

《詩》：『碩人其頎，東宫之妹。』

《左》：『衛莊公娶於齊，東宫得臣之妹，曰莊姜，美而無子，衛人所爲賦《碩人》也。』

《昭元》：『鄭徐吾犯之妹美，公孫楚聘之矣。公孫黑又使强委禽焉。』

《昭三》：『遺姑姊妹若而人。』

《昭二十五》：『季公若之姊爲小邾夫人。』

《詩》：『遂及伯姊。』

子路之姊，襄子之姊。子路有姊之喪，可以除矣而不除也。孔子曰：『何不除也？』子路曰：『寡兄弟而不忍也。』孔子曰：『先王制禮，不可逾也。』趙襄子慮所以取代，請以其弟姊妻之。代君許諾，弟姊已往。襄子謁於代君，而請觴之，先具大金斗，代君酒酣，反斗而擊之，一成腦塗地。因以代君之車迎其妻，其妻磨笄以自刺，故趙氏至今有刺笄之山。《吕覽》。

使人迎其姊，代王夫人曰：『以弟慢夫，非仁也；以夫怨弟，非義也。』磨笄自殺而死，使者遂亦自殺。《土地記》。代人憐之，所死地名之爲磨笄之山。《史》。

車新之姊，聶政之姊。梁車新爲鄴令，其姊往省之，遂刖其足。趙成侯以爲不慈，奪之璽而免之令。《韓非子》。聶政殺俠累，因自破面，屠腸以死。韓取其尸，莫知誰。姊嫈聞之，伏尸哭極哀，曰：『是軹深井里所謂聶政者也。』乃大呼哭者三，亦自殺於政之旁。晋楚聞之曰：『非獨政能也，乃其姊亦烈女也。』《史記》《國策》。

李園之妹，屈原之嬃。李園進其妹於春申，初已有身，使妹謂春申曰：『若進妾於王後，若生男，則君之子爲王也。』春申言之王，召入幸之，遂生男，立爲太子。園害春申之寵，乃刺殺之。《史》。女嬃，屈原姊也。楚人謂女曰嬃。南北岸者，屈原之鄉里。原既流放，忽然歸鄉，鄉人喜悦，名南岸曰歸鄉岸。姊亦來歸，責其矯世，鄉人又名北岸曰姊歸岸。《圖經》。騷經曰：『女嬃之嬋媛兮，申申其詈予。』袁山松云：『原有賢姊，聞原放逐，亦來歸。喻令自寬，全因名曰姊歸縣。縣北有原故宅，宅之東北有女嬃廟，擣衣石猶存。』

班超之妹，秦彭之姊。曹壽妻，班超之妹也。超爲都護，年老思入關。妹乃上書曰：『妾兄超延命沙漠三十餘年，骨肉生離，不復相識。』書奏，徵還。《後漢》。秦彭爲山陽太守，民江伯欲嫁寡妹，姊乃引鎌自割，伯因前救，姊觸鎌傷遂亡。縣正論法，彭乃輕罪之。《漢書》。

范史雲之留錢，郝子廉之留錢。范丹字史雲，姊病往看之。姊爲設飯，丹留錢一百文。太原郝子廉，一介不取人，曾過姊家，食蜜留五十錢。《風俗通》。

賈逵之姊，李固之姊。賈逵年五歲，明慧過人。其姊，韓瑶之婦，無嗣而歸，亦以貞明見稱。聞鄰里讀書，朝夕抱逵，隔籬而聽之。至年十歲，乃暗誦六經。《拾遺記》。梁冀誅李固，固小子燮，姊文姬賢而有智，乃告父吏王成曰：『今委公以六尺之孤，李之休戚在君矣。』乃將燮東下，得全。《白帖》。

同室，死寧不同穴？』《世説》。謝遏絶重其姊，張玄常稱其妹〔一〕，欲以敵之。有所〔二〕尼者，並遊張謝二家，人問其優劣，答曰：『王夫人神情散朗，故有林下風氣；顧家婦清心玉映，自是閨房之秀。』上。

明遠之妹，孝標之妹。鮑令暉，歌詩往往斷絶清巧。昭常答孝武云：『臣妹才自亞於左芬，臣才不及太冲爾。』《詩品》。劉孝標三妹並有才學，長妹適王叔英，二妹適徐悱。悱卒，妻爲祭文，辭甚悲愴。《彤管集》。

孝儀之諸妹，闞圖之一妹。劉孝儀諸妹，文彩艷質，甚於神人。《太清記》。闞圖有一妹，有文學，善書札。圖嘗語同僚曰：『某家有一進士，所恨不櫛耳，後適常氏，脩之母也。』《南楚新聞》。

張巡之姊，庾倬之姊。張巡有姊嫁陸氏，爲巡補綴行間，號陸家姑，先巡被害。庾倬爲河南兵曹，有寡姊在家，常於公堂輟己饌以餉其姊。《因話録》。

畢構二妹，崔昂一妹。畢構初喪繼母時，有二妹在襁褓，親加鞠養，咸得成立。及構卒，二妹號絶久之，以撫育恩，遂制三年之服。《舊唐》。鄭元禮，崔昂婦弟；魏收，昂之妹夫。

〔一〕今按：『姊』，《諸子集成》本《世説新語》作『妹』。
〔二〕今按：『所』，《諸子集成》本《世説新語》作『濟』。

昂持元禮數詩，示盧思道曰：『元禮比來詩咏，亦不減魏收。』思道曰：『未覺元禮賢於魏收，且知妹夫疏於婦弟。』《北齊》。

若莘之誨諸妹，王匡之哭妹夫。尚官宋若昭，父廷芬生五女，長若莘，次若昭、若倫、若憲、若荀。若昭文尤高，若莘誨諸妹如嚴師。胡母班字季友，八厨之一王匡妹夫也。匡受詔旨，收班繫獄，欲殺以殉軍。班與匡書，略曰：『足下張虎狼之口，吐長蛇之毒。曩爲一體，今爲血讎。』匡得書，抱班二子哭，班遂死於獄。《謝承書》。

杜詩：『有妹有妹在鍾離，良人早没諸孤癡。長淮浪高蛟龍怒，十年不見來何時。扁舟欲往箭滿眼，杳杳南國多旌旗。嗚呼四歌兮歌四奏，竹林猿爲我啼清晝。』

皇極二一　一四章

嫂叔

女子，謂兄之妻爲嫂，弟之妻爲婦。《爾雅》。

《孟子》淳于髡曰：『嫂溺，則援之以手乎？』曰：『嫂溺不援，是豺狼也。嫂溺援之以手者，權也。』曰：『嫂溺援之以手，子欲手援天下乎？』

蘇秦之嫂，陳平之嫂。蘇秦困而歸，嫂不爲炊。並相六國，嫂不敢仰視。陳平居家，盜其嫂。

不疑之嫂，李申之嫂。朝廷曰：『善盜通嫂。』直不疑曰：『我無兄。』太守李申，醉其嫂而嫁之。

孟夘之嫂，高祖之嫂。孟夘妻其嫂，有五子焉。然而相魏，寧其危解其患。《淮南子》：『然而功名不滅者，其略得也。』高祖長兄伯妻，高祖微時嘗避事，時與賓友過其丘嫂。丘，史作巨大也。嫂厭叔引客來食，佯爲羹盡鑠釜。客去，高祖視釜尚有羹，由是怨之。後定天下，而伯子獨不得封。後七年，封爲頡羹侯。《漢書》。

陳平之嫂，鄭弘之嫂。陳平兄伯常耕田，縱平遊學，嫂疾之，不親家事。或問平食何物而肥，對曰：『食糠粃耳。』嫂曰：『有叔如此不如無。』伯聞而逐其妻。上。鄭弘守陽羡縣，民有弟用兄錢者，爲嫂所責未還之。嫂詣弘，弘爲叔還錢。兄聞之慚愧，自繫於獄，遂遣婦齎錢還弘，弘不受也。《會稽曲録》。

敬事寡嫂，争訟寡嫂。馬援兄况卒，行服期年，敬事寡嫂，不冠不入廬。《後漢》。高鳳年老，名聲著聞。太守連召，恐不得免，自言鳳本巫家，不應爲吏。又詐與寡嫂作訟，遂不仕。《逸士傳》。《選》：『高鳳自穢，争訟寡嫂。』

王衍之妻，凝之之妻。　王澄平子年十四五，見衍妻郭氏令婢擔糞，平子諫之，郭大怒曰：『昔夫人臨終，以小郎囑新婦，不以新婦囑小郎。』急捉衣裾將與杖，平子力争，逾窗而走。《世説》。　王凝之妻謝道韞，凝之妻獻之與客談議，詞瑾將屈〔一〕，道媪施青綾步幛自蔽，申獻之前議，客不能屈。《晋書》。

牛弼之嫂，朱明之嫂。　隋牛弘寬厚恭儉，學術精明。弟弼酣酒，射殺弘駕車牛。弘自外還，其妻曰：『叔射殺牛。』弘無所問，直云作脯。坐定，其妻又言。弘曰：『已知之矣。』顔色自若，讀書不輟。　晋隆安二年，吴郡朱明孝義立身，而家大富。與弟同居，其妻言：『庭樹壞，欲棄兄異居。』明知弟意，乃以金帛餘穀盡給與弟，唯留空宅。一夕狂風驟起，悉吹財帛，還歸明家，明舍宅爲寺，號曰朱明寺。《吴地記》。

事寡嫂，與兄嫂。　蔡興宗幼立風槩，家行尤謹，奉歸宗祐，事寡嫂，養兄孤子。　王錫妻范曰：『昔謝太傅奉嫂王夫人如慈母，今蔡興宗亦有恭和之謹。』《宋書》。　廣漢汝敦土中得金一器，俱擔金送與兄嫂。

馬援之事寡嫂，靈敏之事卓氏。　馬援外類儻蕩簡易，而内重禮事寡嫂，雖在閨内，必幘

〔一〕　今按：此句中的『凝之妻』，《晋書》作『凝之弟』。『詞瑾』，《晋書》作『詞理』，是。

韓靈敏兄靈珍亡無子，妻卓氏守節不嫁，慮家人奪其志，未嘗告歸。靈敏然後見。《漢記》。

事之如母。《南齊》。

自賣營家，隔帷聽講。吴達之，義興人也。嫂亡無以葬，自賣爲十夫客，以營家椁。從祖夫妻荒年被持〔一〕，賣江北。達之有田十畝，貨以贖之，與之同財共宅。郡命爲主簿，因以讓兄。又讓世業舊田與族弟，弟亦不受，田遂荒廢。上。盧虔後妻元氏，升堂講老子《道德經》，虔弟元明隔紗帷以聽之。《鄴洛鼎峙記》。

嫂叔無服，寡嫂盡禮。太宗謂侍臣曰：『同爨尚有緦麻之恩，而嫂叔無服，宜集學者詳議。』侍中魏徵等議曰：『《記》曰：「兄弟之子猶子也，蓋引而近之也。嫂叔之不服，蓋推而遠之也。」』且事嫂見稱，載籍非一。鄭仲吴則恩禮甚篤，顔弘都則竭誠致感，馬援則見之必冠，孔伋則哭之爲位。《舊志》。王珪奉寡嫂盡禮，家事咨而後行。教撫孤侄，雖其子不過也。《新唐》。

丘孟陽之寡嫂，李光進之弟婦。丘旭字孟陽，凡九舉而曳白者六七。秋試將邇，寡嫂問行期，旭以匱乏告嫂。罄橐遺之，旭不得已，再就鄉舉。明年春試《厚德載物賦》，旭爲第

〔一〕今按：《南齊書》此語作『從祖弟敬伯夫妻荒年被略』。

一。《南唐》。李光進弟光顔先娶，而母委以家事。及光進娶，母已亡，弟婦籍貲貯納管鑰於姒，光進命反之，曰：『姊逮事姑，且嘗命主家事，不可改。』因相持泣，乃如初。《唐書》。

郝夫人之法，鍾夫人之禮。王汝南湛娶郝善女，有令姿淑德。王司徒渾婦鍾琰女，有俊才女德。鍾、郝爲姒娣，雅相親重，鍾不以貴陵郝，郝不以賤下鍾。東海家内則郝夫人之法，京陵家内范鍾夫人之禮。《世説》。

竇氏出參，竇氏又拜。李濤與弟澣娶禮部尚書竇勇國之女〔一〕，年甲稍高，成結之夕，竇氏出參，濤輒望塵下拜。澣驚曰：『大哥風狂耶，新婦參阿伯，豈有答禮！』濤曰：『我不風，只將謂之親家母。』澣慚且怒，既坐，竇氏又拜。濤又叉手當胸，作歇後語曰：『慚無竇建，愧作梁山。』《五代史補》。

人多以兄妻呼弟婦爲娣，弟妻呼兄妻爲姒。《左》成十一年，穆姜謂聲伯之母爲姒。昭八年，叔向之嫂謂叔向妻爲姒。是皆呼夫弟之妻姒。賈、鄭、杜皆云：『知娣姒之名，不計夫之長幼也。』今相聽先後，或云妯娌。《爾雅疏》。

〔一〕 今按：《五代史補》此語作『濤爲人不拘禮法，其弟澣娶禮部尚書竇甯固之女』。

皇極二 二五章

附：叔侄

『父之晜弟，先生爲世父，後生爲叔父。』《爾雅》。繼世以嫡長，先生於父則繼世者也，故曰世父。

《説文》叔作尗，許慎曰：『從上小，言尊行之小也。』《疏》。

《釋名》：『伯，把也，把持家政也。父弟爲仲，仲，中也，位在中也。仲父之弟曰叔，叔者，小也。叔父之弟曰季，季者，癸也，甲乙之次，癸在下也。』

成之子班，唐之太叔。成主雄有妾子十餘人，立兄特〔一〕子班。太傅驪諫曰：『先王立嗣必子者，所以明定分而防簒奪也。宋宣公、吴餘祭，足以觀矣。』不聽。宋宣公遜圖於弟穆公，穆公遜於宣公子殤公，殤公遇弑。春秋弑晋之難，由宣公。吴王諸樊立弟餘祭，餘祭立餘昧，餘昧立僚，闔廬弑。書法：『書立其兄子班，著亂始也。』唐會昌五年，太叔即位。

〔一〕今按：『特』，《資治通鑒》作『蕩』。下句『驪』字，《資治通鑒》作『驤』。

武宗會昌五年，帝崩，太叔即位。書法：『稱太叔始此。嗚呼，太弟已非，况太叔乎！』徐昭考證：按周懿王崩，父共王弟辟方立爲孝王。孝王，叔父也，臣也。懿王，兄子也，君也。親親不害於尊尊，君臣之分固在也。武宗崩，太叔即位，爲宣宗。宣宗，叔父也，藩王也，臣也。既曰叔矣，加以皇太之號，是親親害尊尊也。古無是號，自宣宗始。餘兄即位。《檀弓》縣子瑣曰：『吾聞之，古者不降，上下各以其親。滕伯文爲孟虎齊衰，其叔父也；爲孟皮齊衰，其叔父也。』

袁盎之侄種，疏受之叔廣。袁盎字絲，名重朝廷。宦者趙談常害盎，盎兄子種諫盎曰：『君衆辱之，後雖惡君，上不復信。』徙吴相，種謂盎曰：『南方卑濕，絲方日飲，無何[一]，説王勿反而已。』盎用其計，吴王厚遇。疏廣字仲翁，爲太傅。兄子受字公子，爲少傅。廣語受『以止足』，受叩頭曰：『從大人議。』即日父子俱移病。《漢書》。

五倫之兄子，薛包之弟子。第五倫字伯魚，或問倫曰：『公有私乎？』對曰：『兄子嘗疾，一夜十往，退而安寢。吾子有疾，雖不省視，竟夕不眠。若是者，豈可謂無私乎？』《後漢》。薛包字孟嘗，弟子求分財異居。包奴婢引其老病者，曰：『與我共事久，若不能使也。』

〔一〕今按：《史記·袁盎傳》此語作『君能日飲，毋何』。

田廬取其荒頓者，曰：『吾少時所治，意所戀也。』器物取其朽敗者，曰：『我生平所服食，身口所安也。』

子明活兄子，君叔活兄子。瑯琊兒子明，歲敗之時，兄爲飢人所食，自縛叩頭代兄爲食。餓人美其義，兩舍不食。歲敗穀盡，不能兩活，餓殺其子，活兄之子。臨淮許君叔，歲倉卒之時，餓其親子，活兄之子。《論衡》魏譚有一孤兄子，年一二歲，遭飢饉，棄其女，活養兄子。《東觀記》。

蔡邕之叔，范丹之侄。蔡邕書曰：『邕薄祜，早喪二親，年逾三十，叔母親之，猶若幼童，車則對坐，食則比豆〔一〕。范丹爲萊蕪長，去官於市賣卜，妻紡績以自給。丹弟子愷，見丹藩不完，載柴藩之。時丹適行還，怒敕子拔柴，載以還之。《袁山松書》。

曹瞞之叔，荀儞之侄。太祖一名吉利，字阿瞞，少飛鷹走狗，遊蕩無度。叔父言之於嵩，操患之，後逢叔父於路，陽敗面渦口〔二〕，叔父怪問其故，太祖曰：『卒中惡風。』叔父以告嵩，驚愕呼操，操口貌如故。曰：『初不中風，但失愛於叔父，故見罔耳。』《曹瞞傳》。荀攸

〔一〕　今按：此段文字中的『薄祜』『叔母』『車則對坐』，《漢魏六朝百三家集・蔡邕集》分别作『薄祐』『叔父』『陸則對坐』。

〔二〕　今按：『渦口』，當爲『喎口』。

字公達，七八歲，叔父衢曾醉，誤傷攸耳。攸常避護，不欲令衢見。衢後聞之，乃驚其夙智如此。《魏書》祖父曇卒，故吏張推〔一〕求守曇墓。攸年十三，謂叔父衢曰：『吏有非常之色，殆將奸亂〔二〕。』衢悟，乃推問，果殺人亡命。《魏志》。

王濟之於湛，謝安之於玄。王湛初有隱德，人莫能知。兄弟宗族皆以爲癡，兄子濟輕之。所食方丈盈前，不以及湛。湛命取菜蔬，對而食之。濟詣，床頭有《周易》，問曰：『叔父何用此爲？』湛曰：『體中不佳時，脱復看耳。』濟請言之，湛剖析玄理。《晋書》。濟先無子侄之敬，既聞其言，自視歉然，喟然嘆曰：『家有名士，三十年而不知，濟之罪也。』既而辭還，渾問濟：『何以暫行纍日？』曰：『始得一叔。』武帝見濟，以湛調之曰：『卿家癡叔死未？』濟曰：『臣叔不癡。』帝曰：『誰比？』濟曰：『山濤以下，魏舒以上。』《世説》。時人謂湛，上方山濤不足，下比魏舒有餘。《晋陽秋》。謝玄嘗佩紫羅香囊，叔安惡之，而不欲傷其意，因戲賭之，乃焚之。《本傳》。杜詩曰『莫待紫羅囊』是也。

陸納之兄子，劉毅之季父。陸納字祖言，爲吴興太守。謝安嘗欲詣納，而納殊無供辯。

〔一〕今按：『張推』，《魏書・荀攸傳》作『張權』，是。
〔二〕今按：『亂』，《魏書・荀攸傳》無此字。

兄子俶不敢問之，密作數十人供。安既至，納所設唯茶果而已，俶遂陳盛饌珍羞。客罷，納大怒曰：『汝不能光益叔父，乃復穢我素業耶！』於是杖之四十。後以愛子長生有疾，求解官營視。兄子禽犯法應刑，乞免官謝罪，詔特許輕降。《晋書》。安帝時，以劉鎮之爲散騎常侍光禄大夫，不受。鎮之，毅季父也。義熙初謂毅等曰：『我不就汝求位求財，又不受汝罪累。』每見毅等導從吏卒到門，輒駡詬之。毅甚敬畏，每未至宅數百步，止與白衣數人而進。及至毅敗，天下服其先見。而劉裕敬遇之。《三十國春秋》。

宗炳之兄子，許氏之諸父。宗慤字元幹，徵士炳兄子也。年少時，炳問慤所志，答曰：『願乘長風破萬里浪。』炳曰：『汝若不富貴，必破我門户。』《宋書》。許紹先，義興人也。諸父肇坐事繫獄，七年不判。子侄三十餘人，紹先家最貧〔一〕。專獨斷訴，無日在家。餉饋肇，莫非珍新，家産既盡，賣宅以充之。如是七歲。尚書沈演之嘉其操行，肇事由此而得釋。《宋書》。

餘杭婦人，武康有人。孔嚴，太和中拜吴興太守。餘杭婦人經年荒，賣其子以活夫之兄子。武康有兄弟二人，妻各有孕，弟遠行未返，遇荒歲不能兩全，棄其子而活弟子。嚴並

〔一〕 今按：此句，《宋書》卷九十一作『子侄二十許人，昭先家最貧薄』。據此，許紹先當爲許昭先。

褒薦之。《晉書》。

謝景恒之從子，王僧虔之兄子。謝瀹字景恒，從子晦爲荆州，將之鎮，詣瀹。别，晦色自矜。瀹問晦年，答曰三十五。瀹笑曰：『昔荀中郎年二十九爲北部都督，卿比之已爲老矣。』晦色甚愧。王僧虔孝武初出爲武陵太守，兄子儉中道得病，僧虔爲廢寢食，曰：『馬援處兒侄之間一情不異，鄧攸於弟子更愈所生，吾實懷其心，誠未異古，亡兄之胤不忍忽諸。』《南齊》。

元德秀之侄，陳恭公之侄。元德秀貧時，其兄早亡，有遺孤期月，其嫂又喪，無乳哺之。德秀晝夜哀號，抱其子即以己乳含之，涉旬而有汁，遂長大。德秀官魯山令。陳恭公判亳州，遇生日，親戚多獻老人星圖，侄世脩獨獻范蠡遊五湖圖，且贊曰：『賢哉！陶朱伯越平吴，名遂身退，扁舟五湖。』公即日納節，明年乞致仕。《倦遊録》。

楊愔之季父，羊耽之從子。楊愔字遵彦，幼時庭前有李樹實，群兒咸争之，愔頹然獨坐。季父暐大用嗟異，顧謂賓客曰：『此兒恬裕，有我家風。』宅内有茂竹，遂爲愔於井邊别葺一室，命獨處其中，常以銅盤具盛饌以飯之。因以督厲諸子曰：『汝輩但如遵彦謹慎自得，竹林别室，銅盤重肉之食。』愔從父侍郎昱謂人曰：『此兒駒齒未落，已是我家龍文，更十歲後當求之千里外。』《北齊》。羊耽妻辛氏，字憲英。鍾會爲將軍，憲英謂耽從子祜曰：

『鍾士季何故西出？』祜曰：『將謂伐蜀也。』憲英曰：『會所在縱恣，非持久處下之道。吾畏其他志也。』會果反。祜嘗送錦被，獻英〔一〕嫌其華，反而覆之。《晋書》。

羊祜之事伯母，士安之進叔母。羊祜年十五而孤，事伯母蔡氏，以孝聞。蔡氏每嘆曰：『羊叔子可謂能養。』《三十國春秋》。皇甫謐字士安，年二十不好學，嘗得瓜果，輒進叔母任氏。任氏曰：『《孝經》云：「三牲之養，猶爲不孝。」汝今年餘二十，目不存教，心不入道。』因嘆曰：『昔孟母三徙以成仁，曾母〔二〕烹豕以存教，豈我居不卜鄰，教有所闕？』因對涕泣。謐乃感激，躬自稼穡，帶經而食，博綜典籍，號玄晏先生。《晋書》。

孔子之兄女，劉平之弟女。《檀弓》：『南宫縚之妻之姑之喪，夫子誨之髽，曰：「爾無從從爾，大高。爾無扈扈爾。大廣。蓋榛以爲笄，長尺，而總八寸。」束髮垂爲飾。』劉平弟仲爲賊所殺，扶母奔逃。仲遺腹女一歲，平抱仲女而棄［其子］，母欲取之。平曰：『力不能兩活，仲不可絶類。』遂去不顧。《後漢》。

《左·隱三》：宋穆公疾，召孔父而屬殤公，曰：『先君舍與夷而立寡人，請子奉之，以

〔一〕今按：『獻英』，當爲『憲英』。

〔二〕今按：『曾母』，《晋書》作『曾父』。下句『卜鄰』，《晋書》作『擇鄰』。

主社稷。』《公羊傳》：終致國乎與夷。莊公馮弑與夷。故君子大居正。宋之禍，宣公爲之也。

韓侂胄暮年，以冬月携家遊西湖，族子承命一絶，云：『脚踏虚空手弄春，一人頭上要安身。忽然线斷兒童手，骨肉都爲陌上塵。』韓大不樂，不終宴而歸，未幾禍作。《談藪》。

皇極二　二六章

姑

《釋名》：『父之姊妹曰姑。姑，故也，言於己爲久故之人也。』王父之姊妹爲王姑，曾祖之姊妹爲曾祖王姑。

魯之義姑，梁之姑姊。魯義姑者，野人之婦也。齊攻魯至郊，見一人携一兒抱一兒，及軍至，棄抱者而抱携者。將射之，問曰：『所抱者誰之子？』曰：『兄之子。』『所棄者誰之子？』曰：『己之子。』軍曰：『何棄所生而抱兄子？』對曰：『子之於母，私愛也。侄之從姑，公義也。』齊軍曰：『魯有婦人能持節，况朝廷乎！』遂回軍。魯君聞之，賜束帛，號曰義姑。《列女傳》。梁姑姊其室失火，兄子與二子在内，欲取兄子，輒得其子。火盛不得復入，婦人曰：『梁豈可户告人曉耶，被不義之名，何面見兄弟國人哉！』遂赴火而死。上。

班婕妤，蔡伯喈母。『班婕妤，彪之姑也。』《漢書》。『蔡伯喈母，袁曜卿之姑女也。』《博物志》。范彦龍之姑夫，江子一之姑夫。范雲字彦龍，六歲就其姑夫袁叔明讀《毛詩》，日誦九紙。陳郡殷琰名知人，候叔明見之，曰：『公輔才也。』《宋書》。江子一字元貞，統七世孫也。直華林省其姑夫右衛將軍朱异，權要當朝，休下之日，賓客輻輳。子一未嘗造門，其高潔如此。《梁書》。

巨倫之姑，袁淑之姑。崔巨倫有姊，明慧有才行，因患眇一目，議欲下嫁。巨倫姑，李叔胤之妻，聞而悲感曰：『吾兄盛德，不幸早世，豈令此女屈事卑族。』乃爲子翼納之，時人嘆其義識。《北史》。袁淑字陽源，豹之子也。年數歲，伯父湛曰：『此非凡兒。』爲姑夫王弘所賞，博涉多通，文彩遒艷。《宋書》。

仲容之姑，王襃之姑。阮仲容幸姑家鮮卑婢，及居母喪，姑當遠移，仲容借客驢着重服自追之，累騎而返，曰：『人種不可失，即遥集之母也。』《世説》。咸與姑書曰：『胡婢遂生胡兒。』姑答書曰：『《魯靈光殿賦》曰「胡人遥集」於上楹，可字曰「遥集」也。』故孚字遥集。《孚别傳》。蕭子雲，王襃之姑夫也，特善草隸。襃少以姻戚往來其家，遂相模范，俄而名亞子雲，並見重於時。《後周書》。

皇極二 二一七章

姨

『母之姊妹爲從母。』《爾雅》。

班固姊之子，劉懷敬之母。周季貢，班固姊之子也，善屬文，喪婦作《問神》，其姨曹大家難之。《三輔决録》。高祖産而皇妣殂，孝皇貧薄，無由得乳。高祖從母生劉懷敬，乃斷懷敬乳，自養高祖。高祖以舊恩，懷敬累見寵，授至會稽太守。《宋・劉懷肅傳》。

承祖之姨，盧氏之姨。姚氏婦楊氏，閹人符承祖姨也。承祖爲文明太后所寵貴，常謂其姊曰：『姊雖有一時之榮，不若妹有無憂之樂。』與之衣服奴婢終不肯受，乘車往迎則不起，强輿車上則大哭，符家内外號爲癡姨。及承祖敗，執其二姨，以姚氏婦衣裳敝陋，特免其罪。其識機雖吕頴，亦不過也。《魏書》。狄仁傑之爲相也，有盧氏堂姨居於午橋南别墅。姨止有一子，而未嘗來都城親戚家，梁公每遇伏臘，修禮甚謹。嘗經甚雪多休暇，因候盧姨安否，適見表弟挾弓矢携雉兔來歸膳味，進於北堂，顧揖梁公，意甚輕簡。公因啓姨曰：『某今爲相，表弟有何樂從，願悉力以從其旨。』姨曰：『相自貴爾，有一子不欲令其事女主。』公大慚而退。《松窗雜録》。

皇極二　一八章

宗族

《漢書》顔注：『祖，始也，始受命也。宗，尊也，有德可尊也。』『大宗百世不遷，小宗五世則遷。又流派所出爲宗。』《韵會》。

章帝詔云：『一人犯罪，禁至三屬。』注：即三族也。謂父族母族妻族。《後記》。三族，父母兄弟妻子也。説者謂父族母族妻族者，非也。漢誅英布而不及吴芮，則可知矣。布，芮婿。《海録》。

《書》『以親九族』孔注：『高祖、玄孫之親。』《釋文》：『上自高祖，下至玄孫，凡九族。』夏侯歐陽等以爲九族者，父族四，母族三，妻族二。《注疏》。隨季梁曰：『親其九族，以致其禋祀。』注：『九族：外祖父、外祖母、從母子、妻父、妻母、姑之子、姊妹之子、女子之子、己之同族。』

《周禮》：『小宗伯之職，掌三族之别，以辨親疏。其正室皆謂之門子，掌其政令。正室，嫡子。』

《周禮》：『小司寇之職，凡王之同族有罪，不即市。』《記・文王世子》：『公族其有死罪，則磬於甸人。磬，懸縊殺之也。甸人，掌郊野之官。其刑罪，則纖剸。獄成，有司讞於公。其死罪，則曰：「某之罪在大辟。」其刑罪，則曰：「某之罪在小辟。」公曰：「宥之。」有司又曰：「在辟。」公又曰：「宥之。」有司又曰：「在辟。」及三宥，不對，走出，致刑於甸人。公又使人追之，曰：「雖然，必赦之。」有司對曰：「無及也。」反命於公。公素服不舉，爲之變。如其倫之喪，無服。親哭之。如其親疏之。倫而不爲吊服。公族無宮刑，不翦其類也。』

《坊記》子云：『睦於父母之黨，可謂孝矣。故君子因睦以合族。』

孝建之裁損，元嘉之表奏。宋孝建二年，裁損王侯制度。宋主欲削弱王侯，義恭等奏裁損車服器用樂舞制度。書法：『齊主殺平陵王，斥書湛；周主殺齊王憲，斥書贇，皆以殺君父例書之。此《綱目》之特筆也。』宋以義康爲都督，扶令元月表曰：『徒知惡枝之宜伐，豈知伐枝之傷樹乎？』表奏賜死。元康二十一，廢彭城王義康爲庶人。書法：『其書之，何甚之也？』未嘗與聞反計也，而廢徙之，且絶屬籍，甚矣！後竟殺之。

先二叔而服其次，愛羽毛而疏骨肉。秦主興事晉公緒及隴西公碩德，皆如家人禮，車馬服玩先奉二叔，而自服其次。國家大政，皆咨而後行。書法：『可謂能尊矣。』齊武陵王曄多才藝而無寵，嘗侍宴醉伏地，貂抄肉盤略拂過也。帝笑曰：『肉污貂。』對曰：『陛下愛羽毛而疏骨肉。』帝不悦。

令宗室而朝明年，畏諸父而拘殿内。建興九年，魏令宗室王侯朝明年正月。東阿王植疏曰：『堯之爲教，先親後疏，自近及遠。周文王至於兄弟，以御於家邦。至於臣者，人道絶緒，禁錮明時。又以一節〔一〕之制，永無朝覲之望。』復疏曰：『昔管蔡放誅，周召作弼，叔魚陷刑，叔向贊國。三監之釁，臣自當之。二南之輔，求必不遠。』詔曰：『不見諸王十有二載，其令諸王及宗室公侯各將適子一人，朝明年正月。』書法：『令其朝，何譏也。魏法，宗室毋得通往來，至是始詔聽朝明年正月，魏世親親之義亦薄甚矣！故終魏之世，無書來朝書令其朝也。』魏宗室曹冏書曰：『古者必建同姓以明親親，必樹異姓以明賢賢。親疏並用，故能保其社稷。今州郡牧守〔二〕，兼軍武之任，宗室子弟王空虚之地，君不使之民，非所以强幹弱枝，備萬一之虞也。諺曰：百足之蟲，至死不僵，以其扶之者衆也。』宋主子業畏

〔一〕今按：『一節』，《三國志》《資治通鑑》作『一切』。
〔二〕今按：『州郡牧守』，《資治通鑑》《歷代名臣奏議》皆作『州牧郡守』。

忌諸父，皆拘殿内，以湘東王彧尤肥謂猪王，謂建安王休仁爲殺王，山陽王休祐爲賊王，東海王禕性凡劣謂驢王。以槽盛食，裸彧納泥水中，使就槽食。

宜蒙矜恕，宜斥姦險。魏太和十三，魏汝陰王天賜、南安王楨，坐贓當死，群臣皆言宜蒙矜恕，特免死，奪爵禁錮。唐中宗曰：『親貴多不輯睦，以何法和之？』起居舍人武平一以爲，宜斥逐奸險，抑慈尊嚴，示以知禁，無令積惡。上不能用。

殷榮孫〔一〕之進言，朱全忠之投尸。光啓二年，僖宗走至興元，朱玫奉襄王熅肅宗玄孫稱帝改元。王行瑜斬朱玫，熅奔河中，王重榮殺之，傳首行在。刑部請御南門獻馘，百官畢賀。太常博士殷榮孫曰：『熅爲賊臣所逼，政以不能死節爲罪耳。禮，宗族〔二〕大辟，君爲之素服不舉。今熅已就誅，宜廢爲庶人，而葬其首。置獻馘稱賀之禮，請俟朱玫首至而行之。』從之。昭宣帝天祐二年，朱全忠置酒九曲池，縊殺德王裕等九人，投尸池中，皆昭宗子也。

《記》：『殷人五世以後，則相與通昏。雖百世而昏因不通者，周道然也。』

〔一〕今按：『殷榮孫』，當爲『殷盈孫』。下同。

〔二〕今按：『宗族』，《舊唐書》《資治通鑑》皆作『公族』。

《書》：『以親九族，九族既睦。』《堯》。『敦叙九族。』《皐》。『九族乃離。』《仲虺》。『時庸展親。』《旅》。『復我邦族。』《詩》。『以速諸父。以速諸舅。』『我送舅氏，悠悠我思。』『豈伊異人，兄弟甥舅。』

《論》：周公謂魯公曰：『君子不弛其親。』

《孟》：『寡助之至，親戚叛之。』

『仁者人也，親親爲大。』『凡爲天下國家有九經，曰親親也。親親則諸父昆弟不怨。尊其位，重其禄，同其好惡，所以勸親親也。』

盡殺群公子，盡納群公子。《莊廿五》：『晉侯盡殺群公子。』《僖十五》秦穆姬曰：『盡納群公子。』

修德而固宗子，詛無畜群公子。《莊廿六》士蔿曰：『君其修德而固宗子，何城如之。』《宣二傳》：『驪姬之亂，詛無畜群公子。』

不納公子，以棄鄭親。晉侯惠公不納群公子，穆姬怨之。《僖廿四》王將以狄伐鄭，富辰諫曰：『太上以德撫民，其次親親以相及也。昔周公吊二叔之不咸，故封建親戚。召穆公思周德之不類，故糾合宗族。兄弟雖有小忿，不廢懿親。今天子不忍小忿以棄鄭親，其若之何？』

爲大夫於楚，欲求成於楚。《僖廿六》：『齊桓公之子七人，爲七大夫於楚。言孝公不能撫公族。』《成四》：欲求成於楚而叛晋。季文子曰：『《史佚之志》有之曰：「非我族類，其心必異。」楚雖大，非吾族也。』公乃止。

吾臭味也，姜族弱矣。《襄廿二》：子産對晋人曰：『譬諸草木，吾臭味也，晋鄭同姓。而何敢差池？不齊。』《昭三》：齊公孫竈卒。子雅。晏子曰：『惜也，子旗子雅子不免，殆哉！』姜族弱矣，而嬀將始昌。二惠競爽，猶可，子雅、子旗二惠强明，猶可以爲國。又弱一个焉，姜其危哉！

先落枝葉，無庇本根。《昭三》叔向曰：『晋之公族盡矣。肸聞之，公室將卑，其宗族枝葉先落，則公從之。肸之宗十一族，唯羊舌氏在而已。』《文七》：宋成公卒，昭公將去群公子。樂預曰：『公族，公室之枝葉也。若去之，則本根無所庇陰矣。葛藟猶能芘其本根，故君子以爲比，况國君乎？此諺所謂「庇焉而縱尋斧焉」者也。親之以德，皆股肱也。』不聽。穆、襄之族率國人以攻公，六卿和公室。

公子鮑之禮國人，莒展輿之奪公秩。《文十六》：『宋公子鮑禮於國人，宋饑，竭其粟而貸之。年自七十以上，無不饋詒也。國之材人，無不事也。親自桓以下，無不恤也。公子鮑美而艷，襄夫人欲通之而不可。』《昭元》：『莒展輿立，而奪群公子秩。公子召去疾於齊。

展輿奔吴。君子曰：「莒展之不立，棄人也夫！奪公子秩。人可棄乎？」』單獻公之棄親，齊景公之置師。《昭七》：『單獻公棄親用羈。襄、頃之族殺獻公而立成公。』《哀四〔一〕》：『齊景公疾，使國惠子立荼，置群公子於萊。秋，公卒。萊人歌之曰：「景公死乎不與埋，三軍之事乎不與謀，師乎師乎，何黨之乎？」』

不食其禄，盡致其邑。《成十三》：曹宣公卒於師。既葬，子臧將亡，國人皆將從之。成公乃懼，告罪且請焉。乃反，而致其邑。不食其禄。《十六》：晋侯謂子臧：『反！吾歸而君。』子臧反，曹伯歸。子臧盡致其邑與卿而不出。

《記》：『公族朝於内朝，内親也。』『國以宗强。』《史》。『三揖同姓。』《秋官》。『公族蕃滋，枝葉碩茂。』《詩》：『大宗維翰，宗子維城。』

『天子同姓，謂之伯父叔父。』《曲禮》。『諸侯之子稱公子，公子之子稱公孫，公孫之子稱公族。』杜牧。

麟之趾。振振公子，于嗟麟兮！麟之定。振振公姓，于嗟麟兮！麟之角。振振公族，

〔一〕今按：『哀四』，當爲『哀五』。此事載於《左傳》哀公五年。

于嗟麟兮！

『滕侯薛侯，來朝争長。山有木工則度之，賓有禮主則擇之。周之宗盟，異姓爲後。』《左》。

三閭之職，掌王三族。屈原。招方術之士，言黄白之術。淮南王安。

來獻雅樂，遂上封事。河間獻王劉德來獻雅樂，召見甘泉宫，帝謂之千里駒。以宗正與之。贊曰：『夫惟大雅，卓乎不群。』劉向云：『吾身爲宗室遺老，歷事三主。』遂上封事極諫。

天禄校書，驛使咨問。劉向校書天禄閣，夜有老人着黄衣植青藜授向五行洪範，云『我是太乙之精』。天帝聞卯金之子，有博學者，下而觀焉，出懷中玉牒，有天文地圖之書。《後漢》：東平王蒼言爲善最樂，肅宗每有疑政，驛使咨問。

小山大山，爲論成章。劉安，俊偉之士，八公之徒，慕德歸仁著篇章，分選詞賦以類相從，或稱小山，或稱大山，猶詩有小雅、大雅。《招隱士》詩曰：『桂樹叢生兮山之中，偃蹇連拳兮枝相樛〔一〕。』曹植，言出爲論，下筆成章。銅雀臺成，援筆立成。

〔一〕 今按：《昭明文選》《楚辭集注》此詩作『桂樹叢生兮山之幽，偃謇連卷兮枝相繚』。

李賀錦囊中，李白金鑾殿。李賀騎弱馬，從小奚奴，所得書，投錦囊中。玄宗召見李白於金鑾殿，論當世事，奏頌一篇。

進者九人，登科第一。唐以宗室進者九人，林甫奸諛，幾亡天下。宋英宗在濮邸，與燕王宫族人世雄厚善。各生子同年月日時，是爲神宗。而世雄之子令鑠也。神宗即位，令鑠進士及第，爲宗室登科第一。

吕祖謙《仙源類譜》：『銀潢滉漾，玉版秘嚴。千八百國之封，先乎異姓。五三六君之籍，允也同符。垂統聿傳，陋柳芳永泰之譜。休聲遠繼，賡石介慶曆之詩。』《和趙伯充團練》：『金玉堂中寂寞人，仙班時得共朝宸。兩宫無事安盤石，萬國歸心有老臣。家釀可供開口笑，侍兒工作捧心顰。醉鄉乃是安身處，付與昇平作幸民。』

務廣宗室，並建母弟。務廣宗室，爲長久之計。文武成康並建母弟，以藩屏周，隆本支，崇屏衛。《唐表》。

根厚者葉枯，源涸者流渴。『子弟，國之枝葉，可使枯渴乎〔一〕？』唐吴兢。『根株萬代』杜。『託陰霄極，分暉景緯。』『綿綿瓜瓞，本支百世。』『金枝朱邸。』『天族多

〔一〕　今按：《新唐書》此語作『子弟，國之根源，可使枯竭哉』，是。前句中的『流渴』，亦當爲『流竭』。

奇，玉林皆寶。』『訓飭以禮，餐和染教。』『就秘書外省，別爲小學。』《漢》。

『郡國置宗師以糾之，致教訓焉。』平帝《詔》。

周之卿士周召、毛原皆同姓也。唐相以宗室進者九人，皆以才稱，號賢宰相。

宗室標的，宗室領袖。漢河間之功，江夏之略，宗室標的。北魏澄，宗室領袖。爲《宗室表》，賦《日五色》。唐李勉、鮦亮廉介，爲《宗室表》。唐李程賦《日五色》，造語警拔。

劉向忠直，臨邑文章。望之薦，劉向忠直，明經有行。臨邑侯復好學，能文章。

論冠宗室，呼爲宗老。楚元王讀詩屬文，議論冠宗室。梁蕭琛，武帝呼爲宗老。

忠惟國棟，孝切宗莩。《類要》。

《左》：『文之昭也，武之穆也。』

豈以州郡爲資仕進。唐舒王元，高宗授大州，辭曰：『臣忝屬籍，豈以州郡爲仕進之資耶！』

建睦宗院，蔡京請。修皇屬籍，趙安仁。

課試之法，銓試之法。元豐趙彦君言：『宜爲國子監例爲課試之法，每遇秋賦，許就寺投牒狀。』淳熙臣僚欲令宗室子弟，例於出官之日量試銓曹，如士大夫子弟銓試之法。

璇源分派，玉牒未修。紹興邵大受言：『玉牒未修，望令有司討論。』於是建玉牒。命學士院召試三題。上曰：『宗子好學，朝廷美事，命學士院召試三題。』《詩賦論》。皇叔昭獻，宗室無有。皇佑中，上曰：『爾以文學得進士第，皇叔昭獻，宗室無有也。』

『風生玉林，清明瀟洒。』李白《送從弟》。

『固本支，尊社稷。』《制》。

『光輝則若木十枝，被潤則長河九派〔一〕。』《盈川》。

李賀：『伏願陛下洪名紛不歇〔二〕，子孫綿如石上葛。』

生值聖時，蔭本〔三〕天屬。

杜詩：『高帝子孫盡隆准，龍種自與常人殊。』『特進群公表，天間夙德升〔四〕。霜歸千里駿，風翮九霄鵬。服禮求毫髪，推忠忘寢興。』『我丈時英特，宗支神堯後。珊瑚市則無，騄驥人得有。』『神堯十八子，十七王其門。丈人嗣王業，之子白玉温。丈人領宗卿，肅穆古

〔一〕今按：《四庫全書》本《盈川集》及《文苑英華》所引，此語作『光耀則若木十枝，波瀾則長河九派』。

〔二〕今按：中華書局《全唐詩》李賀《相勸酒》此語作『伏願陛下鴻名終不歇』，是。

〔三〕今按：『本』，《元氏長慶集・代李中丞謝官表》作『分』。

〔四〕今按：『天間』，中華書局《全唐詩》作『天人』。下句『霜歸』，中華書局《全唐詩》作『霜蹄』。

制敦。子建文章在，河間禮樂存。』『國有乾坤大，王今叔父尊。』『汝陽讓帝子，眉宇真天人。虬髯似太宗，色映塞外春。』

蘇：『王孫乃龍種，世有籋雲麟。』『王孫天麒麟，睟子奧而撤。』

高適：『本枝强我李，磐石冠諸英〔一〕。』

麟振振而一角，鳳翽翽而九苞。黄帝之子，得姓者十有四人；周家之封，同姓者五十三國。河間大雅不群，所耽者古；東平爲善最樂，自得於心。文王本支，麟趾著於宗族；高帝孫子，龍種異乎常人。冰壺寒露，瀹諸清澗之潢；仙李蟠根，襲以芬芳之桂。禮樂三雍之對，卓爾不群；文章萬丈之光，飄然無敵。金枝千葉，宜子孫之绳绳；玉冰萬流，記公侯之滚滚。劉向，金玉淵海早决嵬科；李戣，朝廷羽儀盍歸近列。校書，感太乙之精光清藜杖；琢句，奪長庚之魄輝映錦囊。平原佳公子，聲名素高；汝陽真天人，眉宇甚秀。漢宗子，隨二千石不曰下遷；唐宰相，凡十一人寧無前比。文章，太白之瑰奇；氣節，朱虚之耿介。

南燕封孚諫曰：『臣聞親不處外，羈不處内。鍾宏北地王。出藩，五樓公孫五樓。内輔，臣竊未安。』

〔一〕今按：『英』，中華書局《全唐詩》高適《奉酬睢陽李太守》作『劉』。

皇極二　二九章

睦族 林駉

周之王業何以興？吾觀《麟趾》而知周之所以興。周之王業何以成？吾觀《行葦》而知周之所以成。《麟趾》之信厚，不惟公子而止也，而且及公族。不惟公族而止也，而且及公姓。何其才之多也！《行葦》之親睦，既肆之筵矣，而又設之席。既設之席矣，而又授之几。何其恩之厚也！

漢懲前日之弊，大者既嗣世而襲封，苗裔置宗正而糾合，此其敬宗之意厚矣。朱虛列侯輝映王室，河間獻王譜系增重。夫何王子分封之令下而侯國削弱？武帝。侯國不得宿衛之禁嚴而宗室無有在位。景武。異時劉龔諸人畔，漢獻符，莽知殫微，生其奸心之言信夫？唐有天下之後，親者固寵殊恩，疏者亦疏王爵。此其愛親之意厚矣。江夏定難，玉牒有光，河間立功，宗室標的。夫何未及再傳而降封之禮已薄？迨至親盡而仕官之制無别。異時劉秩名儒欲行封建，流落民間，甚可嘆也之言信夫？噫，敦叙九族，皋陶有《謨》，立愛惟親，伊尹有《訓》。國朝分王之爵，天聖制也；南班之恩，景祐制也。至和二年遷官，有法也。

熙寧初元出補，有法也。睦宗〔一〕有宅，仁宗。睦宗有院。崇寧。意何勤也。分賜有銘，大中祥符。賡韵有詩，祥符。情何密也。記室之除，必擇良士。翊善之命，必戒迂儒。太宗。王府侍講，謹選德行之人。宮院教授，亦須端慤之士。則善心日長也。一大長宗正之職，既有宗正又有同知。一外宗正之職，既有宗丞又有宗簿。則畏心日生也。其勤於學問，則有手抄經史百家者，有上詩賦十卷者，有以文章第進士者。興國德文。其忠於規諫，則有所獻多忠言者，荆王元儼。有所上關治原者，宗諤。有論新法而感泣者。其嚴於律己，則有自奉儉薄者，從積。有性謹寡欲者，荆王元龍。有事親至孝者。新平郡王宗保。

皇極二一　三〇章

戚畹同人

周因申伯，而戚畹始有任職之選，是時也，以賢而不以親。秦任穰侯，而戚畹始有竊政之弊，是時也，以親而不以賢。嗟夫，扳援肺腑，未免縱弛之習；依憑城社，或有專恣之權。

〔一〕　今按：『宗』，《十三經注疏》本林駉《古今源流至論》作『親』。

漢自呂氏顓權，産禄怙勢，白馬盟塞，争疏王爵，稔成北軍之變。王氏根據莽鳳長奸垂涎漢鼎，舉朝不問卒致簒奪之患。唐自三思鄙夫怙恩，昭儀氣使，搢紳勢傾朝野，於是有諸李殲滅之禍。國忠小人託愛貴妃，中外傾附，倚爲泰山，於是有胡騶唱亂之兵。國朝，魏咸信更歷行陣，本功臣也，而晚年方有使相之除。天聖，駙馬都尉柴宗慶求爲使相，王曾曰：『先朝石保吉、魏咸信皆歷行陣，有勞，晚年方除，使相將相之任，豈容私情！』向傳範典郡有聲，本賢守也，而當時且靳鄆州之命。治平，向傳範改知鄆，諫官楊文彦〔一〕曰：『範后族不當領安撫。』樞密文彦博曰：『傳範屢典郡，有政績，故授此。』其吝於用賞如此。不獨上之人爲然，張堯佐遷宣徽使，包希仁疏力争。包拯，皇祐。曹佾拜中書令，呂公著奏不可。元豐。是其臣吝於用賞亦然也。杜彦圭販易免征，未害也，至有鄱陽之行。昭憲太后之侄。王繼勳或有戕暴，未甚也，且有登州之貶。孝明皇后之弟。其嚴於用法如此，不獨上之人爲然。思永有過，有司奏之。潘思永，紹興。士瞳落職，宰臣論之。高士瞳，紹興。是其臣嚴於用法亦然也。用賞既吝，則驕汰之習戢。用法既嚴，則敬畏之心生。不特此爾，自古椒房未有不私其親。今也，外家有求高后，手札曰：『二高不得干請也。』元舅加恩，太后面諭曰：『外家不可增長也。』不特此爾，自古戚里未有不榮其家。今也，李遵勉

〔一〕今按：『楊文彦』，《四庫全書》本《古今源流至論》作『楊繪』。

奏請納禄，力辭錫賚。王貽永求罷，輔政欲遠權利。噫！椒房抑遠裁制，既無私親之心，戚畹謙静退抑，復無貪禄之態。

皇極二一　三一章

外戚

班固曰：『自古帝王，非獨内德茂也，蓋亦有外戚之助焉。』《詩》云『姻婭』，《孟》曰『貴戚』。『瑣瑣姻婭，則無膴仕。』『有貴戚之卿。』『軒冕王官同許史之繁漢，昏因帝室比尹姞之宜周。流車躍馬豈無甲觀之親，湫宅閑門不有椒房之勢。』《崧高》美宣王也，《楊之水》刺平王也。不顯申伯王之元舅。不恤其民遠戍母家。周之尹姞，漢之産禄。尹氏姞氏，周室昏因之舊姓，咸謂尹氏姞氏之有禮法。呂禄呂産，顓兵秉政，因謀作亂，軍皆左袒。

竇廣國之賢行，田丞相之肺腑。文帝以皇后弟竇廣國有賢行，欲相之，曰：『恐天下以吾私廣國，乃以嘉爲相。』田蚡以肺腑爲相，權移主上。召客飲，坐，其兄盍侯北向，自坐東向。治宅甲諸第，田園極膏腴。前堂網鍾鼓，立高旃〔一〕，後房婦女百數。

王氏五人，陰郭之家。河平二年，王覃、商、立、根、封〔二〕，五人同日封，黄霧四塞。光武憫傷前代，權臣大盛，外戚與政，后族陰郭之家，不過九卿。

以椒房而不及，爲外戚而立學。馬援女，爲顯宗皇后。永平畫名臣於雲臺，以椒房故，獨不及援。永平爲外戚樊氏、陰氏、郭氏、馬氏諸子弟立學，號四姓小學。

明德馬后顯宗后，和熹鄧后和帝后。自撰顯宗《起居注》，削去兄防參醫藥事曰：『吾不欲令後世聞先帝數親後宫之家，故不著。』和熹鄧后，帝每欲官爵鄧氏，后輒哀乞謙讓，故兄騭終帝世不過虎賁郎。

馬氏更絶屬籍，吕氏勘驗舅家。明德皇后：『其車服不軌者，更絶屬籍。』於是内外從化。隋文帝外家吕氏甚微，不知所在。開皇初，汝南郡上言有男字〔三〕吕永者，自稱有姑字苦桃嫁楊氏，勘驗知是舅家，而貴之。

竇氏武德以來，男尚公主者八人，女爲王妃者十人。竇威曰：『臣家在漢，再爲外戚，

〔一〕今按：『高旃』，《史記》卷一百七作『曲旃』。
〔二〕今按：『封』，誤，《漢書》卷十作『逢時』，是。
〔三〕今按：『男字』，當爲『男子』。

至魏有三皇后。陛下龍興，臣復以姻戚進，夙夜惧，不克任。』《唐·外戚傳序》：『凡外戚成敗，視主德何如。主賢則共其榮，主否則受其禍。故太宗檢貴倖，裁賞賜，貞觀時，外戚里無敗家。高、中二宗，柄移艷私，産亂朝廷，武、韋諸族，耄嬰頸血，一日同污鐵刃。天寶奪明，委政妃宗，階召反虜，遂喪天下。楊氏之誅，噍類不遺，數十年之寵，不償一日之慘，甲第厚貲，無救同坎之悲。宋子京。

皇極二一　三二一章

教戚屬

漢文帝之竇氏，漢元帝之史丹。竇后兄長君，弟廣固〔一〕。周勃、灌嬰曰：『兩人所出微，不可不擇師傅。』由此爲退讓君子。景帝封廣固爲長武侯〔二〕，封長君子彭祖爲南皮侯。真德秀曰：『史稱景帝乃封爲侯，則在文帝時蓋未嘗封也。文帝之不私外戚如此，豈不足爲

〔一〕今按：『廣固』，《漢書》作『廣國』。
〔二〕今按：『封廣固爲長武侯』，《漢書》作『封廣國爲章武侯』。

後世法哉！』史丹，元帝即位，以皇考外屬信之，詔護太子家。竟寧元年，上疾，問尚書以景帝時立膠東王故事。丹入卧内，伏青蒲涕泣。上曰：『善輔太子。』丹貌若儻蕩，心甚謹密。

傅喜，哀帝祖母傅太后從父弟，好學有志行。哀帝即位，太后與政，喜數諫。太后欲求稱尊號，喜與孔光、師丹共執正議，太后免喜。平帝即位，詔喜：『姿性端愨，議論忠直。』班固贊曰：『史丹無言不讎，終獲忠貞之報。傅喜守節不傾，亦蒙後凋之賞。』

漢光武之樊宏，漢光武之陰興。光武之舅，封壽張侯，謙柔畏慎，戒其子曰：『天道惡盈而好謙，前世貴戚皆明戒也。』卒，遺令薄葬。子儵，謹約有父風。事後母至孝，母卒，哀思過禮，世祖常遣黄門朝暮送饘粥。弟鮪爲子賞求楚王英女，儵止之，鮪不從。後楚事發，顯宗追念儵謹恪，又聞止昏事，諸子得不坐焉。陰興，光武光烈皇后母弟，從征伐，持小蓋，障翳風雨。門無俠客，第宅苟完。帝欲封侯，置印綬於前，讓曰：『臣未有先登陷陣之功。』貴人問故，興曰：『貴人不讀書記耶，亢龍有悔。』欲代吴漢爲大司馬，叩頭流涕，讓曰：『臣不敢惜身，誠損聖德，不可苟冒。』顯宗即位，詔：『關内侯興，輔導朕躬，有周昌之直；在家仁孝，有閔損〔一〕之行。』真德秀曰：『宏之言曰：「富貴盈溢，未有能終。」興之言曰：「富貴

〔一〕今按：『閔損』，《漢書》作『曾、閔』。

有極，人當知足。」可爲戚里之法。』

陰識之於漢，吴溆之於唐。陰識，光烈皇后前母兄也。建武元年封陰鄉侯，二年以軍功增封，叩頭讓曰：『託屬掖庭，仍加爵邑，不可示天下。』唐吴溆，章敬皇后肅宗弟也。朱泚反，盧杞、白志貞願擇大臣入京宣慰，從臣畏憚莫敢行，溆獨請行，曰：『食其禄而違其難，何以爲臣？吾幸託肺腑，非不知往必死，但舉朝無蹈難之臣，使聖情慊慊耳。』遂奉詔詣泚。泚尋殺之。

郭后裂制，郭釗納官。穆宗疾大漸，宦官請郭后臨朝，憲宗正妃。太后曰：『昔武氏稱制，幾覆社稷。我家世守忠義，非武氏比也。』取制書手裂之。太常卿釗聞有是議，密上牋曰：『若果徇其請，臣率諸子納官歸田里。』太后泣曰：『祖考之慶，鍾〔一〕於吾兄。』論外家謙謹之福。

得王政君，送太子宫。生成帝，元帝崩，太子即位，以元舅王鳳爲大司馬。元年封舅，四年對策。建始元年，封諸舅，黄霧四塞。大夫楊興、博士駟勝以爲陰侵陽之氣也。四年，白虎殿對策，谷永陰欲自託王鳳〔二〕，乃曰：『三垂晏然，靡有兵革之警。骨

〔一〕　今按：『鍾』，當爲『終』。

〔二〕　今按：『自託』後，《大學衍義》無『王鳳』二字。

肉大臣有申甫〔一〕之忠。竊恐陛下聽晻昧之瞽説，歸辜乎無辜。』上擢永光禄。

杜欽之戒鳳，王章之言鳳。杜欽戒曰：『願將軍由周公之謙，損穰侯之威，放武安之欲，毋使范蠡〔二〕之徒得問其説。』王章言：『日食之咎，鳳專權蔽主之過。』章死獄中，妻子徙合浦。

劉向之諫，梅福之書。諫曰：『王氏行污而寄治，身私而託公。内有管蔡之萌，外假周公之論。田氏復見於今，六卿必起於漢。』書奏，不用。永始三年，故南昌尉九江梅福上書曰：『君命犯而主威奪，外戚之權日以益盛。日食地震，三倍春秋，水灾無比。金鐵爲飞，此何影也！』不納。

王商引灃水，王根起土山。病欲避暑，借明光宫，又穿長安城引内灃水，注第中大陂以行船。根園中土山漸臺，象白虎殿。

聘莽女爲后，納勳女爲后。平帝聘莽女爲后，封莽爲新都侯。章帝納竇勳女爲后，兄憲弟篤交通賓客。第五倫疏曰：『驕溢所從生也。議者云：「以貴戚廢錮，當復以貴戚浣

〔一〕今按：『申甫』，《大學衍義》作『申伯』，是。
〔二〕今按：『范蠡』，《大學衍義》作『范雎』，是。

成』憲以賤直奪沁水公主園田，帝切責，以田還主。真德秀曰：『成帝知五侯之罪而不能討，而王氏益肆。章帝知憲之罪而不能討，而竇氏益橫。』

鄭弘之書，崔駰之戒。鄭弘病篤，上書曰：『竇憲奸惡貫天達地，王氏之禍昞然可見，願誅四凶之罪以壓人鬼憤結之望。』真德秀曰：『鄭弘垂没，陳竇憲之患，有昔人尸諫之風矣。』章帝崩，憲客崔駰戒曰：『生而富者驕，生而貴者傲，生富貴而能不驕傲者，未之有也。』真德秀曰：『所謂四人者，景帝王皇后也，生武帝。宣帝許皇后、王皇后也，哀帝母丁姬也。然田蚡之驕横，僅而獲免，王后異父兄〔一〕。丁氏之禍見於身後。王莽掘丁姬家。其獲全而無患者，平恩、邛成二家而已。許后父廣漢，王后父邛成侯。

尚書何敞之言，僕射王恢之疏。竇氏驕縱，執金吾景憲弟尤甚。尚書何敞曰：『叔段、州吁復生於漢。』僕射王恢疏曰：『諸舅不宜幹正王室，以示天下之私。』憲風厲州郡，迫脅［恢］飲藥死。

袁安之流涕，張酺之上疏。袁安以天子孤弱，外戚擅權，每言國家事，未嘗不喑嗚流

〔一〕今按：此句，華東師大版《大學衍義》作『蚡者，王后之異母兄』。

涕。帝與鄭衆誅憲，張酺疏曰：『臣伏見夏陽侯瓌，憲弟。每存忠善，宜裁加貸宥，以崇厚德。』瓌獨得全。

左雄之諫，李固之言。順帝立梁氏爲皇后，父商拜執金吾，商子冀襄邑侯。尚書令左雄諫，商讓還冀封。李固曰：『宜去外戚，政歸國家。』

張綱之埋輪，李固之死獄。漢安元年，遣杜喬、周舉、周栩、馮羨、欒巴、張綱、郭遵、劉班分行州郡，表賢顯忠。其貪污者，驛馬上之。張綱獨埋其車輪於洛陽都亭，曰：『豺狼當道，安問狐狸？』劾奏：『冀不疑，無君之心。』桓帝建和元年，以定策功，益封冀不疑。立皇后梁氏。冀欲以厚禮迎之，喬據執舊典，由是日忤於冀。九月地震，固、喬皆死獄中。

十里九阪，深林絶澗。起兔園於河南城，發生兔而刻其毛。帝欲褒梁冀，胡廣稱宜比周公，錫山[川]土田。黄瓊曰：『可比鄧禹，合食四縣。』有司奏：『入朝不趨，比蕭何；增封四縣，比鄧禹；賞賜金錢，比霍光。』

陳授之死，崔琦之殺。延熹元年，五月日食。太史令陳授陳『日食之變咎在冀』，冀諷洛陽收考授，死於獄。涿郡崔琦作《外戚箴》《白鵠賦》以諷，冀殺之。

晋之楊氏，唐之武氏。晋武太始十年，皇后楊氏殂。咸寧二年，立楊駿女爲后。太康二年，駿及珧、濟用事，謂之三楊。武帝崩，太子即位，楊氏爲皇太后。駿入居太極殿，以虎賁自衛。太極，天子之路寢；虎賁，天子之爪牙。駿辟王彰爲司馬，逃避不受。曰：『自古一姓二后，未有不敗。況太傅專權，敗無日矣。』武后稱制，承嗣、三思求爲太子，賴狄仁傑言而止。張柬之誅張易之、昌宗，迎太子復位，改周爲唐。薛季昶曰：『二凶雖除，産禄猶在，去草不去根，終當復生。吾不知死所矣。』劉幽求曰：『武三思尚存，公輩終無葬地。若不早圖，噬臍無及。』

景龍元年之殺三思，景龍二年之斲三思棺。上官婉兒，武后時爲婕好，三思通焉，故薦三思於韋后。后與三思雙陸，三思與韋后通。御史崔皎密疏諫曰：『則天在西宫，人心猶有附會，［陛下］奈何不監豫且之禍？』上泄之，三思切齒。敬暉等上表：『諸武封建如舊，願降其王爵。』不許。三思譖，敬暉等皆貶。处士韋月將上書，告三思通宫掖。上命斬。宋璟曰：『必欲斬月將，請先斬臣。』景龍元年，太子矯制，殺三思、崇訓。二年，安樂公主進毒，中宗崩，韋后攝政。相王子隆基，玄宗。斬后、公主。睿宗即位，斲三思棺。論外家驕恣之禍。

皇極二　三三章

總宗戚

三世同居，數代共食。董陽三世同居，詔榜門曰：『篤行董氏之閭。』《劉瑜傳》。周氏〔一〕尹氏貴族，數代不共别食。口數千，遭飢荒，作糜之聲聞數十里。臨食失三十人，入鑊中垦取鑊底米，鑊深大故，人不見也。《録異傳》。

三世共財，三世同居。樊重字君雲，性温厚，有法度，三世共財，貲至巨萬而賑贍宗族。外孫何氏兄弟争財，重耻之，以田二頃解其忿訟。《後傳》。蔡邕字伯喈，與叔父從弟同居，三世不分財，鄉黨高其義。《後漢》。

疏廣之與相娛樂，許劭之不過其門。疏廣歸鄉里，共具設酒食，請族人故舊賓客，與相娛樂。

有清操而有令聞，北阮富而南阮貧。顧和字君孝，總角便有清操，族叔榮重之曰：『此

〔一〕今按：『周氏』，當爲『周時』。

吾家麒麟也！』宗人球亦有令聞，爲州别駕，榮謂之曰：『卿速步君孝，超卿矣！』《晉書》。阮咸與叔父籍爲竹林之游，咸與籍居道南，諸阮居道北，北阮富而南阮貧。古詩曰『北阮誰憐南阮貧』是也。《晉書》。

淮水絶，王氏滅。王導渡淮，使郭璞筮之，卦成，璞曰：『吉，無不利。淮水絶，王氏滅。』子孫繁衍，竟如璞言。《晉傳》。王與馬共天下，諺云：『王與馬共天下。』及於陳王之年，淮流實竭，曩時人物掃地盡矣。興亡之兆，已有前定。《王弘傳論》〔一〕。

兒無常父，衣無常主。氾毓字稚春，濟北盧人。奕世儒素，敦睦九族，時人號其家『兒無常父，衣無常主』。《晉書》。

遺財禄秩，一不關預。謝密字弘微，繼從叔峻，襲爵建昌縣侯。家素貧儉，而所繼豐泰，唯受數千卷書，國吏數人而已，遺財禄秩，一不關預。謝混聞而驚嘆，謂漆凱之曰：『建昌國禄應與北舍共之，國侯既不厝意，今可依常分送。』弘微重混言，乃少有所受。北舍，弘微本家也。謝混敬貴弘微，號曰『微子』。《南史》。

風格高峻，少所交納。謝混風格高峻，少所交納，唯與族子靈運、瞻、晦、曜以文義賞

〔一〕今按：『及於陳王之年』以下等語，出自《南史・王裕之列傳》。『陳王』，《南史・王裕之列傳》作『陳亡』，是。

會。居在烏衣巷，故謂之烏衣之游。混詩所言『昔爲烏衣游，戚戚皆親姓』者也。上。

謝混嘗因酣燕之餘，爲韵語以獎謝靈運等，曰：『康樂誕通度，實有名實韵，若加绳染功，剖瑩乃瓊瑾。宣明體遠識，穎達且沉雋，若能去方執，穆穆三才順。阿多標獨解，弱冠纂華胤，曜，弘微兄，多其小字。質勝誠無文，其尚又能峻。通遠瞻字。懷清晤，采采摽蘭訊，直轡鮮不躓，抑用解偏吝。微子基微尚，無倦由慕藺，勿輕一簣少，進往必千仞。數子勉之哉，風流由爾振。如不犯所知，此外無所慎。』

以退爲業，籬隔門庭。謝瞻字宣遠，晦況兄〔一〕也，後爲宋武帝中郎。晦爲宋臺右衛，賓客輻輳，瞻驚駭，謂晦曰：『吾家以退爲業，汝遂勢傾朝野，此豈門户福耶？』乃籬隔門庭，曰『吾不忍見此』。

自晋以降，雅道相傳。謝氏自晋以降，雅道相傳，景桓澹、景仁裕以德素傳美，景懋純、景先述以節義流譽。玄暉藻績之奇，各擅一時。靈運才名，江左獨振，猖獗不已，自致覆亡。

烏衣，馬糞。王僧虔爲御史中丞，甲族由來多不居憲臺，王氏分枝居烏衣者，位宦微

〔一〕今按：『況兄』，《南史》作『次兄』，是。

減。僧虔爲此官，乃曰『此是烏衣諸郎坐處，我亦可試爲耳。』王志字次道，家居建康禁中里馬糞巷。父僧虔門風寬恕，志尤惇厚。兄弟子侄皆篤實謙和，時人號馬糞諸王爲長者。

優者龍鳳，劣猶虎豹。王僧虔戒子曰：『於時王家門中，優者龍鳳，劣猶虎豹。失蔭之後，豈龍虎之議？況吾不能爲汝蔭，各自努力耳。』

王筠之書，沈約之語。王筠字元禮，與諸兒書：『史稱安平崔氏及汝南應氏，范蔚宗云崔氏雕龍。然不過父子兩三世耳，非有七葉之中，名位重光，爵位相繼，人人有集，如吾門者也。沈約語人云：「吾少好百家之言，身爲四代之史。自開闢以來，未有爵位蟬聯、文才相繼如王氏之盛也。」汝等仰觀堂構，思各努力。』

王惠恬静，張氏知名。王惠字令明，誕從祖弟也。恬静不交遊，未嘗有雜事。謝瞻與兄弟群從造惠，談論鋒起，文史間發，惠時相酬應，言清理遠。宋武帝聞其名，以問其從兄誕，誕曰：『惠後來秀令，美宗〔一〕之美。』張氏知名，前有敷演鏡暢，後有充融卷稷。《南齊》。

不造敬客，無犯義門。何之元宗人何敬客〔二〕，勢位隆重，頻相顧訪，之元終不造焉。

〔一〕今按：『美宗』，《南史》作『鄙宗』，是。
〔二〕今按：『宗人何敬客』《陳書》、《南史》皆作『宗人敬容』，是。首句『敬客』，亦當爲『敬容』。

曰：『昔楚人得寵於觀起，有馬者皆亡。夫德薄任隆，必近覆敗。吾恐不獲其利而招其禍。』識者以是稱之。《陳書》。李知本事親至孝，與弟知隱甚稱雍穆，子孫百餘口，財物僮僕纖毫無間。隋末盜起，過其門而不入，因相語曰：『無犯義門。』同時避難者五百餘家，皆賴獲免。《舊唐》。

李几同居，公藝同居。安平李几七世同居，家有二十二房一百九十八口，長幼濟濟，風禮著聞。至於作役，卑幼競進。張公藝九世同居，北齊時東安王高永樂詣宅撫慰，旌表焉。隋開皇大使梁子恭亦親撫慰，重表其門。貞觀中，特敕使加旌表。高宗有事泰山，路過鄆州，臨幸其宅，問其義由，其人請紙筆，但書百餘忍字。高宗爲之流涕，賜以縑帛。

一家之内，男女百口。楊播一家之内，男女百口，緦服同爨，庭無間言。魏世以來，惟有盧淵兄弟及播昆弟椿津，當世莫逮。《魏書》。

凡獲俸禄，必散宗親。唐太府卿李襲譽，性嚴整，以威肅聞。凡獲俸禄，必散宗親。揚州罷職，經史盈數車。嘗謂子孫曰：『京城有賜田十頃，耕之可以充食；河内有賜桑千樹，蠶之可以充衣；江東所寫之書，讀之可以求官。』

北海元膺，四代同居。開元中，崔隱甫奏：『青州北海人吕元膺四代同居，所畜牛馬羊狗，皆異母共乳，請加旌表。』制許之。

博陵崔倕，三世同爨。博陵崔倕，緦麻親三世同爨。貞元以來，言家法者，以倕爲首。倕生六子，一登輔相，五任大僚。一百四十八人，同居光宅里〔一〕一宅。宣宗嘆曰：『崔倕家門孝友，可爲士族師。』《賈氏談録》。

假蔭求官，豈吾本志。李懷遠少孤，宗人欲以高蔭相假者，懷遠竟拒之，退而嘆曰：『因人之勢，高士不爲，假蔭求官，豈吾本志！』

出於名家，容止端秀。裴皞字司東，河東人也。裴氏晋魏以來，世爲名族，居燕者號東眷，居凉者號西眷，居河東者號中眷。皞出於名家，容止端秀，後唐爲禮部侍郎。《五代史》。

宗族七百口，每日設廣席。汪州〔二〕陳氏，元和給事中京之後。宗族七百口，每日設廣席，長幼以次，坐而共食。畜犬百餘，共一牢食，一犬不至，諸犬不食。建書樓於别墅，以延四方之士，鄉里率化，獄訟稀少。《南唐》。

《左·昭五》薳啓强曰：『箕襄、邢帶、叔禽、叔椒、子羽，皆大家也。羊舌四族，皆强家也。』

〔一〕今按：『光宅里』，《新唐書》作『光德里』，是。
〔二〕今按：『汪州』，《南唐書》《五代史》作『江州』，是。

東京名族，江東望族。楊震至彪，四世太尉，德業相繼，與袁氏俱爲東京名族。《後傳》。

吴顧陸舊族，顯祖揚名。陸遜本名議世，江東望族。《吴志》。

謝玄暉《和王著作八公山詩》：『阽危賴宗衮，微管寄明牧。』注：宗衮，謝安也。明牧，謝玄也。《選》。

子孫富盛，閨門雍睦。宋太原太守顧訓之五代同居，子孫富盛，閨門雍睦，家有百口，時人重之，名其所居曰『百口橋』。《蘇州志》。

王謝門高，吴兒以配。侯景歸梁，請娶於王謝。武帝曰：『王謝門高非偶，可於朱張以下求之。』景恚曰：『會將吴兒女以配奴。』《南史》。

唐之氏族，崔幹三等。唐太宗詔高士廉等撰爲《氏族志》，太宗曰：『崔盧李鄭世代衰微，我今特定族姓，欲重今朝冠冕。』遂以崔幹爲第三等。《舊唐》。

魏之望族，李寶爲冠。後魏太和中定四海望族，以隴西李寶爲冠。《新唐》。

荥陽鄭、岡頭盧、澤底李、士門崔皆爲鼎甲，太原王亦四姓之匹，呼爲鈒鏤王家，喻銀質而金飾。《國史補》。

名德相望，與唐盛衰。梁蕭氏興江左，有功在民，自瑀逮遘，八葉宰相，名德相望，與唐盛衰。《唐贊》。

穆寧居家嚴事寡姊，韓休家訓子侄至嚴。貞元間言家法者，尚韓、穆二門云。柳郢〔一〕著書，誡其子孫曰：『夫門地高者，立身行己，一事有墜，先訓則罪大於他人。門高則自驕，族盛則人嫉。實藝懿行，人未必信，纖瑕微累，十手争指。』故世族遠長，不假問龜蓍星數，在处心行事而已。昭國里崔山南琯子孫之盛，士族罕比。仁和里裴尚書寬子孫之衆，實爲名閥。夫名門右族，莫不由祖考忠孝勤儉以成立之，莫不由子孫頑嚚〔二〕奢傲以覆墜之。成立之難如升天，覆墜之易如燎毛。余家本以學識禮法稱於士林，喪亂以來，門祚衰落，基構之重，屬於後生。孝慈、友悌、忠信、篤行，乃食之醯醢，可一日無哉？』《唐書》。

丞相陸凱，趙郡李氏。孫皓問丞相陸凱曰：『卿一宗在朝有幾人？』陸曰：『二相五侯將軍十餘人。』皓曰：『盛哉！』陸曰：『君賢臣忠國之盛也，父慈子孝家之盛也，今政荒民弊，臣何敢言盛？』《世説》。趙郡李氏，出自李牧。楚漢之際，廣武君李左車則其先也。十四世孫恢，漢桓靈間高尚不仕，號有道大夫。恢生定，仕魏，位漁陽太守。有子四人，並仕晋。平字伯括，樂平太守；機字仲括，國子博士；隱字叔括，保字季括，並尚書郎。以儒素

〔一〕今按：『柳郢』，當爲『柳玭』，據《舊唐書》卷一百六十五、《新唐書》卷一百六十三。

〔二〕今按：『頑嚚』，《新唐書》作『頑率』。

著名，時謂之四括。機子楷，治書御史。有子五人，輯、晃、茉、勁、叡，以友悌著美，時所謂四荒〔一〕。輯子義〔二〕南徙故壘，世謂之南祖。叡子勖、充兄弟居巷東，勁子盛兄弟居巷西。《北史》。

先賢後哲，頓在一門。郭祚字季祐，魏郭淮弟亮後也。從高祖幸長安，行經渭橋，過郭淮廟，問祚曰：『是卿祖宗所承耶？』祚曰：『是臣七世伯祖。』高祖曰：『先賢後哲，頓在一門。』祚曰：『昔臣先人以通儒英博，惟事魏文。微臣虛薄，遭奉明聖，自惟幸甚。』因敕以大牢祭淮廟，令祚自撰祭文。《魏書》。

南鄭相北鄭相，大鄭相小鄭相。太傅鄭絪第在南，出自南祖；司徒鄭真公第在北，出自北祖。時謂南鄭相北鄭相。司徒堂兄文憲公前後相德宗，謂之大鄭相小鄭相。《因話録》。

李繪之泛言氏族，袁朗之世爲冠族。李繪字敬文，爲聘梁使，與梁人泛言氏族。袁狎曰：『未若我本出自黄帝，姓在十四之限。』繪曰：『兄所出雖遠，當共車千秋分一字耳！』一坐皆笑。《北史》。袁朗雍州人，陳僕射樞之子。其先仕江左，世爲冠族。朗勤學好文，在陳秘書郎，仕隋尚書郎，武德給事中。朗十三代祖漢司徒滂，滂生御史大夫渙，渙生晋尚書

〔一〕今按：『四荒』，當爲『四黄』。晃字仲黄，茉字季黄，勁字少黄，叡字幼黄。
〔二〕今按：『輯子義』，當爲『晃子義』。據《北史》卷三十三。

准，准生東晋右將軍冲，冲生司徒從事中郎耽，耽生瑯琊内史質，質生長史豹，豹生宋吴郡太守洵。五代叔祖宋太尉淑，高祖父左僕射顗，高祖司空察，皆死國難。曾祖梁司空昂。父樞，叔公憲，仕陳，皆爲僕射。叔祖敬，中書令。朗孫誼，神功中爲蘇州刺史。嘗因視事，司馬張沛通謁，沛，侍中文瓘之子。誼揖之曰：『司馬何事？』沛曰：『此州得一長史，是隴西李但，天下甲門。』誼曰：『司馬何言之失！門户須歷代人賢，名節風教，爲衣冠顧囑，可始稱譽，老夫是也。』沛懷慚而退，時人以爲口實。《舊唐》。

遥遥華胄，城南諸杜。梁何昌寓爲吏部尚書，有姓閔求官者，昌寓問：『君是誰後？』對曰：『子騫後。』昌寓掩口笑曰：『遥遥華胄。』《南史》。杜正倫與城南諸杜昭穆素遠，求同譜，不許，銜之。諸杜所居號杜固，世傳其地有壯氣，故世衣冠。正倫既執政，建言鑿杜固通水以利人。既鑿，川流如血，閲十日止。自是南杜稍不振。《新唐》。

李義府之同譜，郭崇韜之過墓。李義府已貴，乃言係出趙郡。給事中李崇德引與同譜，既謫普州，亟削去，義府銜之，及復當國，傳致其罪，使自殺於獄。上。郭崇韜爲樞密使，宰相豆盧革等皆附之，以其姓郭，問曰：『汾陽王豈其枝派耶？』其伐蜀也，過子儀墓，下馬號慟而去。聞者頗以爲笑。《五代·唐臣傳》。

杜詩：『同姓古所敦。』『恭惟同自出。《左》：我之自出，姊妹之子曰出。』『友於皆挺拔，公望各端倪。張埴兄弟負公輔之望，各有所歸。』『分源豕韋派。』『孟氏好兄弟。』

一古相之遠派，辛南容之渤海。有一古相遠派在姑蘇，書其壁曰：『大丞相再從侄某[嘗游]。』士人李璋素好訕謔，題其傍曰：『混元皇帝三十七代孫李璋繼至。』《筆談》。唐柳宗元與劉禹錫同年及第，題名於慈恩寺塔。談元茂秉筆題名，皆以姓望，而辛南容人莫知之。元茂閣筆曰：『請辛先輩言其族望。』辛君適在他处，柳曰：『東海人。』元茂曰：『争得知？』柳曰：『東海之大，何所不容。』俄而辛至，人問其望，曰：『渤海人。』衆大笑。《嘉話録》。

皇極二一　三四章

外舅

楚王之伐鄧，叔向之徵舅。《莊六》：『楚文王伐申過鄧，鄧祈侯曰：「吾甥也。」止而享之，騅甥、聃甥、養甥請殺楚子，鄧侯不許。三甥曰：「亡鄧國者，必此人也，若不早圖，後君噬臍，其及圖之乎？圖之，此爲時矣！」』十六年，楚伐鄧，滅也。『吾母多而庶鮮，吾懲舅氏矣。』《昭廿八》叔向曰云云。父多妾媵，庶子鮮少。嫌母氏性不旷。

賈淑之舅，范滂之甥。賈淑字子厚，爲舅宋瑗報讎於縣中，爲吏所捕，繫獄當死。郭林宗上言，乃得原。《謝承書》。范滂外甥西平李頌，公族子孫，而爲鄉曲所棄，中常侍唐衡以頌請資，資用爲吏。滂非其人，寢而不召。資怒，棰書佐朱零。零曰：『今日寧受笞死，而滂不可違。』資乃止。《後漢》。

程末之舅，吉閎之舅。平丘程末年十四時父没，末抱尸號泣悲哀。舅哀其羸劣，嚼棗肉以哺之。末見食歔欷，不能吞咽。《蔡邕進表》。吉閎幼有美名，九歲明《尚書》。舅何遡死，家貧子幼，閎自［造］墳塋殯葬之。《三輔決録》。

黄文强不受於舅，王夷甫拂衣於祜。黄胥字文强，年十二衣食不贍。舅龍鄉侯爲作衣被，不受。《東觀記》。王夷甫父乂將免官，夷甫年十七見從姑〔一〕羊祜。申陳事狀，辭甚俊偉。祜不然之，夷甫拂衣而起。祜謂賓客曰：『此人必將以盛名，處當世大位。然敗俗傷化者，必此人也。』《晉陽秋》。

衛玠之舅，周翼之舅。王濟字武子，衛玠之舅也，俊爽有風姿。見玠輒嘆曰：『珠玉在側，覺我形穢。』《世説》。濟與玠游，語人曰：『昨日我與外甥並出，炯若明珠在側，朗然來照

〔一〕今按：『姑』，當爲『舅』。

人。』《别傳》。郗鑒值永嘉喪亂，鄉人共飴之。常携兄子邁及外甥周翼二小兒，食輒含飯着兩頰邊，還吐與二兒。後並得存，同過江。郗公亡，翼爲剡縣，解職歸，心喪三年。《世説》。

郭弈之甥，康伯之舅。劉岠字慶孫，弟嵋字越石，並爲尚書郎。郭弈之甥名著當時，京師語曰：『洛中弈弈，慶孫越石。』《世説》。韓康伯清和有思理，舅殷浩稱之曰：『康伯少自標置，居然出群之器，及其發言遣辭，往往有情致。』上。

王混之甥，李度之舅。桓豹奴嗣是王丹陽混外甥，形似其舅，桓甚諱之。宣武云：『不恒相似，時似耳。恒似是形，時似是神。』桓逾不悦。上。衛江州在尋陽，有知舊人投之，都不料理，唯餉王不留行一斤。此人得餉，便命駕。李弘范度聞之曰：『家舅刻薄，乃復驅使草木。』

不有此舅，焉有此甥。王忱字元達，嘗造其舅范甯，與張玄相遇。甯使與玄語，玄正坐斂襟，待其所發。忱竟不與言，玄失望便去。忱曰：『不有此舅，焉有此甥。』

大舅以亂天下，小舅復欲爾耶。庾怿嘗以毒酒餉王允之，允之覺其有毒，飲犬，犬斃，乃密奏之。帝曰：『大舅以亂天下，小舅復欲爾耶。』怿聞，飲酖而卒。《晋書》。

何無忌酷似於其舅，謝宣映無禮於其舅。何無忌少有大志，鎮北將軍劉牢之之其舅也。桓玄之纂，共興義兵。玄曰：『何無忌，劉牢之之甥，酷似其舅，共舉大事，何謂無成？』上。

謝絢字宣映，調戲無禮於其舅袁湛，湛曰：『汝父昔已輕舅，汝今復來加我，可謂世無渭陽情也。』絢父重即王胡之外孫，與舅亦有不協之論。《晉書》。謝重，王胡之外孫也，於諸舅敬禮多缺。重子絢，袁湛之甥也，於公坐，慢湛，湛正色曰：『汝便是兩世無渭陽情。』《南史》。

蔣氏之甥，劉湛之甥。朱齡石少好武事，舅蔣氏人才儜劣，齡石使舅卧於聽事，剪紙方一寸帖着舅枕，自以刀子懸擲之，相去八九尺，百擲百中。舅雖危懼，終不敢動。舅頭有大瘤，齡石伺舅眠，密往割之，舅即死。《宋書》。齊王延之與阮韜俱宋劉湛外甥，湛甚愛之，曰：『韜后當爲第一，延之爲次也。』《南史》。

王融之於孝綽，孝緒之於謝藺。劉孝綽幼聰敏，七歲能屬文，舅齊王融深賞異之，常與同載適親友，號曰神童。每曰：『天下文章，若無我，當歸阿士。』阿士，孝綽小字也。謝藺，安八世孫也。父經。藺五歲，每父母未飯，乳媼欲令先飯，藺曰：『既不覺饑，强食終不進。』舅阮孝緒聞之嘆曰：『此兒，在家則曾子之流，事君則藺生之匹。』因名之曰藺，受以經史，過目便誦。孝緒每曰：『吾家陽元也。』

樂藹之舅，顏協之舅。樂藹字蔚遠，其舅刺史宗愨，嘗陳器物試諸甥侄，藹尚幼而所取唯書，愨由此奇之。又取史傳各一卷授藹等，藹略讀具舉，愨益善之。《梁書》。梁顏協幼孤，養於舅氏陳郡謝暕，暕卒，協以有鞠養恩，居喪如伯叔禮。《南史》。

陸杲之舅，楊愔之舅。陸杲字明霞，少好學，工書畫。其舅張［融］有高名，杲風韵舉止頗與相類，時稱曰『無對日下唯舅與甥』。楊愔字遵彦，津子也，小名秦王，六歲學《史》《書》，十一受《詩》《易》，好《左氏春秋》。幼而喪母，曾詣舅源子恭。子恭與之飲，問曰：『誦詩至《渭陽》未耶？』愔便號泣感噎，爲之罷酒。《北史》。

李繪之舅，江總之舅。北齊李繪字敬文，儀貌端偉，神情朗儁。第五舅邢晏曰：『若披雲霧，如對珠玉，宅相之寄，良在此甥。』上。陳江總七歲而孤，依於外氏，爲舅蕭勵鍾愛，謂曰：『爾神采英拔，后知名當出吾右。』

李靖之舅，姚崇之甥。李靖字藥師，其舅韓擒虎論兵嘆曰：『可與語孫吴者，非斯人而誰哉？』姚崇外甥任弈任昇少孤，長於崇家，謂之曰：『爾吾無間然矣，惜殊宗而代疏。』命與其子同名，冀無以别也。

史牟之甥，牛公之甥。史牟榷鹽於解縣，有外甥十餘歲，拾鹽一顆以歸，立杖殺之。其姊哭出，救已不及矣。《國史補》。皇甫松，牛奇章公之甥，怨公不薦，作謗詩曰：『夜入真珠室，朝遊玳瑁筵。』真珠，公侍妾也。《摭言》。

獻可之請殺，子慎之誣告。唐霍獻可爲左司員外，則天法峻，獻可頭觸玉階，多不自保。請殺裴行本，裴即獻可堂舅也。即損額以緑帛裹於巾下，常令露出，冀則天以爲忠。

李子慎，則天朝誣告母舅加遊擊將軍，母見其着緋衫以面覆，涕泪不勝，曰：『此是汝舅血染者耶！』《御史臺記》。

師范之舅，劉昌之甥。王師范舅醉殺人，師范曰：『法非我敢亂。』乃抵舅罪，母恚之。三年拜省户外，不敢懈。《唐書》。劉昌零陵[一]之圍，昌令守陴内顧者斬。昌孤甥張俊守西北，未嘗内顧，捽下斬之，士有死志。史臣謂：勒兵乘城與賊抗，所賴唯賞罰耳。今無罪而斬其甥，士心離異，不祥莫大焉！』上。

夷直之劾，崔護之判。張克勤左將衛[二]大將軍，有詔賜一子五品官，克勤以息幼，推與其甥。裴夷直劾曰：『克勤骫有司法，引他族，開後日賣爵之端，不可許。』詔聽，遂著於令。上。崔護不登科，怒其考官苗登，即崔之三從甥[三]也。乃私試爲判，毁其舅曰：『甲背有猪皮之異。』人問曰：『何不去之？』曰：『有所受。』其判曰：『曹人之袒重耳。』駢脅載覩，相里之剥苗登，猪皮斯見。初登爲東畿尉，相里造爲尹，曾欲笞之，袒其背，有志，毛長數寸，故云。又曰：『當偃兵之時，則燧而無用，在冗食之日，則摇而有求，皆謂其尾也。』《嘉話録》。

〔一〕今按：『零陵』，中華書局《新唐書》作『寧陵』，是。
〔二〕今按：『將衛』，中華書局《新唐書》作『武衛』，是。
〔三〕今按：『甥』，《天中記》作『舅』，是。

秦康公之舅，晉文公之舅。《渭陽》，康公念母也。康公之母，獻公之女。文公遭驪姬之難，未反，而秦姬卒。穆公納文公，康公時爲太子，贈送文公於渭之陽，念母之不見也。我見舅氏，如母存焉。《詩》：『我送舅氏，曰至渭陽。何以贈之？路車乘黄。我送舅氏，悠悠我思。何以贈之？瓊瑰玉佩。』杜詩曰『落日渭陽情』是也。晉公子重耳及河，子犯以璧授公子曰：『臣負羈紲從君巡於天下，臣之罪多矣。臣猶知之，而况君乎！請由此亡。』公子曰：『所不與舅氏同心者，有如白水。』投其璧於河。《左・僖廿四》。

杜詩『宅相榮姻戚』。魏舒養於外家甯氏，甯氏起宅，相者云：『當出貴甥。』《晉傳》。甫舅崔偉。『舅氏多人物，無慚困翮垂。』其爲人物，爲世所重者多。《李尚書筵送宇文石首赴縣》：『愛客尚書重，之官宅相賢。子美。客居逢自屈，爲別幾凄然。之芳。』《送舅使自京赴任青城》：『聞道王喬舄，名因太史傳。如何碧鷄使，把詔紫微天。秦嶺愁迴馬，涪江醉泛船。青城漫污雜，吾舅意凄然。』《贈侍御舅别之澧朗》：『江城秋日落，山鬼閉門中。行李淹吾舅，誅茅問老翁。赤眉猶世亂，青眼只途窮。傳語桃源客，人今出處同。』《送舅下邵桂》：『絶域三冬暮，浮生一病身。感深辭舅氏，别後見何人？漂泊〔一〕蒼梧帝，舅所往。推遷孟母

〔一〕今按：『漂泊』，《九家集注杜詩》作『縹緲』。

鄰。舅侍母。昏昏阻雲水，側望苦傷神。』《奉送二十三舅崔偉録事之攝郴州》：『賢良歸盛族，吾舅盡知名。徐庶高交友，劉牢出外甥。泥塗豈珠玉，環堵但紫荊。衰老悲人世，驅馳厭甲兵。氣春江上別，淚血渭陽情。舟鷁排風影，林鳥反哺聲。永喜〔一〕多北至，句漏且南征。必見公侯復，終聞盜賊平。郴州頗凉冷，橘井尚凄清。從役何蠻貊，居官志在行。』

皇極二　三五章

大宗正司

大宗正司，宋仁宗景祐置。時宗室子孫衆多，聚居大第，故於祖宗後各擇一人，知宗正事。英宗增置大宗正事一員，詔曰：『明德以親九族，正家而刑萬邦。惟皇屬之敦和，命宗臣而董正。念其性本於仁厚，宜廣學以勤修。顧其日益於衆多，必增員而統理。』

李勉，都領宗正之務。宋定讀書規式，治平允弼言。掌教法政令。大宗正掌教法政令。自轉運判官知大宗正事，中進士第，言天下事。趙温言。

〔一〕今按：『永喜』，當爲『永嘉』。

父子司宗，神宗諭母。元豐宗景，允弼子。神宗使諭其母：『先王久司宗正，德及皇族，今命而子繼之，夫人宜多慰也。』

仁宗賜馬，徽宗賜第。仁宗皇祐以元讓知大宗正事，賜襲衣金帶鞍勒馬。仲忽判大宗正，徽宗賜甲第，建親賢懋功之閣。仲忽鯁亮端凝，動循禮法。

精：坡《宗成禮》：『典司屬籍，克有令名。』元厚之《除宗伯制》：『内以糾正於宗支。』除宗景，賜允弼。總訓齊於屬籍，董正宗籍，董司宗牒。仲爰詔：『既得宗室老成，屬之長治公族，又擢爾之賢，使爲之貳。』資大德之夙成，賴九族之治正。《宗成制》：『崇叙訓齊，創宏規於文祖。』《宗懿制》：『惟時賢亮同我父子〔一〕。』《宗晟制》：『選諸近屬之尊，董我大宗之秩。』

知大宗正丞

熙寧置三員，以異姓充。神宗疑用異姓，王安石言：『前代宗正，固有用庶姓者。』乃録春秋時公族大夫事，召稚圭對而命之。元豐以文臣京朝官充。制：晋丞瑶籍，贊治公族。

得存養之學，有前輩之風。曾恬得存心養性之學，及爲大宗丞，秦檜專政，恬自守無所

〔一〕今按：《翰苑新書》此語作『惟時賢亮司我本支』。

屈。議論慷慨，有前輩之風。及爲宗正丞，宰臣曾布欲收置門下，不能屈。

謝伋上宗室五事：『舉賢才以强本支，更法制以除煩苛，擇官師以專訓導，繼封爵以謹傳襲，修圖牒以卞親疏。』

西南外宗正司，知西南外宗正司。崇寧，蔡京請宗室，既許，分居兩京。輔郡乞於兩京置外宗正司，擇一人。本州通判選二人，兼領丞簿。政和，知西南外宗正事，士㻗奏廢兩京睦宗院，宗子有文藝行實、衆所共知者，許宗正，考實以聞。

慶元制：爰俾訓齊，往分糾正。

紹興宗正事之言，隆興宗正司之奏。紹興，知西外宗正事。士侃〔一〕言：『西南兩司相去不遠，鈐束訓導，事體一同，望許兩司每年往來商議。』職事從之。隆興，刑部言：大宗正司奏：『犯𡎺宗子，雙日送西外，護日送南外。』本府看詳，欲依所乞從之。

唐武德之置，宋蔡京之置。唐武德，每州置宗師一人，以相統攝。宋蔡京請置，有睦宗院。

有司之詔，俊卿之授。政和詔：『宗族蕃衍，詔有司分食兩京，爲立廩稍之格，由庠序

〔一〕今按：『士侃』，《建炎以來繫年要録》作『士衎』。

之教。』陳俊卿授泉州察推秩滿，故事當入館學，時相秦檜察不附己，爲南外睦宗院教授。

敦宗之院，睦宗之院。蔡京請置敦宗院，差文武臣各一員管幹。南渡，南外居泉州，西外居福州。光宗改爲睦宗院。大觀詔：比親院於别都。崇寧詔：置院所以親睦宗族，愛養孤幼。

司宗典籍：『疏詔東平，展親西外。』『鎮領房山，司宗睢邸。』『大君有命，申攽寵渥之漸〔一〕；伯臣司宗，無越耆英之舊。』『王曰：叔父立愛，始於家邦。汝作秩宗，受祉施於孫子。』『歛衽詩壇，久剽古錦囊之譽；横經宗校，獲依青藜杖之光。』『弭節西臺，正仰長庚之次舍；司文南邸，獲分太乙之光輝。』『伯父心在王室，自宜與四輔以通判；天屬生於聖時，受命第一人而爲長。』『瓊編瑶牒，儼帝子之冠簪；衮衣繡裳，本公家之衣鉢。』『周之宗盟，誰若滕侯之長；唐之宰相，豈遺德裕之賢。』『愛以東平之善，遂司南外〔二〕之盟。』『典周室之宗盟，宜荐司於麟趾；爲劉氏之祭酒，行入對於龍光。』『聯陰何幸，知爲高帝之子孫；異日相逢，倘備梁王之賓客。』

〔一〕今按：『漸』，《翰苑新書》作『新』。
〔二〕今按：『南外』，《翰苑新書》作『西外』。

皇極二一　三六章

王府官屬

王府翊善。宋太平興國置一人。孝宗初，就傅范元長以待制，兼翊善。自是以從官爲之。從官兼，七品之職矣。

何王之門，不曳長裾。鄒陽上吴王濞書：『臣何王之門不可曳長裾乎？』

凡爲上盼遇者，莫不入子鸞府。宋武帝時，殷淑儀寵傾後宫，子子鸞愛冠諸子。

南山秀望，大山小山。陸雲機及榮補吴王郎中令南山秀望〔一〕。淮南王安招置賓客，八公之徒各竭才智。大山小山，猶小雅大雅。

子良西邸，王生才地。竟陵王子良開西邸，任昉等游焉，號爲得人。《南史》：王厲〔二〕

〔一〕　今按：此語删略錯亂嚴重，其義難明。《翰苑新書》此語作『時在洛者，惟陸雲、陸機及榮三人而已。雲、機雖有詞藻，不及榮也。以「南山秀望」補吴王郎中令』。

〔二〕　今按：『王厲』，中華書局《南史》作『王勱』，是。

仕梁，爲河東王工曹。張纘曰：『王生才智〔一〕，豈可遊外府乎！』

張闓之在王邸，士遜之充王府。張闓在王邸讀《資治通鑑》至『修身治國』反覆誦説，壽皇嘉納，暇日賜札和詩。大中祥符張士遜、崔遵度充壽春郡王府賓友時，王將授經，擇耆德方正有學術者。士遜雅素清謹，遵度有士行，搢紳目爲長者，即召赴闕並命。

邵王爲翊善，學士真國器。邵王爲隸王府翊善，英宗訪以世務，称之曰：『學士真國器。』

但見血山，安見假山。姚坦爲益王府翊善，王作假山，置酒觀之。坦獨俯首不觀，曰：『但見血山，不見假山。皆民租賦所出，非血山而何？』

精：王涣制：『申翊宗藩，曾惠訓之不倦。』向士安制：『謁誠親邸。』白樂天：『乘朱輪於華邸，曳長裾於王門。』

〔一〕今按：『才智』，中華書局《南史》作『才地』，是。

皇極二一　三七章

王府贊讀

徽宗政和，張大亨奏：『天子謂侍講侍讀，諸王亦侍講侍讀，官號比擬，稱謂相紊，侍讀改贊讀，侍講改直講。』

唐詔：『睠彼藩邸，高選經佐。』

隋楊汪，周翼王侍讀。王曰：『楊侍講德業優深，孤之穆生也。』

高祖曰：『我求文學俱長，兼有行者。』與晉安王遊處，周捨曰：『外弟徐摛，形質陋小，若不勝衣，而堪此選。』高祖曰：『必有仲宣之才。』[以摛]爲侍讀。

朱門閉影，從容經席。陶弘景爲侍讀，雖在朱門，不交外務，唯以披閱爲務。

宋淇水制：『談經王府，揮玉麈以雍容。』

衣冠盡禮，義兼師友。英宗在藩邸，蔡杭與遊。

精：『清切藩房，寂寥蓬蓽〔一〕。』謝朓《牋》。

皇極二　三八章

王府直講

王朝太平興國别置侍講，以常參官充。

元和册：『師范磐石，可充侍講。』

《宋》：嘉、定二王府寮缺員，御史陳襄請擇人。神宗曰：『鄭穆德行，乃宜左右王也。』在三邸〔二〕一紀，非公事不至執政之門。可爲勸戒者，反覆摘誦。

孫奭爲直講，校正《九經正義》。孫奭爲侍講，賜紫。

李淇水制：『勸講親賢之地。』

張士遜之友，李直講之來。大觀，定王、嘉王府侍講沈錫奏：『真宗時以張士遜爲王

〔一〕今按：『蓬蓽』，《南史》《文選注》《漢魏六朝百三家集》皆作『舊蓽』。

〔二〕今按：『三邸』，中華書局《宋史》作『王邸』。

友，命王答拜；今講讀之官職在訓導，可如王友例令王答拜。』李浩多所裨益，因事以及時政，書之於册。補外多年乃歸〔一〕，王曰：『李直講來矣！』

皇極二　三九章

王府記室

宋明帝皇子皇弟，雖非都督，亦置記室參軍。隋皇伯叔昆弟皇子，是爲親王府，置記室參軍。唐因之。宋太平興國置。政和以參軍，行軍之際所稱，除去參軍字。既允棼林之求，實兼儀形之寄。任昉。王參軍，人論之表。王承。

漢將軍之記室，魏太祖之記室。漢大將軍有記室令史，主上表章奏報書記。魏太祖輔漢，陳琛〔二〕、阮瑀管記室。

阮瑀之爲記室，房喬之爲記室。魏武帝聞阮瑀名，辟之不應，逃入山中。使人焚山林

〔一〕今按：中華書局《宋史》此語作『他日外補，累年以歸』。
〔二〕今按：『陳琛』，《太平御覽》作『陳琳』，是。

得瑀，爲記室。召至長安，因宴造歌曰：『奕奕天門開，大魏應期運。青蓋巡九州，在西東人怨〔一〕。士爲知己死，女爲悦己玩。以苟潛暢，神人焉能亂〔二〕。』房喬爲秦王府記室，軍符府檄，駐馬即揮。高祖曰：『陳事千里外，猶對面語。』

『明珠兼乘，未若一言。』唐薛收，天策府記室，上書諫王止獵。王曰云云。

温之同掌，薛之三鳳。唐温大有、大雅。薛元敬、收、德，收爲長雛，德爲鸑鷟，元敬爲鵷雛。房、杜嘆曰：『小記室謹畏，不可得而親，不可得而疏。』

宋太宗諭王龜從等曰：『諸子在深宫，未知世務，必資良士贊導爲善。卿等皆謹恪有守，故兹謹選。』

辛雍制：以爾僕茂静重有規矩，輟自奉常往司管記。

元豐中，鄭雍自處澹如，士論歸重。

韓維之節，孫覺之箴。韓維拜起進退趨揖之容皆盡其節。昌王問終身之戒，孫覺爲陳諸侯之孝，作《富貴箴》。

〔一〕今按：『在西東人怨』，《古詩紀》《漢魏六朝百三家集》作『在東西人怨』。

〔二〕今按：末二句，《樂府诗集》《古詩紀》《漢魏六朝百三家集》皆作『恩義苟潛暢，他人焉能亂』。

畢士安之文，韓持國之語。畢士安詔：王府官各上所爲文。帝曰：『文吾既知之，其行孰優？』皆以公對，帝曰是也。以本官知制誥。韓維初就外傅，神宗語及功名。公曰：『全人功名因事始見，不可有功名心。』神宗拱手稱善。

李彌大制：庶幾朝夕正士之親，先有直諒多聞之益。

皇極二　四〇章

王宮大小學教授

宋太宗至道，以員外郎孫檳〔二〕充教授。真宗咸平，朱昂南宅教授，張蔚北宅教授。嘉祐，置朱宮教授。英宗治平，大學京朝官充，小學選人充。

南宮者，睦親宅也，太祖太宗子孫。北宮者，廣親宅也，魏悼王子孫。

治平置都講教授，喜慶則燕崇政殿、太清樓。

吴充之箴，孟陽之箴。吴充宗室六箴：一曰視，二曰聽，三曰好，四曰學，五曰進德，六

〔二〕　今按：『孫檳』，中華書局《宋史》作『孫蠙』，是。

曰崇儉。仁宗命分寫，遍賜皇族。英宗書之左右屏。

周孟陽陳聖賢出处之方，參古今禍福之變，以爲箴規。英宗起拜。

講官位主席，教授居賓位。初宗室坐序爵，仍自爲賓主。講官位主席之東隅。宗室定講席自吴申始。先是教授入講堂，則與皇孫叙賓主，而教授居賓位。王十朋，建王特爲之加禮，位教授於中。

經義史學，啓迪掖導。劉章受知孝宗，自此始。非止講習經旨，亦須選揀履行端悫者。仁宗以張維充。治平詔：『須舉士行朴厚、恪静自守、確有經術、衆所共推者。』熙寧舉朴學純誠、行義無缺、年五十以上充。

蔡杭之言，趙逵之奏。治平蔡杭言：『今後教授有缺，舉所以盡天下之才從之。』紹興趙逵兼普安王教授，王曰：『真天子門生也。』逵奏言：『路久壅，願廣覽兼聽。』

精：治平詔：『雖王子之親，必由於學。惟聖人之道，故能立身。粤三德三行之順，有四術四教之崇。使成童而上講習經書，小學之居通達名數。與其趨異端而無守，孰若就有道以自修。內有懿親之表率，外有明師之切劘。朝夕勸善，日月計能。』

李恂制：『置在諸邸，敷訓群言。』同安制：『藩房授道，有惠訓不倦之勤。』

官僚，宗邸。出綍中宸，横經宗邸。柬知帝儀，分教宫庠。天陛疏恩，王宫涖教。種學積文，久想鳳儀之舉。橫經授教，將成麟趾之風。接鴛鷺於清貫，揭模范於懿親。沛易楚詩，稔聽師資之訓。文昭武穆，宜多信厚之風。洪惟帝訓，學不儉於空言。必用儒英，命始符於輿論。審明國計，久資籌畫之良。領袖儲宮，政賴端方之彥。高帝子孫，固有殊人之龍種。梁王賓客，豈徒授簡於兔園。茂仙源之玉葉，政藉師資。侍講席於金華，更觀盛舉。